ŒUVRES COMPLÈTES
DE
EUGÈNE SCRIBE

DE L'ACADÉMIE FRANÇAISE

OPÉRAS COMIQUES

LES TREIZE

POLICHINELLE — LE SHÉRIF

LA REINE D'UN JOUR

PARIS
E. DENTU, LIBRAIRE-ÉDITEUR
PALAIS-ROYAL, 17-19, GALERIE D'ORLÉANS.

1879

Paris-Imp. PAUL DUPONT, 41, rue Jean-Jacques-Rousseau. — 1495 — 7e

ŒUVRES COMPLÈTES

DE

EUGÈNE SCRIBE

DE L'ACADÉMIE FRANÇAISE

RÉSERVE DE TOUS DROITS

DE PROPRIÉTÉ LITTÉRAIRE

En France et à l'Étranger.

LES TREIZE

OPÉRA-COMIQUE EN TROIS ACTES

En société avec M. Paul Duport

MUSIQUE DE F. HALÉVY.

Théatre de l'Opéra-Comique. — 15 Avril 1839.

PERSONNAGES.	ACTEURS.
HECTOR, colonel d'un régiment de lanciers napolitains..	MM. Chollet.
ODOARD, feld-maréchal autrichien	Roy.
GENNAIO, fils de l'aubergiste........	Jansenne.
MATÉO, vigneron	Léon.
LE GREFFIER du barigel	Palianti.
ISELLA, couturière napolitaine	Mme J. Colon-Leplus.

Voiturins. — Paysans. — onze jeunes Seigneurs.

Dans l'auberge du père de Gennaio, aux environs de Naples.

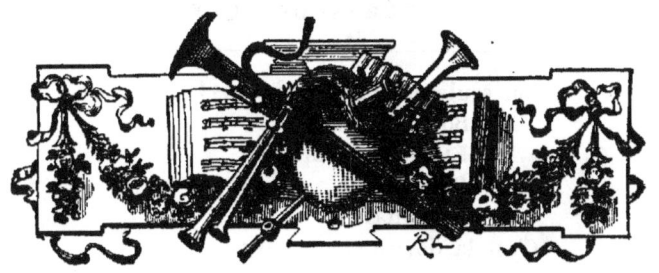

LES TREIZE

ACTE PREMIER

Un vestibule d'auberge. — Le fond, que soutiennent deux piliers, est ouvert et laisse apercevoir des treilles qui forment berceau. Au fond, à gauche, un bâtiment dépendant de l'auberge. Portes latérales sur le premier plan.

SCÈNE PREMIÈRE.

GENNAIO, MATÉO, Voiturins.

(Au lever du rideau, à droite, plusieurs voiturins napolitains qui boivent; à gauche, d'autres qui jouent aux dés ou à la mazza; au milieu, quelques-uns, les coudes appuyés sur la table, ont l'air de causer à voix basse. Gennaio sert les groupes de droite et de gauche, et de temps en temps s'arrête pour écouter ce qui se dit dans le groupe du milieu.)

INTRODUCTION.

DES VOITURINS, buvant.
Vive le vin, mes seuls amours!
Buvons encor, buvons toujours!
Par saint Janvier, par tous les saints,

Lui seul embellit nos destins!
    Boire à plein verre
    Et ne rien faire,
    D'un voiturin
    Napolitain
C'est la devise et le destin!

    DES VOITURINS, jouant.

Vive le jeu, mes seuls amours!
Jouons encor, jouons toujours!
Par saint Janvier, par tous les saints,
Lui seul embellit nos destins!
    Boire à plein verre
    Et ne rien faire,
    D'un voiturin
    Napolitain
C'est la devise et le destin!

SCÈNE II.

Les mêmes; ODOARD.

ODOARD.

Hé! les garçons! l'hôtellerie!

    GENNAIO, s'avançant.

Me voilà, monsieur le marquis!

    ODOARD.

Tu me connais?

    GENNAIO.

    Qui donc en ce pays
Ne connaît point sa seigneurie?
Monseigneur Odoard, marquis de Rosenthal,
    En Autriche feld-maréchal,
Venu pour hériter ici du beau château
    Qu'on voit là-bas sur le coteau.

    ODOARD, à Gennaio.

Les voiturins de Naple, ici, dans cette auberge
Ne s'arrêtent-ils pas?

GENNAIO.
C'est moi qui les héberge.

ODOARD.
Bien! je veux pour ce soir un superbe souper;
Treize couverts!

GENNAIO.
On va s'en occuper.

ODOARD.
Et de plus il me faut, écoute,
Une chambre...

GENNAIO.
On va vous l'offrir.

ODOARD.
Qui donne sur la grande route...
(A part.)
C'est par là qu'elle doit venir.

DES VOITURINS, causant.
Ah! c'est affreux! c'est une horreur!
C'est à vous glacer de terreur.

GENNAIO, allant à eux.
Silence, amis! que l'on se taise!

ODOARD, se retournant.
Qu'est-ce donc?

GENNAIO.
Rien, rien, monseigneur;
Ils racontaient, et ça leur faisait peur,
Sur la société des Treize
Des histoires!...

ODOARD, souriant.
Les Treize! Eh bien! qu'en disait-on?

GENNAIO.
Vous ne le savez pas?

ODOARD, riant.
Qui, moi? non, mon garçon.

GENNAIO, *après avoir regardé autour de lui avec mystère.*

COUPLETS.

Premier couplet.

Il est dans Naples la jolie
Treize seigneurs beaux et galants,
Menant, dit-on, joyeuse vie,
Francs buveurs, tendres conquérants;
A l'amitié toujours fidèles,
Mais redoutables près des belles;
Et chacun dit en les voyant :

C'est un des Treize!
Soyez prudent;
C'est un des Treize!
Tremblez, amant,
Que votre belle ne leur plaise!
C'est un des Treize!
Tremblez, amant!

Deuxième couplet.

Si vous voyez une fille naïve
Plongée en un chagrin profond;
Si vous voyez, d'humeur pensive,
Un époux se frotter le front;
Entre amants s'il gronde un orage,
S'il survient du bruit en ménage,
Qui l'a causé? Tous vous diront :

C'est un des Treize!
Tremblez, jaloux!
C'est un des Treize!
Tremblez, époux,
Que votre femme ne leur plaise!
C'est un des Treize!
Tremblez, époux!

ODOARD, *riant.*

Moi, je crois vos frayeurs assez peu légitimes.

GENNAIO.

Ah! vous doutez encor?

(Montrant Matéo.)
Tenez, tenez, voici
Une preuve vivante, une de leurs victimes,
Matéo, vigneron, qui, l'autre vendredi,
Devait se marier avec sa prétendue,
A Naple, et le matin...

ODOARD.

Eh bien donc?

GENNAIO.

Disparue!

Enlevée!

ODOARD.

Et par qui?

GENNAIO.

Par l'un de ces Treize!...

MATÉO, pleurant.

Ah!

ODOARD.

Eh quoi! vraiment?

MATÉO, de même.

Ah!

ODOARD.

Ta jeune femme?

MATÉO, de même.

Ah!

ODOARD.

Par un de ces Treize?

MATÉO, de même.

Ah!

ODOARD.

J'y suis... n'est-ce pas une
Petite blonde?...

MATÉO, de même.

Ah! ah!...

GENNAIO.

Non! non, c'est une brune!

ODOARD.

C'est différent.

MATÉO, de même.

Ah! ah!

GENNAIO.

Rien ne le consolera.

ODOARD, lui donnant une bourse.

Tiens, mon garçon...

MATÉO, riant.

Ah! ah!

ODOARD.

Ces dix ducats?...

MATÉO, de même.

Ah! ah!

GENNAIO.

Quoi! c'est de l'or?...

MATÉO, de même.

Ah! ah!

(Les voiturins témoignent leur admiration pour la générosité d'Odoard.)

Ensemble.

MATÉO.

Enfin ma douleur cesse;
Pour moi plus de tristesse,
D'une telle largesse
Me voilà confondu!
Le bonheur m'accompagne,
Si je perds ma compagne
En un seul jour je gagne
Plus que je n'ai perdu.

LES VOITURINS.

Enfin sa douleur cesse ;
Pour lui plus de tristesse,
D'une telle largesse
Le voilà confondu !
Le bonheur l'accompagne,
Et s'il perd sa compagne
En un seul jour il gagne
Plus qu'il n'avait perdu.

TOUS, excepté Odoard.

Vive, vive, mes amis,
Vive monseigneur le marquis !

ODOARD, distribuant de l'argent.

Tenez, tenez, mes chers amis !

TOUS.

Vive, vive, mes amis,
Vive monseigneur le marquis !

(Matéo et tous les voiturins sortent enchantés.)

SCÈNE III.

ODOARD, GENNAIO.

ODOARD, à part.

Eh bien ! qu'on nous accuse encore... Voilà un pauvre diable qui se trouvera en bénéfice du côté de sa bourse... et de sa femme donc !...

GENNAIO, s'avançant.

C'est bien de l'honneur pour mon père qui est absent, et pour moi qui le représente de recevoir chez nous M. le marquis, et je ne comprends pas ce qui a pu procurer un tel honneur à notre hôtellerie !

ODOARD.

Ne sais-tu pas que notre roi se marie, et qu'aujourd'hui ou demain l'on attend la princesse qu'il épouse ?

1.

GENNAIO.

Certainement !

ODOARD.

Eh bien ! mon garçon, c'est moi qui commande l'escorte d'honneur chargée de conduire à Naples la nouvelle reine... J'attends qu'elle arrive.

GENNAIO.

Ce n'est pas par ici qu'elle doit passer... la grande route est à plus d'une lieue.

ODOARD.

Je le sais bien... et l'escorte est là !... Mais moi j'aime mieux attendre ici... j'ai mes raisons.

GENNAIO.

C'est différent !

ODOARD, riant.

Et si cela ne te gêne pas ?...

GENNAIO.

Au contraire, monseigneur, car j'aurais justement une grâce à vous demander !...

ODOARD.

Toi ? Parle, mon garçon ! de quoi s'agit-il ?... Conte-moi ça pendant qu'on va me préparer une tasse de chocolat que j'irai prendre sur la terrasse... (A part, pendant que Gennaio va donner un ordre à la cantonade.) parce que de là je pourrai inspecter les carrioles ou voiturins qui se rendent à Tarente. (Haut.) Allons ! parle !

GENNAIO, revenant.

Voilà, monseigneur ! Luigi, votre cocher, vient de me dire que le colonel des lanciers était de vos amis...

ODOARD.

Le comte Hector !... Oui, sans doute... il est de la société des Treize, dont tu parlais tout à l'heure !

GENNAIO.

Est-il bien possible !... Parmi ces mauvais sujets-là il y a des colonels de lanciers ?...

ODOARD.

Il y a de tout... pourvu qu'on soit aimable et joli garçon... Il y aura bientôt une place vacante, un déserteur, un faux frère, qui va se marier... Est-ce que tu veux le remplacer, et te faire recevoir dans les Treize ?...

GENNAIO.

Non, monseigneur... mais dans les lanciers... C'est une belle arme... Je suis allé l'autre jour m'y faire engager ; mais il paraît que pour se faire tuer dans ce corps-là il faut des protections...

ODOARD.

Ah çà ! mais pourquoi diable veux-tu te faire tuer ? Est-ce la pauvreté ?...

GENNAIO.

Au contraire ! je ne suis que trop riche... voilà mon malheur... parce que mon père, le maître de cette auberge, qui n'a que moi d'héritier, a des idées d'ambition... Il veut que la jeune fille que j'épouserai ait une dot... et justement celle que j'aime n'en a pas !

ODOARD.

De dot ?

GENNAIO.

Bien entendu ! C'est la seule chose qui lui manque... et c'est tout simple... une orpheline qui n'a jamais connu de parents... mais, du reste, la plus jolie fille...

ODOARD, à part.

Diable ! c'est bon à connaître !... (Haut.) Et qui est-elle ?

GENNAIO.

Une couturière.

ODOARD.

Cela n'empêche pas !... au contraire... nous aimons et

nous protégeons beaucoup les couturières... Sa demeure ?...

GENNAIO.

Rue de Tolède.

ODOARD, étonné.

Hein !... et son nom ?...

GENNAIO.

Joli comme elle... Isella !...

ODOARD, à part.

Dieu ! la même !... la grisette que nous poursuivons !

GENNAIO.

Monseigneur la connaît ?

ODOARD.

Du tout !... mais j'ai entendu dire que le comte Hector dont tu parlais avait des vues sur elle.

GENNAIO.

Mon colonel ?

ODOARD.

Qu'il avait même fait à ce sujet un pari avec l'un de ses amis, un de ses confrères qui la lui disputait... un joli cavalier...

GENNAIO.

Eh bien ! tous deux perdront leur temps... je ne les crains pas... car c'est celle-là qui est sage et honnête... la vertu même...

ODOARD, à part.

C'est ce qu'il faudra voir !...

GENNAIO.

Et si vous l'entendiez parler ?... un esprit... une éducation !...

ODOARD.

Vraiment ! elle en a ?

GENNAIO.

Les dimanches et fêtes... parce qu'elle les passe à lire des romans... ce qui lui a donné des sentiments et des principes... Enfin, croiriez-vous que, quand je lui ai avoué, l'autre jour, que mon père s'opposait à notre mariage... elle a eu tout de suite une attaque de nerfs ?... Hein !... c'est affectueux... et elle m'a mis à la porte, en me défendant de revenir chez elle. Aussi, mon parti est pris... et quoique votre ami le colonel ne me plaise plus guère... si vous pouvez me faire entrer dans les lanciers... ou dans un autre régiment...

ODOARD, vivement.

Oui, dans un autre... plus estimable... et surtout plus nombreux... Je m'occuperai de ça... je vais y rêver sur la terrasse en prenant mon chocolat...

GENNAIO.

Bien reconnaissant de ce que vous voulez faire pour moi...

ODOARD.

Laisse donc ! tu ne te doutes pas du plaisir que j'y trouverai...

(Il sort.)

SCÈNE IV.

GENNAIO, seul.

A la bonne heure ! un coup de tête, un engagement. Je le dirai à mon père, pas plus tard que demain, quand il reviendra de Pouzzoles où il est allé aux provisions. Et peut-être que ça lui fera peur. Ah ! il lui faut des belles-filles de mille piastres ! il a la tyrannie de vouloir que je sois riche, que je sois à mon aise... Eh ben ! non ! je serai soldat ! je coucherai sur la dure, à la belle étoile ; je mangerai du pain noir ! ça sera sa punition !... et peut-être ben qu'il reculera là-devant... Je l'espère du moins ; et quoique Isella n'ait pas les mille piastres qu'il demande, il aimera mieux me voir marié que soldat... (Écoutant.) Encore une voiture, un carrossin ! quelque artiste ! ils voyagent tous ainsi. (Regardant à la cantonade.) Voilà le cocher qui descend !

SCÈNE V.

GENNAIO, puis HECTOR.

(On entend chanter dans la coulisse sur la ritournelle de l'air suivant : Tra, la, la !)

GENNAIO.

Que vois-je !... Eh oui ! le comte Hector, mon futur colonel, déguisé en voiturin... Qu'est-ce que cela veut dire ?...

AIR.

HECTOR, entrant un fouet à la main.
Le beau métier, le beau destin
Que le métier de voiturin !
Je suis Piétro le voiturin ;
Je pars demain, de grand matin,
    Pour Bologne ou Florence,
    Pour Turin, pour la France.
Mes chevaux sont fringants, bien dressés, bien nourris ;
Messieurs, dans quinze jours je vous mène à Paris.

Venez à moi, jeune fillette ;
De moi vous serez satisfaite.
Êtes-vous près d'un jeune amant ;
Bien doucement, et sur la terre,
Je roule, roule mollement.
Jamais une fâcheuse ornière
Ne dérange le sentiment.
Le beau métier, le beau destin
Que le métier de voiturin !

Mais êtes-vous avec votre maman,
Près d'un timide et tendre soupirant,
Mon fier coursier qui trotte, trotte, trotte,
Sur le pavé rudement vous cahote,

   Et rapproche le sentiment.
  Volez, volez, ma rapide calèche ;
  Clic ! clac ! clic ! clac ! pour vous favoriser
   Mon fouet bruyant souvent empêche
   D'entendre le bruit d'un baiser.
   Le beau métier, le beau destin
   Que le métier de voiturin !

   (Se tournant vers Gennaio qui le regarde toujours.)
  Allons ! garçon, à boire au voiturin !
  Allons ! allons ! à boire au voiturin !

    GENNAIO, sortant en le regardant.
On y va, monsieur !

    HECTOR, seul, continuant l'air.
  Vrai Dieu ! son erreur est complète,
  Et ce joyeux déguisement
  Livre ma nouvelle conquête
  Au piége amoureux qui l'attend.

Que ma jeune conquête est fraîche et séduisante !
Quelle douce candeur, quelle grâce charmante !
Son cœur naïf encor s'ouvre à peine au désir.
Rose des champs ! heureux qui pourra te cueillir !

   GENNAIO rentre, tenant une bouteille et un verre.
  Voilà, monsieur, d'excellent vin.

 HECTOR, apercevant Gennaio, reprend le ton et les manières d'un
     voiturin.
  L'excellent vin ! mon cher ami,
   (Buvant.)
  Oui, c'est du lacryma-christi !
  Par saint Janvier, l'excellent vin !
  Il est parfait ! il est divin !
   A Livourne, à Florence,
   A Milan, même en France,
Il n'a pas son pareil ; il est vraiment exquis !
Non vraiment, non vraiment, non pas même à Paris !
   Le beau métier, le beau destin
   Que le métier de voiturin !

GENNAIO, le regardant pendant qu'il boit.

Il est amusant. Comme membre de la société des Treize, c'est quelque nouveau tour qu'il aura joué avec ce déguisement-là... quelque jeune fille qu'il enlève de bonne volonté... celle qu'il a amenée dans son carrosse... c'est cela même ! C'est drôle... (Regardant du côté par lequel Hector est entré.) Ah ! mon Dieu ! Isella ! ma bonne amie ! Quelle horreur !

HECTOR.

Ah çà ! l'ami, une chambre tout de suite, et la plus belle... Tu y feras porter un dîner pour deux !...

GENNAIO.

Pour deux ! (A part.) Est-ce qu'ils seraient déjà d'intelligence ?...

HECTOR.

Un bon voiturin ne doit jamais quitter ses pratiques... aussi, nous dînons ensemble, c'est mon usage... Il nous faut du Malvoisie, et du meilleur... Je ne regarderai pas au prix, pourvu que la bourgeoise soit contente.

GENNAIO, à part.

C'est ça ! pour voir si elle a le vin tendre !...

HECTOR.

Justement la voilà... Allons, en avant ! dégourdis-toi !

GENNAIO.

J'y vais, j'y vais... (A part.) mais je ne les perds pas de vue...

(Il sort.)

SCÈNE VI.

Les mêmes, ISELLA.

ISELLA, entrant avec une fille d'auberge qui porte ses cartons.

Doucement ! prenez donc garde... Cahoter ainsi des échantillons de tulle et de gaze !... Vous ne savez donc pas que c'est notre réputation... ça se chiffonne d'un rien !

HECTOR, montrant la chambre à la servante.

Par là ! par là ! mamzelle. (A Isella.) Dame ! c'est votre faute, la bourgeoise... Vous avez voulu vous arrêter dans cette auberge au lieu de pousser encore six lieues, jusqu'à la première couchée !...

ISELLA.

Eh bien ! voiturin, en faisant prix avec vous, en consentant à prendre votre carrosse, qui n'est autre qu'une véritable patache, est-ce que je n'ai pas mis pour condition que je m'arrêterais où je voudrais ?... (A part, regardant autour d'elle.) C'est drôle ! je ne vois pas Gennaio, et il me semble pourtant bien que c'est ici l'auberge de son père... (Haut, à Hector qui s'approche.) Est-ce que je ne puis avoir des comptes à régler ici ?... Sachez, voiturin, qu'une couturière qui a de la délicatesse ne s'expatrie pas sans mettre ordre auparavant à toutes ses affaires... (A part.) même celles de cœur !

GENNAIO, ouvrant la porte du cabinet.

J'entendrai mieux comme ça !

ISELLA.

Au surplus, mon cher !...

GENNAIO, à part.

Son cher !

ISELLA.

Vous vous rappelez ce qui s'est passé entre nous ?

GENNAIO, à part.

O ciel !

ISELLA.

Si je vous ai donné la préférence sur les autres, vos concurrents, c'est parce que vous m'avez juré d'être toujours complaisant avec moi et d'obéir à mes moindres fantaisies...

GENNAIO, à part.

C'est ça ! elle a fait ses conditions !

ISELLA.

Aussi, vous n'avez pas eu à vous plaindre de moi, je l'espère... J'ai consenti à toutes vos demandes...

GENNAIO, à demi-voix, en refermant la porte.

Perfide Isella !

ISELLA, très-émue.

Ah ! mon Dieu !

HECTOR.

Quoi donc ?

ISELLA.

Rien ! rien... (A part.) J'ai cru entendre mon nom !

HECTOR.

Qu'est-ce que vous avez !...

ISELLA.

Une palpitation.

HECTOR.

Vous y êtes sujette ?

ISELLA.

Quelquefois.

HECTOR, à part.

C'est bon à savoir !

ISELLA, à part.

C'est étonnant ! j'aurais parié que c'était sa voix, qu'il m'appelait... C'est vrai ! quand on a quelqu'un dans l'idée...

HECTOR.

Ne faut pas rester là, mam'selle... Voulez-vous que je vous conduise dans votre chambre ?

ISELLA.

Oui... oui... volontiers !

HECTOR.

Allons ! donnez-moi le bras... appuyez-vous ferme ! Pauvre petite mère ! c'est qu'elle est toute tremblante...

(Il entre avec elle en la soutenant par la taille.)

SCÈNE VII.

GENNAIO, ensuite ODOARD.

GENNAIO, sortant du cabinet.

Ensemble !... dans la même chambre !... Quelle horreur! il n'y a plus moyen d'en douter.

ODOARD, à part, en entrant.

Il vient d'entrer un voiturier dans la cour ; il me dira s'il a rencontré la petite.

GENNAIO.

Ah ! monsieur le marquis !...

ODOARD.

Quoi donc ?

GENNAIO.

Celle dont je vous parlais tantôt... Isella... elle est ici!

ODOARD.

Ici!... (A part.) Quel bonheur! me voilà certain d'avoir l'avance sur Hector !...

GENNAIO.

Et c'est maintenant que j'ai recours à vous... Votre ami... le colonel...

ODOARD.

Ah ! oui... cet engagement... nous verrons !

GENNAIO.

Du tout !... je n'en veux plus!... j'aimerais mieux ne me faire tuer de ma vie que de lui en avoir l'obligation... un séducteur qui s'est emparé de celle que j'aime !...

ODOARD.

Hein !... plaît-il ?...

GENNAIO.

Oui, monseigneur... je l'ai bien reconnu, quoiqu'il soit déguisé en voiturin.

ODOARD.

En voiturin ?... quelle ruse infernale !... (A part.) Ah ! si j'y avais pensé !...

GENNAIO.

Et il l'enlève !

ODOARD.

De force ?

GENNAIO.

Plût au ciel ! ça serait une consolation... mais le pire, c'est qu'ils sont d'accord.

ODOARD.

Déjà !... Comment ! cette vertu si sévère qui t'avait mis à la porte ?...

GENNAIO.

C'est peut-être pour ça... elle aura épuisé avec moi toute sa résistance.

ODOARD.

C'est indigne ! c'est affreux !... Où sont-ils ?

GENNAIO.

Là... dans cette chambre... seuls... en tête-à-tête !

ODOARD.

En tête-à-tête !... quelle horreur !... Il faut les séparer tout de suite, et à tout prix !

GENNAIO.

A-t-il bon cœur !

ODOARD, vivement.

Oh ! si je pouvais me débarrasser... (Se reprenant.) te débarrasser d'Hector... l'éloigner seulement dix minutes d'Isella!...

GENNAIO.

Et pourquoi ?

ODOARD.

Pour la prévenir des dangers qui l'environnent, la ramener à la vertu.

GENNAIO.

En dix minutes !... Et quand l'autre reviendrait, elle serait sauvée ?

ODOARD.

Oui, sauvée !... (A part.) avec moi.

GENNAIO.

Dieu ! l'honnête homme ! le brave seigneur !... Si je peux vous aider !...

ODOARD.

Tais-toi ; le voilà qui sort. Laisse-nous, et songe à ce que je t'ai dit.

GENNAIO.

J'en viendrai à bout, et tenez-moi pour une bête si je ne trouve pas quelque moyen de vous procurer un tête-à-tête avec ma maîtresse.

ODOARD.

Bien ! c'est ce qu'il faut.

(Gennaio sort.)

SCÈNE VIII.

HECTOR, ODOARD.

HECTOR, à la cantonade.

C'est bon, c'est bon, mam'selle, on y va. (A part.) Que diable peut-elle vouloir au fils de l'aubergiste ?... peut-être un ancien compte...

ODOARD.

Me trompé-je ?... Hector !...

HECTOR, à part.

Odoard !... au diable !... (Haut.) Enchanté !...

ODOARD.

Comment êtes-vous ici, mon cher ?

HECTOR.

Et vous qui parlez, qu'est-ce qui vous y amène? N'êtes-vous pas de l'escorte qui attend la jeune reine?

ODOARD.

Ah! vous le savez?

HECTOR, s'inclinant.

Je n'ai pas été étranger à un choix aussi honorable!

ODOARD, avec dépit.

Qui me fera rester loin de Naples deux jours, et peut-être plus.

HECTOR, souriant.

J'avais probablement mes raisons... et dans votre intérêt je vous engage à ne pas rester ici... La reine peut arriver d'un instant à l'autre...

ODOARD.

Vous êtes trop bon! mais rassurez-vous, je serai prévenu.

HECTOR.

Et comment?

ODOARD.

Deux ou trois piqueurs échelonnés sur la route... et le dernier, qui est à quelques cents pas d'ici, m'avertira sur son cor de chasse... vous savez? cette fanfare brillante...

HECTOR.

Que l'autre jour nous exécutions ensemble?

ODOARD.

Vous surtout, avec tant de succès!...

HECTOR.

Vous me faites rougir!

ODOARD.

Pourquoi donc?... vous avez tous les talents distingués... celui de piqueur... celui de cocher... et ce costume de voiturin...

HECTOR.

Un habit d'étude... pour m'exercer à conduire... c'est grand genre...

ODOARD.

Allons donc!

HECTOR.

Genre anglais!

ODOARD.

Allons donc! vous dis-je; je sais tout.

HECTOR.

Vrai? Eh bien! alors, j'y mettrai de la confiance... Une idée admirable... diabolique... une idée digne de vous... Hier, après notre séance, je m'en retournais à mon hôtel, rêvant à notre pari et à cette jeune beauté que vous me disputiez, lorsqu'en traversant le Chiaia j'aperçois sur la place notre jolie couturière entourée de muletiers, de voiturins qui se la disputaient. J'approche, et je l'entends conclure son marché avec l'un d'eux pour aller jusqu'à Tarente...

ODOARD.

Je le savais!

HECTOR.

Où elle doit se rendre...

ODOARD.

En passant par ici... Voilà pourquoi je l'attendais.

HECTOR.

J'ai fait mieux!

ODOARD.

Vous êtes parti avec elle?

HECTOR.

Justement!... J'accoste le voiturin, et sans marchander, costume, voiture, équipage, je lui achète tout en bloc, y compris la voyageuse, et ce matin je me présente en son lieu et place à ma nouvelle acquisition.

ODOARD.

Et elle vous a pris pour lui?

HECTOR.

A peine si elle l'avait regardé... et je me suis annoncé si naturellement comme celui avec qui elle avait traité la veille, que, grâce à cet aplomb, à cette candeur d'effronterie qui nous est prescrite par l'article trois de notre règlement...

ODOARD.

Que vous possédez à merveille!

HECTOR.

Et vous donc!... Je l'ai entendue dire à ses compagnes en leur faisant ses adieux : « C'est singulier! il ne m'avait pas semblé si bien hier... »

ODOARD.

Elle a dit cela?

HECTOR.

C'était de bon augure, et la suite a répondu à cette heureuse entrée en campagne.

ODOARD.

Quoi! vous vous êtes déclaré?

HECTOR.

Je m'en serais bien gardé... quand j'ai vu les avantages de ma position... On ne se défie pas d'un voiturin... c'est sans conséquence... on est là, près de lui... on cause... un cahot rapproche les distances... et, grâce au ciel et au gouvernement, les routes sont si mauvaises!... Et quand il faut descendre de voiture, il n'y a pas de marchepied... c'est gênant... je suis obligé de la recevoir, de l'enlever dans mes bras... Et quand elle remonte en voiture... c'est bien mieux encore... une jambe charmante...

ODOARD, avec humeur.

C'est trop fort! et je ne la laisserai pas exposée plus longtemps à un pareil danger... Je la sauverai!

HECTOR.

Comment cela?

ODOARD.

En lui disant qui vous êtes... en la prévenant des piéges que vous lui tendez!

HECTOR.

Avisez-vous-en, et de mon côté je l'avertis de se défier de vous!

ODOARD.

Je dénoncerai vos projets!

HECTOR.

Moi les vôtres!

ODOARD.

Elle sera perdue pour vous!

HECTOR.

Et vous ne l'aurez pas gagnée!

ODOARD.

Au fait, ça ne servirait qu'à nous annuler l'un par l'autre; et c'est d'autant plus honteux que j'avais invité pour ce soir tous nos compagnons... vous le premier... la lettre doit être à votre hôtel.

HECTOR.

Vraiment!

ODOARD.

Eh oui... me croyant sûr du succès, j'ai commandé ici un souper de treize couverts, afin que nos amis fussent témoins de mon triomphe.

HECTOR.

Ils le seront du mien.

ODOARD.

Non pas!

HECTOR.

C'est ce que nous verrons!

ODOARD.

Plutôt y renoncer tous deux!

HECTOR.

Eh bien! eh bien! ne nous fâchons pas! mettons dans nos trahisons toute la loyauté possible, et faisons de franc-jeu une convention...

ODOARD.

Laquelle?

HECTOR.

Quelque stratagème, quelque mensonge que puisse inventer l'un de nous deux, l'autre ne le démentira pas... quitte à enchérir en ripostant par quelque chose de plus fort.

ODOARD.

Soit!... une assurance mutuelle!...

HECTOR.

Pour tromper avec publicité et concurrence. Et pour commencer, vous ne direz pas qui je suis.

ODOARD.

Je le jure sur l'honneur!

HECTOR.

J'ai l'avantage, et je le garde!

ODOARD.

Jusqu'à ce que je vous l'enlève.

HECTOR.

Ce qui vous sera difficile, car je ne quitte pas la petite d'un instant.

SCÈNE IX.

Les mêmes; GENNAIO et UN GREFFIER.

GENNAIO, à Hector.

Eh vite! eh vite! monsieur, dépêchez-vous! on vous prie de vouloir bien passer...

HECTOR.

Où donc?

GENNAIO.

Chez le barigel, la première autorité du village... Voilà son greffier qui vient vous chercher.

HECTOR.

Je .ai pas affaire à lui!...

GENNAIO.

Oui... mais il a affaire à vous !... On vous a dénoncé comme un faux voiturin... un muletier de contrebande... (Bas à Odoard.) C'est moi qui l'ai dénoncé.

ODOARD, bas à Gennaio.

Bravo!... à merveille!...

HECTOR.

Que peut-on trouver à redire? Est-ce que je n'ai pas une voiture solide et en bon état?...

GENNAIO.

Une voiture!... Si vous croyez que ça suffit pour être voiturin... du tout!... c'est ce qu'il y a de moins nécessaire... La première chose c'est d'avoir une patente!

HECTOR, à part.

Ah diable!

ODOARD, gravement.

Écoutez donc, mon cher, si vous n'avez pas de patente... c'est très-mal!...

GENNAIO, bas à Hector.

Le barigel, qui est têtu comme une mule, vient de faire saisir les vôtres, que l'on a conduites au greffe!...

HECTOR.

Mes mules au greffe!...

ODOARD.

Ne craignez rien pour elles... il paraît qu'elles seront en bonne compagnie!...

GENNAIO.
Et on pourrait vous arrêter.

HECTOR.
M'arrêter!... Et mes pratiques qui resteraient ici!...

ODOARD.
Ne vous en inquiétez pas, je les conduirai dans ma voiture...

HECTOR, vivement.
Non pas! non pas!... Je cours parler à ce barigel... (A part.) Et comme il ne serait pas prudent de laisser ici trop longtemps l'ennemi en mon absence... je vais chercher quelque moyen pour le faire remonter à cheval, et l'éloigner au plus vite... (Haut au greffier.) Allons, monsieur, allons chez le barigel...

(Il sort vivement le premier.)

SCÈNE X.

GENNAIO, ODOARD, LE GREFFIER.

GENNAIO, se frottant les mains, à Odoard.
Je vous avais bien dit que je l'éloignerais... Quand je me mêle d'une chose!...

ODOARD.
Cela ne suffit pas!... (Au greffier qui s'apprête à suivre Hector.) Un instant, monsieur!... cet homme m'est suspect... Dites au barigel de le retenir; c'est moi qui l'y engage, moi, le feld-maréchal Odoard, commandant l'escorte d'honneur de la reine!...

LE GREFFIER.
Cela suffit!... on l'arrêtera!...

ODOARD.
D'abord!... et avant tout!

LE GREFFIER.

Et s'il n'y avait rien sur son compte ?

ODOARD.

On a le temps de le savoir après !

LE GREFFIER.

C'est juste !...

(Il sort.)

SCÈNE XI.

ODOARD, GENNAIO, puis ISELLA.

ODOARD, à Gennaio.

Eh bien ! qu'en dis-tu ?

GENNAIO.

Vous êtes mon sauveur !...

ODOARD.

Maintenant, à Isella !...

GENNAIO.

Oui... entrez dans sa chambre... dites-lui la vérité... elle vous croira plutôt que moi !...

ISELLA, sortant de sa chambre.

Et ce voiturin qui ne m'envoie pas Gennaio !... (Elle l'aperçoit.) Ah ! c'est lui !...

FINALE.

Ensemble.

ISELLA.

Trouble extrême !
Il est là,
Lui que j'aime !
Et déjà,
A sa vue
Attendue,

De frayeur
Bat mon cœur!

GENNAIO.

Trouble extrême!
La voilà!
Moi qui l'aime,
Je sens là,
A sa vue
Imprévue,
La frayeur
Dans mon cœur!

ODOARD.

Joie extrême!
Isella,
Oui, je t'aime!
Je sens là,
A ta vue
Attendue,
Le bonheur
D'un vainqueur!

ISELLA, à part.

Quoi! je suis en sa présence
Sans qu'il cherche à me parler!

ODOARD, bas à Gennaio.

Va-t'en donc! ta violence
Ne ferait que nous troubler.

GENNAIO, bas à Odoard.

En vous seul j'ai confiance,
Hâtez-vous de lui parler

ISELLA, à demi-voix.

St! st! st!

GENNAIO.

Je crois qu'elle m'appelle!

(Il fait un pas vers elle.)

ODOARD, le retenant.

Du tout! du tout!...

GENNAIO.
Si fait!

ODOARD.
Non! non!

ISELLA, à part, d'un ton très-sentimental.
Il ne vient pas, quand c'est moi qui l'appelle!
(Par une transition brusque, et du ton dont on appelle un garçon en retard.)
Holà! garçon!

GENNAIO, courant vivement.
Mademoiselle!

ISELLA.
Arrivez donc!

PLUSIEURS VOIX, hors du théâtre, à grands cris.
Hé! Gennaio!...

ODOARD, bas à Gennaio.
Tiens, là-bas on t'appelle!

GENNAIO.
Du tout! du tout!

ODOARD.
Si fait!

GENNAIO.
Non!

ODOARD.
Si!

GENNAIO.
Non! non!

ODOARD, bas.
Laisse-moi seul sermonner l'infidèle.

ISELLA, très-impatientée.
Eh bien! garçon!

GENNAIO.
Mademoiselle!

Ensemble.

ISELLA.
Arrivez donc!

GENNAIO.
Pardon! pardon!

ODOARD.
Va donc! va donc!

ISELLA, avec dépit à Gennaio qui est arrivé près d'elle.
Pour vous parler la peine est assez grande!

ODOARD, se plaçant entre eux deux.
C'est qu'en bas on le demande!

ISELLA.
Eh bien! qu'en bas on attende!

GENNAIO, à qui Odoard fait des signes pour qu'il s'en aille.
Non, avant tout le devoir;
Mais monsieur pourra vous dire...
Il va vous faire savoir...
Car lui, la vertu l'inspire.

VOIX EN DEHORS, plus fort que la première fois.
Gennaio! Gennaio!

GENNAIO.
L'on y va! l'on y va!

Ensemble.

GENNAIO.
Trouble extrême!
Fuyons-la! etc.

ISELLA.
Trouble extrême!
Il s'en va! etc.

ODOARD.
Joie extrême!
Isella, etc.

(Gennaio sort.)

ODOARD, avec joie.

Je triomphe!... Il s'en va!...
A moi seul Isella!...

(Tout à coup on entend au dehors, et dans le lointain, un cor de chasse sonner une fanfare. Odoard s'arrête et écoute.)

Cette fanfare! ô ciel! quelle disgrâce!
La reine arrive! Eh! oui, c'est le signal!
Il faut partir! il faut céder la place...
Quand j'étais seul, et vainqueur d'un rival.

GENNAIO, rentrant, à des paysans qui arrivent de tous côtés.

Savez-vous, mes amis, pourquoi cette fanfare?

SCÈNE XII.

Les mêmes; Paysans, LE GREFFIER, suivi de QUELQUES Gens de justice.

LE GREFFIER, à Odoard qui va sortir.

Comme témoin auprès du barigelle
Vous êtes prié de passer.

ODOARD.

Près de la reine, où le devoir m'appelle,
Je cours! mais Gennaio pourra me remplacer;
Il dira tout... à lui vous pouvez vous fier.

Ensemble.

ISELLA.

O contre-temps barbare
Qui de lui me sépare!
Je n'y comprends plus rien,
Quel est donc son dessein?
Je réfléchis en vain...
Dieu! voilà qu'on l'emmène;
Ah! pour moi quelle peine!
Sans le voir, quoi! partir!
C'est vraiment trop souffrir!

GENNAIO.

O contre-temps barbare
Qui d'elle me sépare!
Loin d'elle il faut partir;
Ah! c'est par trop souffrir!
Malgré moi l'on m'entraîne;
Quel ennui! quelle peine!
Loin d'elle il faut partir;
C'est vraiment trop souffrir!

ODOARD.

Forcé de m'éloigner, du moins je les sépare!
Ah! je suis en défaut,
Mais un temps de galop,
Et j'y serai bientôt.
Quelle peine!
Quoi! déjà c'est la reine!
La voilà! sa venue
Imprévue
Met mon cœur
En fureur!

LE GREFFIER, et LE CHOEUR à Gennaio.

Allons donc! qu'on l'entraîne!
Faut-il donc tant de peine
Pour le faire obéir?
Il faut partir!

(Le greffier et les gens de justice emmènent Gennaio. Odoard voudrait rester encore, mais les sons deviennent plus forts et plus pressants. Furieux il s'enfuit sans pouvoir parler à Isella, qui, demeurée seule, va s'asseoir sur la chaise près de la table en témoignant son étonnement de tout ce qui vient de se passer.)

ACTE DEUXIÈME

L'intérieur d'une salle de l'auberge. — Portes latérales. A gauche, une table; des chaises au fond.

SCÈNE PREMIÈRE.

HECTOR, toujours habillé en voiturin, entrant par le fond.

Ce n'est parbleu pas sans peine que je lui ai fait entendre raison... Ce maudit barigel agissait avec une obstination qui lui venait d'ordre supérieur... C'est ce cher Odoard qui m'avait fait mettre sous clef!... Croyez donc aux amis... Après tout, c'est un des Treize... un rival... et c'était de bonne guerre... Oui, mais, pour me tirer de là, il a fallu absolument me faire connaître, décliner mon nom et mes titres, ce que je ne voulais pas, parce que ce barigel est obligé d'envoyer son rapport au ministre de la police, à Naples... et cela va produire un éclat qui sera cause qu'on se moquera de moi si je ne réussis pas. Mais je réussirai... et déjà, pour commencer, ce vieux cor de chasse que j'ai aperçu chez le barigel... Ma foi! l'occasion était trop belle... et la brillante fanfare que j'ai envoyée aux échos a fait monter à cheval mon concurrent!... Deux lieues à faire pour aller présenter sa main à la jeune reine qu'il ne trouvera pas!... Mais il est capable de revenir ici ventre à terre... et, avant son retour, hâtons-nous de partir et d'emmener avec moi ma conquête.

SCÈNE II.

HECTOR, ISELLA, sortant de la chambre à gauche.

HECTOR, reprenant le ton de voiturin.

Ah çà ! ma petite bourgeoise, est-ce que nous ne partons pas ? Mes mules sont reposées et ne demandent qu'à se mettre en route... et moi aussi... On n'accorde ordinairement qu'une demi-heure aux voyageurs, et voilà plus d'une grande heure !...

ISELLA.

Ce n'est pas ma faute ! je suis prête... j'ai dîné... un repas superbe, qui avait l'air d'être pour deux !...

HECTOR, à part.

Et qu'elle aura mangé seule... pendant que j'étais là-bas, sous les verrous... Ah ! mon ami Odoard, je vous revaudrai cela... (Haut.) Nous pouvons donc partir ?

ISELLA.

Quand vous voudrez !

HECTOR, vivement et à part.

J'aime mieux cela !... parce qu'une fois dans ma voiture... elle est chez moi, elle est à moi... et fouette cocher !... (Haut à Isella.) Je vais atteler !

(Il sort par le fond.)

SCÈNE III.

ISELLA, seule.

Certainement que je partirai !... et je voudrais déjà être loin d'ici... Conçoit-on ce Gennaio ?... C'est pour le voir, pour lui parler, que je m'arrête dans cette auberge, et il évite ma présence !... et quand enfin je l'aperçois, quand je l'appelle, il s'en va !... Eh bien ! moi aussi, je m'en irai... On a de l'amour-propre, de la fierté... et si ce n'étaient mes principes !...

COUPLETS.

Premier couplet.

Pauvre couturière,
Mais honnête et fière,
J'aime, et je ne veux
Qu'un seul amoureux.
J'ai fait la promesse
De l'aimer sans cesse !
Et probablement
Tiendrai mon serment.

Mais... mais... pourtant, hélas!
Ne vous y fiez pas.
Parfois la vengeance
Peut nous entraîner,
Et peut nous mener
Plus loin qu'on ne pense.
Gennaio, prends garde !
Cela te regarde ;
Plus d'un grand seigneur
Peut m'offrir son cœur.

Deuxième couplet.

Sans être coquette,
Nouvelle conquête
Peut m'offrir encor
Des titres, de l'or.
Mais de ces altesses
Et de leurs richesses
Toujours je rirai !
Car je l'ai juré !

Mais... mais... pourtant, hélas !
Ne vous y fiez pas !... etc.

SCÈNE IV.

ISELLA, ODOARD.

ODOARD, entrant par le fond, à part.

C'est elle!... elle n'est pas partie!... Ah! mon ami Hector, vous paierez cher cette course-là... Décidément la reine n'arrive que demain, et j'ai devant moi toute une soirée qui vous sera fatale!

ISELLA.

Allons! partons!

ODOARD, à part.

Diable! pas de temps à perdre!... les grands moyens!... (Haut et criant vers la cantonade.) Les imbéciles! les butors!... adressez-vous donc à eux!

ISELLA, se retournant.

L'officier de ce matin!... A qui en avez-vous donc, monsieur?

ODOARD.

Aux garçons de cette auberge... à Gennaio!

ISELLA, s'approchant.

Gennaio?

ODOARD.

Il ne sait rien!

ISELLA.

C'est bien vrai!

ODOARD.

Un petit niais!

ISELLA.

Quelquefois!

ODOARD.

Lui qui va tous les jours à Naples... ne pouvoir m'indiquer dans la rue de Tolède la personne que je cherche...

ISELLA.

La rue de Tolède ?... Pardon, monsieur, j'y demeure moi-même... et, vu que j'y connais beaucoup de monde, je serais peut-être susceptible de vous indiquer... si toutefois il n'y a pas d'indiscrétion à demander à monsieur le motif...

ODOARD.

Comment donc ! il n'y a pas de mystère... Vous saurez, mademoiselle, que j'habite avec ma tante un château du voisinage.

ISELLA, à part.

Un château !... je m'en doutais à sa physionomie !

ODOARD.

Nous attendons une parente qui va se marier... des parures, des robes de noce à faire... et ma tante a ouï parler avec tant d'éloges d'une jeune artiste en couture, qu'elle n'en veut pas employer d'autre, et me fait faire six lieues pour aller lui offrir de passer trois mois chez nous, à raison de mille piastres...

ISELLA, à part.

Mille piastres ! juste ce qu'il me faudrait pour ma dot ! Elle est bien heureuse, celle-là ! (Haut.) Et son nom, monsieur, son nom à cette artiste ?

ODOARD.

Un nom fort agréable... Is... Is... la...

ISELLA, vivement.

Isella, peut-être ? près la fontaine, n° 5, à l'entresol, les volets verts ?

ODOARD.

Justement !

ISELLA.

Dieu ! quelle rencontre !

ODOARD.

Elle vous serait connue ? Alors, je vous demanderai si elle mérite en effet tout le bien qu'on en dit.

ISELLA.

A cet égard-là, monsieur, je suis trop modeste ; comme c'est moi-même !...

ODOARD.

Vous, mademoiselle ?... allons donc !

ISELLA.

Comment ! allons !

ODOARD.

Vous me pardonnerez de vous dire que ma tante est trop rigide pour que je lui amène ainsi la première venue...

ISELLA.

Mais, monsieur, il n'y a pas de première venue, puisque je vous dis que c'est moi !

ODOARD.

Vous le dites ! vous le dites... il faut des preuves... parce que ce qui nous a décidés en faveur de mademoiselle Isella, c'est qu'elle jouit d'une réputation...

ISELLA.

Intacte ! Précisément, monsieur... c'est bien moi, connue, j'ose le dire, pour la solidité des principes et des points arrière...

ODOARD.

Permettez ! il n'est pas aisé de m'en faire accroire... j'ai des renseignements... D'abord, une très-jolie personne.

ISELLA, les yeux baissés.

Dame ! monsieur...

ODOARD.

Je conviens que jusque-là le signalement est exact... On ajoute qu'elle a la main la plus blanche...

ISELLA, avançant sa main.

Si ce n'est que cela ?

ODOARD, après lui avoir pris la main.

Parfaitement conforme !... et des yeux, surtout !...

ISELLA.

Je ne les cache pas !

ODOARD.

C'est juste ! c'est très-juste ! On disait même...

(Il va pour lui prendre la taille..)

ISELLA, avec impatience.

Ah ! dame ! s'il faut un signalement si minutieux, il n'y a pas moyen de se reconnaître !

ODOARD.

Non, mademoiselle, non, cela suffit !... D'ailleurs je me fie à vous ; vous ne voudriez pas me tromper, abuser de ma crédulité...

ISELLA.

J'en suis incapable.

ODOARD.

Il n'y a plus qu'un obstacle, c'est que nous ne pouvons pas attendre... et vous devez être si courue... avoir une si nombreuse clientèle !

ISELLA.

Il est sûr que, Dieu merci, ce n'est pas l'ouvrage qui me manque, et qu'il m'en tombe de tous les côtés... Mais dans ce moment-ci je n'ai rien à faire.... J'allais à Tarente, pour un mémoire qu'on peut remettre plus tard.

ODOARD.

Est-ce heureux ! Et vous vous mettriez à ma disposition ?...

ISELLA.

Quand vous voudrez.

ODOARD.

Pour me suivre dans ce beau château, qu'on voit là-bas sur la colline ?

ISELLA.

Je n'ai point de préjugés contre les châteaux.

ODOARD, à part.

A merveille !... Une fois qu'elle y sera, je défie bien Hector !... (Haut.) Allons ! allons... mademoiselle !

ISELLA.

Le temps de prendre là-dedans mes cartons.

ODOARD.

Impossible ! je suis trop pressé de satisfaire l'impatience de ma respectable tante !

ISELLA.

Mais, monsieur...

ODOARD.

On enverra tout chercher demain matin, et pour vous rassurer, voici un à-compte... cent ducats d'or, que je vous prie de recevoir d'avance, à condition que nous ne perdrons pas une minute...

(Il lui donne une bourse.)

ISELLA, prenant la bourse, à part.

Cent ducats d'or ! il y met des procédés... (Haut.) Allons, par égard pour madame votre tante...

ODOARD.

Qui vous en remerciera dans un quart d'heure... Venez, mademoiselle, ma calèche est attelée.

(Ils vont pour sortir ; la porte du fond s'ouvre.)

SCÈNE V.

Les mêmes, HECTOR.

HECTOR, entrant le fouet à la main.

Eh ben ! eh ben ! dites donc, ma belle demoiselle... où donc est-ce que vous allez comme ça ?... moi qui viens vous dire que les mules sont attelées !

ISELLA.

Ah! c'est vrai! mon cher, dans la précipitation, je vous avais oublié!...

HECTOR.

Comment, oublié?... Qu'est-ce que ça signifie?

ISELLA.

Ça signifie que monsieur m'emmène avec lui!

HECTOR, à part.

Comment diable s'y est-il pris?... (Haut.) Fi! mademoiselle, fi!...

ISELLA.

Comment, fi?...

HECTOR, à Isella.

Oui... un inconnu... qui viendra me débaucher mes pratiques!

ISELLA.

Débaucher! ah! que c'est voiturin!... D'abord, quant à inconnu, il ne l'est pas... il s'est fait connaître, il a un château où je l'accompagne.

ODOARD.

Volontairement, et sans effort, mademoiselle vous le dira!...

ISELLA.

Sans doute! et dans sa calèche... une calèche! Ainsi, voiturin, on ne va pas sur vos brisées... ce n'est plus le même genre!

HECTOR.

Je me soucie bien de sa calèche, moi! On ne vexe pas comme ça le pauvre monde... et ma voiture que vous avez louée, les trois places que vous avez retenues pour être seule?

ISELLA.

C'est juste! on ne veut pas vous faire du tort; je vas vous les payer, vos places!

ODOARD.

Du tout, mademoiselle, c'est moi que cela regarde... Que vous faut-il, mon cher ?

HECTOR, bas.

Laissez-moi donc tranquille ! (Haut.) Non, mademoiselle, ça ne se passera pas ainsi... vous m'avez pris pour un voyage, il faut que vous voyagiez ; je ne connais que ça !

ISELLA.

Ah çà ! a-t-il la tête dure ! c'est pis que ses bêtes... Puisqu'on vous dédommage !

HECTOR, vivement et avec sa voix naturelle.

Est-ce que c'est possible !... Et le plaisir d'être avec vous, de vous contempler, de vous admirer... qui m'en dédommagera ?

ISELLA, étonnée.

Hein ! plaît-il ! Quel langage !

HECTOR, à part.

Dieu ! je m'oublie ! (Haut.) Je veux dire, petite mère, que nous autres, ce n'est pas tant l'argent, mais l'honneur de la chose... *corpo di Bacco !*

ISELLA, l'observant.

Ah ! oui, des jurons ! C'est trop tard ! il y a un mystère là-dessous... Il s'est coupé... Vous n'êtes pas un voiturin... ce n'est pas un voiturin !...

ODOARD, bas à Hector.

Ce n'est pas moi qui vous ai trahi !

HECTOR, à Isella.

Comment, pas un voiturin ! Qu'est-ce que je suis donc, alors ?

ISELLA.

C'est moi qui vous le demande ; car enfin, ma réputation compromise devant monsieur... qui pourrait supposer...

ODOARD, à Isella.

Ah ! mademoiselle...

ISELLA, à Hector.

Répondez, inconnu équivoque... répondez !... Pourquoi ce costume ?... seriez-vous un amoureux déguisé, par hasard ?

HECTOR.

Un amoureux... moi !

ISELLA.

Dame ! j'en ai tant lu dans les romans !...

ODOARD.

Pour moi, je ne dis rien !

ISELLA, à part.

Il se trouble !... c'est un amoureux !... Quelle horreur ! et la police souffre ça ! (Haut à Hector.) Qui êtes-vous, monsieur ? quel était votre projet ?... Vous espériez donc me séduire ?

ODOARD, d'un air de componction.

Oh ! je ne puis le croire. (Bas à Hector.) Si vous vous tirez de là, mon cher ami...

HECTOR, d'un ton hypocrite.

Hélas ! mademoiselle, quelle erreur est la vôtre ! et si vous me connaissiez mieux, combien vous vous reprocheriez vos soupçons !

ISELLA.

Tout ça, c'est des phrases ! il me faut du positif !

HECTOR.

Eh bien ! il n'est plus temps de feindre ni de se taire, et dès que nous allons être seuls et sans témoins...

ISELLA.

Seuls !... Quelle audace !...

ODOARD.

Il ne doute de rien !

3.

ISELLA.

Moi, seule avec vous ! mais ça serait un tête-à-tête...

ODOARD.

Pas autre chose.

HECTOR.

Il le faut pour mon honneur !

ISELLA.

C'est ça !... et le mien ?

ODOARD.

L'honneur de mademoiselle...

HECTOR.

Ne court aucun risque... mais je dois me justifier à ses yeux... je dois combattre une injuste prévention... et pour lui déclarer la vérité tout entière, pour obtenir son estime et sa confiance, je ne lui demande que dix minutes !...

ODOARD, à part.

Quel diable de mensonge veut-il lui faire ?

ISELLA.

Dix minutes !

HECTOR.

Pas davantage.

ISELLA.

C'est pour me parler d'amour ?

HECTOR.

Non, mademoiselle.

ISELLA.

Je suis sûre que si !

HECTOR.

Je vous jure le contraire !

ISELLA.

Ah ! je voudrais bien le voir !... D'abord, si vous m'en dites un mot, j'appelle tout de suite monsieur... (Montrant

Odoard.) qui est sage, lui... qui n'a que de bonnes intentions...

ODOARD.

Certainement !... mais ma tante qui nous attend ! Notre voyage qui est pressé...

ISELLA.

Rien que dix minutes !

ODOARD.

Mais votre sagesse ?...

ISELLA.

Oh ! en dix minutes !... C'est pour le confondre... A son embarras seul je gage qu'il ment... C'est un amoureux... il va me faire une déclaration, c'est sûr !

ODOARD.

Raison de plus pour le fuir...

ISELLA.

Pourquoi donc ? Vous serez là... tout près...

ODOARD.

N'importe ! s'il osait ?...

ISELLA.

Soyez tranquille... je crierai... Oh ! vous ne me connaissez pas... je crierai !...

ODOARD, à part.

Allons, c'est une garantie !... (Haut, et tirant sa montre.) Nous disons donc dix minutes... (A part, en sortant.) Au fait, en si peu de temps... (A Hector.) C'est convenu... allons, je m'en vais...

SCÈNE VI.

HECTOR, ISELLA.

ISELLA, à part, et pendant qu'Hector ferme la porte sur Odoard.

Ce qui m'amuse, c'est de voir les détours et les phrases

respectueuses qu'il va employer, car ma vue seule lui impose...

DUO.

HECTOR, redescendant vers Isella d'un air exalté.
Enfin, nous sommes seuls!...viens donc, viens dans mes bras!...

ISELLA, effrayée et reculant.
Qu'a-t-il donc! quelle frénésie!...

HECTOR, de même.
Viens, te dis-je!...

ISELLA.
Monsieur, finissez, ou je crie!

HECTOR, d'un ton de reproche.
Quoi! ton cœur ne te dit rien?...

ISELLA.
Rien du tout!

HECTOR, avec douleur.
Hélas!
La voix du sang est donc une chimère?
Elle ne peut reconnaître son frère!

ISELLA, interdite.
Lui, mon frère!

HECTOR.
Tais-toi!

ISELLA.
Mon frère!... se peut-il?...

HECTOR, rapidement, avec chaleur et désordre.
Le voilà ce secret qu'entre tes mains je livre!
Proscrit et fugitif, le malheur et l'exil
Loin de Naples longtemps nous ont forcés de vivre.
Et ma sœur au berceau, souvenir plein d'horreur,
Par nous abandonnée à des mains étrangères,
Dans un état obscur...

ISELLA.
Oui, dans les couturières...

HECTOR, de même.

Mais le roi nous rappelle... il nous rend notre honneur,
Nos titres, nos trésors... et bien plus, une sœur !...
Et c'est vous !...

ISELLA.

Moi ?

HECTOR.

Vous !

ISELLA.

Moi ?

HECTOR.

Ma sœur !

ISELLA.

Sa sœur !

HECTOR.

Ma sœur ?

HECTOR et ISELLA.

O nature ! ô sympathie !
O secret pressentiment
Par qui l'âme est avertie
Du bonheur qui nous attend !
Est-ce erreur ? est-ce imposture ?
Non, non, c'est la voix du sang !
C'est l'accent de la nature !
C'est le cri du sentiment !

HECTOR.

Eh quoi ! rien encor jusqu'ici
Ne t'avait révélé ce frère, cet ami
Donné par la nature ?

ISELLA.

Non ; et pourtant de moi vous vous teniez si près,
Que dans plus d'un cahot, et comme un fait exprès,
Votre joue a touché la mienne...

HECTOR.

La nature !...

ISELLA.

Et puis, pour monter en voiture,
Ou pour en descendre, parfois
Vous me serriez la taille à m'étouffer, je crois!...

HECTOR.

La nature! la nature!

HECTOR et ISELLA.

O nature! ô sympathie! etc.

ISELLA.

Oui, c'est mon frère que j'entends!
Mais pour moi, qui jamais n'ai connu mes parents,
Je voudrais bien savoir le nom de ma famille.

HECTOR.

Ah! tu veux le savoir?

ISELLA.

Ça me fera plaisir!

HECTOR.

N'as-tu pas mainte fois entendu retentir
Un grand nom, qui dans Naples brille,
Celui d'Hector Fiera-Mosca?

ISELLA.

Fiera-Mosca!... j'ai lu quelque part ce nom-là.

HECTOR.

C'est le nôtre, ma sœur, et notre maison compte
Princes, ducs et marquis... mais c'est du dernier comte
Que nous descendons tous les deux!

ISELLA, avec admiration.

Un comte!...

HECTOR, jetant le manteau qui le couvre et paraissant en costume élégant.

Et j'en reprends le costume à tes yeux!

ISELLA, avec joie.

Un comte! moi comtesse! Ah! quel bonheur soudain!
Et quel honneur pour notre magasin!

HECTOR, avec tendresse et expression.

Longtemps, sur la rive étrangère,
Me berçant d'un espoir flatteur,
Je rêvai à ce jour prospère
Qui devait me rendre ma sœur
Je disais, pour calmer ma peine :
Ce jour-là ma sœur laissera
　　Ma main presser la sienne..

ISELLA.

Je n'empêche pas ; la voilà.

HECTOR, la pressant contre lui.

Son cœur battra contre le mien.

ISELLA.

Le voulez-vous ? je le veux bien.

HECTOR.

Et surtout cette sœur si chère
Ne me dira plus *vous !*

ISELLA.

　　　　Plus *vous ?*

HECTOR.

Ah ! c'est si mal avec un frère !

ISELLA.

Dam' si tu veux...

HECTOR.

　　　C'est bien plus doux !

ISELLA, vivement.

Mais, bien sûr, je suis comtesse ?

HECTOR.

Peux-tu douter de ta noblesse ?
Et pour dernière preuve, prends
Cette bague de notre mère.
　　Elle est à toi, ma chère.

ISELLA.

　　Dieu ! les beaux diamants !
Trois cents piastres ?...

HECTOR.
Au moins.

ISELLA.
Ah! les beaux diamants!

Ensemble.

ISELLA.
Quoi! je suis comtesse!
J'en perdrai l'esprit!
Honneur et richesse,
Pouvoir et crédit!
J'ose à peine y croire.
Dans aucun roman
Je n'ai lu d'histoire
Ni d'événement
Plus invraisemblable
Et plus étonnant.
Ah! c'est admirable!
C'est vraiment charmant!

HECTOR, à part.
Oui, par mon adresse
Son cœur est séduit.
Audace et finesse,
Et l'on réussit.
Sans m'en faire accroire
Je dis franchement
Que rien à ma gloire
Ne manque à présent.
Grâce à cette fable,
Je suis triomphant.
Ah! c'est admirable!
C'est vraiment charmant!

ISELLA.
A tout le monde ici je vais le dire.

HECTOR.
Au contraire, il nous faut le plus profond secret.

ISELLA.

Et pourquoi donc?

HECTOR.

Cela nuirait
A de vastes projets dont je saurai t'instruire.
Attendons que tu sois présentée à la cour.

ISELLA, avec explosion.

A la cour!... est-il vrai?... moi! j'irais à la cour?
J'irais en robe à queue?

HECTOR.

Oui, vraiment.

ISELLA.

A mon tour
Je pourrais en porter!... moi qui jusqu'à ce jour
En faisais... Quel bonheur!

HECTOR.

Mais silence! il le faut.

ISELLA.

Ah! je ne dirai pas un mot.

Ensemble.

ISELLA, avec volubilité.

Ah! je suis comtesse! etc.

HECTOR.

Oui, par mon adresse, etc.

ISELLA.

O mon frère!

HECTOR.

O ma sœur!

ISELLA.

O délire!

HECTOR.

O bonheur!

ISELLA et HECTOR.

O délire ! ô bonheur !

(Ils tombent dans les bras l'un de l'autre et s'embrassent. Paraissent Odoard et Gennaio.)

SCÈNE VII.

LES MÊMES ; ODOARD, GENNAIO, entrant chacun par une porte opposée.

ODOARD.

Que vois-je !

GENNAIO.

Ah ! mon Dieu !

HECTOR, tirant sa montre.

Les dix minutes ! je suis en règle !

ODOARD.

Comment, mademoiselle !...

ISELLA.

Ah ! dame !

HECTOR, faisant un signe à Isella.

Silence !...

GENNAIO.

On ne vous a donc pas dit que c'était un colonel de lanciers ?...

ISELLA.

Si vraiment !

GENNAIO.

Le comte Hector ?

ISELLA, avec dignité.

De Fiera-Mosca !...

HECTOR, avec calme.

Elle sait tout.

ODOARD, à part.

Et ne pas connaître quelle ruse il a employée !

HECTOR, à Isella.

Je vais faire préparer une voiture... Nous partirons ensemble... sur-le-champ, n'est-ce pas ?

ISELLA.

Tout ce qu'il te plaira !

ODOARD.

Elle le tutoie !

GENNAIO, qui est resté comme abasourdi.

Je voudrais être sourd !

(Il se bouche les oreilles.)

HECTOR, la reconduisant vers sa chambre.

C'est bien... En attendant, retourne dans ta chambre, prends tes cartons et partons à l'instant !... (Arrivé près de la porte.) Ah ! encore une fois dans mes bras !...

ISELLA, s'y jetant.

De tout mon cœur !

ODOARD, à part.

Elle se laisse faire !

GENNAIO, stupéfait.

Je voudrais être aveugle !

(Il se cache les yeux avec ses mains.)

ISELLA, rentrant et jetant un coup d'œil sur Gennaio ; à part.

Pauvre Gennaio !

(Elle sort.)

HECTOR, bas à Odoard, en s'en allant.

Maintenant, mon cher ami, si vous vous tirez de là, j'en serai charmé... et je ne vous en empêche pas... vous le voyez !...

(Il sort.)

ODOARD, à part.

Morbleu ! je suis battu !... J'y renonce... Du diable si j'attends nos amis... Il ne me reste qu'à prendre mon manteau et à partir!

(Il sort.)

SCÈNE VIII.

GENNAIO, puis ISELLA.

GENNAIO, seul.

Je suis stupide!... j'ai le cauchemar... J'ai beau l'avoir vu et entendu, je ne peux croire encore...

ISELLA, entr'ouvrant sa porte, et à part.

Il est seul; faut le consoler... On a beau être grande dame... ça n'empêche pas d'être sensible... au contraire... (S'approchant.) Gennaio!

GENNAIO.

Encore elle!... Laissez-moi, je vous déteste!...

ISELLA.

Ingrat!... Moi qui ce matin avais quitté Naples en pensant à lui... moi qui avais voulu passer par ce village, m'arrêter dans cette auberge, exprès pour le voir un instant!

GENNAIO, avec transport.

Pas possible!... Ah! pardon!... Et je t'accusais!... Ah! ce n'est plus de l'amour que j'ai, c'est de l'ivresse, de l'adoration... (Se ravisant et avec explosion.) c'est de la bêtise... car enfin, l'autre?...

ISELLA.

Ah! dame!... on part sans penser à rien... mais s'il arrive des circonstances...

GENNAIO.

Ah! elle appelle ça des circonstances!... un mauvais sujet... qui se permet des choses... que moi seul...

ISELLA, vivement, lui mettant la main sur la bouche.

Chut! oublie ça!... Maintenant que je suis une grande dame...

GENNAIO.

Toi?

ISELLA.

Dieu! ça m'est échappé!... Mais c'est égal, je te connais... tu es discret... tu n'en parleras à personne!...

GENNAIO.

Laisse-moi donc tranquille... Ce grand seigneur, ce comte Hector ne te prendra jamais pour sa femme.

ISELLA.

Je crois bien... est-ce que ça se peut!

GENNAIO.

Tu ne seras que sa maîtresse.

ISELLA, avec dignité.

Pour qui me prenez-vous, Gennaio?... On voit bien que vous ignorez quel sang coule dans mes veines... et si ce n'était pas un secret, je n'aurais qu'un mot à dire pour vous faire tomber à mes pieds.

GENNAIO.

D'un mot?... Je t'en défie!

ISELLA.

Tu m'en défies!... Eh bien! au fait.. ton estime en dépend... je tiens à ton estime... Apprends donc...

GENNAIO.

Quoi!

SCÈNE IX.

Les mêmes; ODOARD.

ODOARD, rentrant avec son manteau, à part.

Allons!...

ISELLA.

Que je suis sa sœur!

GENNAIO.

Sa sœur ?

ODOARD.

Sa sœur !...

ISELLA, apercevant Odoard.

Allons, l'autre !... v'là que tout le monde va le savoir.

ODOARD, à part.

Sa sœur !... Ah ! par exemple, je n'aurais pas deviné celle-là !... (Haut.) Comment, mademoiselle, vous auriez pour frère le comte Hector ?...

SCÈNE X.

Les mêmes ; HECTOR.

HECTOR.

De Fiera-Mosca... Oui, monsieur... je voulais le cacher... mais puisque les titres sont connus, permettez que je vous présente ma sœur... la comtesse ma sœur !

ODOARD, saluant profondément.

Mademoiselle...

ISELLA, faisant une grande révérence.

Monsieur !...

GENNAIO.

Allons donc ! ce n'est pas possible !

ODOARD.

Si fait, mon garçon, si fait... Quoi ! mon cher Hector, mademoiselle est cette jeune personne égarée dans nos révolutions... et dont je vous ai si souvent entendu regretter la perte ?

HECTOR.

Oui, mon cher Odoard... (Bas.) C'est très-bien... c'est loyal... vous le prenez comme il faut.

ODOARD.

Que je suis heureux de la voir dans les bras de son vénérable frère... d'autant mieux que je m'y trouve encore plus intéressé que lui-même.

HECTOR.

Hein !... plaît-il ?...

ISELLA.

Qu'est-ce que cela veut dire ?

ODOARD.

C'est ce qu'il me sera facile de vous expliquer par un récit succinct et véridique.

HECTOR, à part.

Est-ce qu'il se flatterait d'imaginer un mensonge plus fort que le mien !...

ODOARD.

Vous vous rappelez, mon cher comte, que nos deux maisons se tenaient par les liens de l'amitié et de la politique. Pour les resserrer encore, elles résolurent, à la naissance de mademoiselle, de profiter d'un privilége accordé aux grandes familles...

HECTOR, à part.

Où veut-il en venir ?

ODOARD.

On obtint une dispense de Rome, une autorisation de la cour... on nous conduisit en grande pompe dans une chapelle magnifiquement décorée... je crois y être encore... Mademoiselle était dans son berceau... on posa sa jeune main dans la mienne... je n'avais que cinq ans alors... je n'étais pas encore en état d'apprécier, comme aujourd'hui, mon bonheur... mais enfin la cérémonie n'en fut pas moins célébrée avec toutes les formalités nécessaires... et maintenant, vous le voyez, mademoiselle m'appartient... elle est ma femme !

HECTOR, à part.

Sa femme !...

ISELLA.

Moi, mariée !...

GENNAIO, à part.

Il ne me manquait plus que ça !

ODOARD.

J'en prends à témoin M. le comte, votre frère... Qu'il parle... qu'il rende hommage à la vérité... Je suis sûr qu'il ne me démentira pas !... J'y compte !

HECTOR, à part.

Oh ! notre convention !... (Haut.) Certainement... je ne peux pas dire le contraire !...

ODOARD.

Vous entendez ?... il en convient !

HECTOR.

Mais avant tout, permettez... il faudrait au moins savoir où est le contrat de mariage qui prouve que ma sœur est votre femme ?

ODOARD.

Où il est ?... à côté de l'extrait de baptême qui prouve que ma femme est votre sœur !

HECTOR.

C'est juste !

ODOARD.

Et maintenant, marquise de Rosenthal, suivez votre époux !

FINALE.

GENNAIO, stupéfait.

O ciel !

ISELLA.

Quoi ! me voilà marquise ?
A chaque instant redouble ma surprise.

HECTOR.

Un mot, pourtant, marquis, un seul...

ODOARD.

Je le permets.

HECTOR.

Vos droits, comme mari, sont, je le reconnais,
Aussi sacrés que les miens comme frère...

ODOARD.

C'est la vérité tout entière.

HECTOR.

Mais vous comprenez bien que le rang de ma sœur,
Les usages du monde et surtout sa pudeur...
Car, avant tout, c'est par là qu'elle brille...

ODOARD, avec impatience.

Eh bien?

HECTOR, gravement.

Eh bien! ce n'est qu'au sein de ma famille
Que je puis en vos bras la remettre.

ODOARD.

Très-bien.

HECTOR.

Jusque-là, c'est de droit, je reste son gardien;
Et dans sept ou huit jours peut-être...

ODOARD, à part.

Huit jours! il sera temps...

(Haut.)

Non, monsieur, Dieu merci!
C'est à moi d'ordonner.

HECTOR.

C'est moi qui suis le maître.

ODOARD, prenant la main d'Isella.

Une femme avant tout doit suivre son mari.

HECTOR, prenant l'autre main.

Un frère a sur sa sœur une entière puissance.

ODOARD.

Au nom de la morale...

HECTOR.

Au nom de la décence...

ODOARD, s'échauffant.

Je défendrai mes droits!

HECTOR, de même.

Je défendrai les miens!

ODOARD.

C'est moi qu'elle suivra!

HECTOR.

C'est moi, je le soutiens!

HECTOR et ODOARD, se menaçant.

C'est moi! c'est moi! c'est moi!

ISELLA, effrayée, s'élançant entre eux deux.

Grands dieux! entre beaux-frères?
Arrêtez, suspendez ces combats sanguinaires!

HECTOR et ODOARD.

Non, non, qu'elle prononce, ou mon bras furieux...

ISELLA, allant de l'un à l'autre.

Mon frère!... mon mari!...

(A part.)

Je tremble...

(Haut.)
Eh bien! donc, je suivrai...

HECTOR.

Lequel de nous?

ISELLA.

Tous deux.

(Geste de colère de Gennaio, d'Hector et d'Odoard.)
Tous trois nous partirons ensemble.

Ensemble.

ISELLA.

Oh! terrible chance!

On peut en tout temps
Choisir, je le pense,
Entre deux amants;
Mais comment donc faire
Quand il faut ici
Choisir entre un frère
Ou bien un mari?

  HECTOR et ODOARD, à part.

O la belle avance!
Entre deux amants
Choisir, par décence,
Deux en même temps!
Et que peut-on faire
Quand on est ainsi
Placée entre un frère
Ou bien un mari?

  GENNAIO.

Ah! quelle souffrance!
Quel affreux tourment!
Non, plus d'espérance
Pour un pauvre amant!
O destin contraire
Qui m'a tout ravi!
Ah! c'est trop d'un frère
Et trop d'un mari!

  HECTOR, faisant la moue.

Partir tous trois, c'est sans doute agréable.

  ODOARD, de même.

Mais il fait nuit.

  HECTOR.

Le temps est détestable.

  GENNAIO.

Et les brigands par ici son nombreux.

  ISELLA.

Des brigands!... ah! je tremble...

    (Regardant Gennaio.)

Et peut-être en ces lieux

On pourrait s'arrêter jusqu'à demain?...

ODOARD, vivement.

Sans doute.

HECTOR, de même.

Attendons à demain pour nous remettre en route.

ISELLA, à part et regardant Gennaio.

A Gennaio, du moins, je ferai mes adieux.

HECTOR.

Et cette nuit l'on peut, dans cette hôtellerie...

GENNAIO, vivement.

Vous loger très-commodément.

ODOARD.

A merveille!... Un appartement,
(Montrant Hector.)
Là, pour monsieur le comte.

HECTOR, à Gennaio.

Un autre, je t'en prie,
Pour monsieur le marquis.

ISELLA.

Et puis moi?

ODOARD.

Dieu merci!
Une femme, avant tout, doit suivre son mari.

HECTOR.

Un frère a sur sa sœur une entière puissance.

ODOARD.

Au nom de la morale...

HECTOR.

Au nom de la décence...

ODOARD.

Je défendrai mes droits!

HECTOR.

Je défendrai les miens!

ODOARD.

C'est moi qu'elle suivra!

HECTOR.

C'est moi, je le soutiens.

HECTOR et ODOARD.

C'est moi! c'est moi! c'est moi! je le soutiens!
Eh bien! qu'elle prononce, ou mon bras furieux...

ISELLA.

Eh bien! je vais encor me prononcer.

HECTOR, ODOARD et GENNAIO, avec émotion.

Grands dieux!

ISELLA.

Je choisis de loger seule.

GENNAIO, à part.

Ah! que c'est heureux!

Ensemble.

ISELLA.

Oh! terrible chance!
On peut en tout temps
Choisir, je le pense,
Entre deux amants;
Mais comment donc faire
Quand il faut ici
Choisir entre un frère
Ou bien un mari?

GENNAIO.

O douce espérance
Pour un pauvre amant!
Ah! dans ma souffrance
Je gagne un instant.
Mais comment donc faire?..
Que ne puis-je ici
Remplacer un frère
Ou bien un mari!

4.

HECTOR et ODOARD.

Ah! la belle avance!
Ce choix trop prudent
Prive d'espérance
L'un et l'autre amant.
O destin contraire!
Comment faire ici?
Ah! c'est trop d'un frère
Ou trop d'un mari!

GENNAIO.

Cela se rencontre à merveille.
(A Odoard et à Hector.)
Voilà d'abord ici deux chambres pour vous deux.
(A Isella.)
Vous, c'est au fond du cloître, une chambre pareille,
Numéro quatre.
(A part.)
Elle sera loin d'eux.

(Haut.)
Ainsi chacun sera content.

HECTOR et ODOARD, à part, de mauvaise humeur.

Oui, joliment, joliment!

Ensemble.

HECTOR, ODOARD, et GENNAIO, à demi-voix et à part.

Voici la nuit;
Allons, sans bruit,
Chez soi que chacun se retire.
Comment revoir,
Avant ce soir,
La beauté pour qui je soupire?
Pour m'inspirer quelque moyen,
Sois, amour, mon ange gardien;
Pour m'inspirer quelques moyens,
Viens, amour, viens, viens, viens!

ISELLA.

Voici la nuit;

Allons, sans bruit,
Chez soi que chacun se retire.
Adieu, bonsoir !
(A part.)
Un doux espoir
Et me berce et vient me sourire.
Honneur ! ô toi, mon seul soutien,
Sois toujours mon ange gardien,
Sois toujours mon ange gardien
Sois mon ange gardien !

(Gennaio donne un flambeau à Isella qui sort par le fond ; Hector entre dans la chambre à gauche, et Odoard dans celle de droite. Gennaio reste le dernier et donne un tour de clef à la serrure d'Odoard, puis à celle d'Hector, et sort par le fond.)

ACTE TROISIÈME

Un ancien cloître qui est dépendant de l'auberge et où sont plusieurs chambres de voyageurs. — Au fond, un escalier conduisant à une galerie qui règne dans toute la largeur du théâtre; sur cette galerie donnent les portes de plusieurs chambres qui font face au spectateur. A droite de la galerie, une fenêtre donnant sur la campagne. Sur les premiers plans, portes latérales, et au fond, sous la galerie, une porte d'entrée.

SCÈNE PREMIÈRE.

ISELLA, tenant un bougeoir et entrant par la porte à droite.

Dans l'ancien cloître, m'a-t-il dit... chambre numéro 4... Voilà-t-il des cours et des corridors que je traverse!... Il paraît que Gennaio m'a placée presque à l'autre bout de la maison... (Regardant les numéros des chambres.) 2, 3, 4... C'est là-haut ! (Montrant la chambre dont la porte donne sur la galerie.) Ce n'est pas trop beau pour une comtesse !... mais il y a des moments où il faut oublier son rang... oui, son rang... car enfin il n'y a plus de doute...

RONDEAU.

Oui, je suis une grande dame;
Mon sort est fixé sans retour,
Et ma famille me réclame
Pour aller briller à la cour.

Quel sort brillant et sans nuages
Sans la douleur de Gennaio !
Mais calme-toi; mon sort nouveau,

Je veux qu'ici tu le partages ;
Console-toi, mon Gennaio.
De mes bienfaits, oui je t'accable,
Et veux te voir brillant, aimable,
Avec l'habit fashionable,
  Des diamants
  Et des gants blancs.

Car je suis une grande dame, etc.

  Dans ma riche voiture,
  Quand chacun me verra
  Brillante de parure,
  Comme mon cœur battra !
  Pour voir mon équipage
  On court de toutes parts ;
  Chevaux, laquais et pages,
  Étonnent les regards.
  Je vais, je le parie,
  Et dès le premier jour,
  Faire mourir d'envie
  Les dames de la cour.
  Je danserai toujours,
  La danse est mes amours.

Chez moi, les soirs de grand gala,
Toute la ville arrivera ;
Des étrangers, Russes, Anglais,
Belges, Prussiens, surtout Français,
Car j'aime beaucoup les Français.

   Ils me verront,
   Me lorgneront,
   M'admireront,
   Et me feront
   Des compliments
   Vifs et galants.
   Puis, quand du bal
   Part le signal :

« Madame la duchesse,
Ah ! madame, je voudrais

Danser avec votre altesse. »
Moi, je réponds : « Mon altesse
Aime beaucoup les Français. »
Je crois d'ici voir ce Français.
« Madame, on n'a pas plus de grâce !
— Monsieur me flatte et m'embarrasse !
— D'honneur, vous dansez à ravir,
Et je crois voir une sylphide.
— Monsieur, ce discours m'intimide ;
Vous allez me faire rougir.
— Pour vous, madame, on perd la tête !
— Monsieur, vous êtes bien honnête. »

Et puis, avec un Allemand
Je veux valser légèrement.
Ah ! quel contraste ! un Allemand,
Comme il tourne avec sentiment !
  Je valserai,
  Je tournerai,
  Je passerai,
  Et lui dirai :
  (Imitant une danseuse qui a des vertiges.)
« Pressez moins fort ;
Dans cet effort
Mon cœur s'en va !
Arrêtez là !
Je n'y vois plus,
Tout est confus ;
Je ne sens rien,
Tenez-moi bien. »

Mais je n'oublierai point les airs de ma patrie ;
 Notre tarentelle chérie
Viendra, par ses piquants attraits,
Mettre le comble à mes succès.
 Ah ! vraiment, vit-on jamais
 Plus d'entrain, plus de folie ?
 Je les vois tous stupéfaits
S'écrier : « Qu'elle est jolie ! »
C'est à qui m'applaudira.
Ces vœux, ce bruyant délire,

Gennaio les entendra,
Et tout bas pourra se dire :
« Chacun vise à sa faveur,
Moi seul j'ai su la séduire ;
Oui, je suis son seul vainqueur. »
Hein ! quel honneur !
Que c'est flatteur !
Combien son cœur,
Son tendre cœur,
Sera content de mon bonheur !

Oui, je suis une grande dame ;
Mon sort est fixé sans retour,
Et ma famille me réclame
Pour aller briller à la cour.

(On entend ouvrir la porte du fond.)

Hein ! qui vient là ? qui entre ainsi chez moi ?

SCÈNE II.

ISELLA, GENNAIO.

GENNAIO.

Pardon, mam'selle... (Se reprenant.) madame la comtesse, je veux dire... J'ai eu peur que vous ne puissiez pas trouver votre chambre... et je venais vous conduire...

ISELLA.

Vous êtes bien bon !

GENNAIO.

Vous pourriez avoir peur dans cette partie de la maison, dans ce vieux cloître qui est désert, et vous trouverez là-haut ma tante que j'ai priée d'aller passer la nuit près de vous !...

ISELLA.

Je vous remercie d'avoir pensé à ma sûreté !...

GENNAIO.

Ce n'est pas à la vôtre... c'est à la mienne... parce que,

malgré moi, il me semble encore que... Ah ! tenez... j'en mourrai !...

ISELLA.

Quoi ! tu pleures ?

GENNAIO.

C'est plus fort que moi... je ne me consolerai jamais de vous voir comtesse.

ISELLA.

Ça ne te fait pas plaisir ?

GENNAIO.

Ça me fait enrager !

ISELLA.

D'avoir été aimé d'une grande dame ?

GENNAIO.

Qui ne m'aime plus !

ISELLA.

Si vraiment !... et si je peux te rendre bien riche !...

GENNAIO.

Je ne le veux pas !

ISELLA.

Si je peux t'emmener avec moi dans mon palais !...

GENNAIO.

Et comment ?... vous avez un frère, vous avez un mari !... Toutes les places sont prises... Il n'y en aurait plus qu'une... (D'un ton insinuant.) pour quelqu'un qui vous aimerait bien !...

ISELLA.

Ce n'est pas possible !

GENNAIO.

Pas même celle-là !... à cause ?...

ISELLA.

A cause de mon rang !... Je voudrais pour la moitié de

ma fortune être née comme toi dans l'état le plus humble, le plus roturier !...

GENNAIO.

Ah ! que vous êtes bonne !

ISELLA.

Dieu ! que je le voudrais !... Mais la tyrannie de la noblesse et de la naissance !...

GENNAIO.

Ce n'est pas votre faute !

ISELLA.

On n'est pas maîtresse de son sort !

GENNAIO.

Aussi, je vous passerais encore votre frère... mais ce que je ne vous pardonne pas... c'est l'autre... votre mari... Est-ce que vous l'épouserez tout à fait... et pour de vrai ?...

ISELLA.

Il faudra bien !

GENNAIO, avec colère.

Ah ! voilà ce qui me désespère et me met en fureur !... Vous ne penserez plus à moi ?...

ISELLA.

Si vraiment !... de temps en temps !...

GENNAIO.

Vous ne m'aimerez plus du tout !...

ISELLA.

Un petit peu !... si c'est possible ! et sans qu'on le sache !...

GENNAIO, avec joie.

Bien vrai ?...

ISELLA.

Ainsi, calme-toi, console-toi !

GENNAIO.

Me consoler ! quand demain je vais vous perdre !... Ah si j'osais ! mais je n'ose pas... une comtesse !

ISELLA.

Dis toujours.

GENNAIO.

Eh bien ! un petit baiser, un seul !

ISELLA, hésitant.

Écoute donc... je ne sais pas si avec mon rang c'est permis.

GENNAIO, vivement.

Oui, mamzelle !

ISELLA, avec dignité.

Et si les grandes dames !...

GENNAIO.

Oui, mamzelle !... D'ailleurs, ce baiser-là, c'est à Isella que je le demande !

ISELLA.

Alors, dépêche-toi ! et que la comtesse n'en sache rien !

GENNAIO, l'embrassant.

Isella !

ISELLA, se dégageant de ses bras.

Laissez-moi ! laissez-moi !... laisse-moi, Gennaio... Ah ! mon Dieu ! qu'est-ce que je fais ! je le tutoie... C'est étonnant comme on s'oublie ! (Reprenant le bougeoir sur la table et montant l'escalier du fond.) Bonsoir ! bonsoir !

GENNAIO.

Et, quoi qu'il arrive, vous n'ouvrirez à personne ?

ISELLA.

Je te le promets !... Bonsoir ! à demain !

(Elle entre dans la chambre n° 4, qui est au premier étage, en face du spectateur. Le théâtre n'est plus éclairé.)

SCÈNE III.

GENNAIO, seul et regardant Isella entrer dans sa chambre.

Oui, demain, la quitter pour jamais !... O inégalité des rangs ! C'est égal, ce baiser de tout à l'heure a pour un instant rapproché les distances, et il me semble que maintenant je suis moins malheureux ! Allons, retirons-nous, et allons dormir... si je le peux !... J'ai enfermé chez eux les deux autres ; c'est tranquillisant... Malgré cela, et pour plus de sûreté, j'ai bien envie d'enfermer aussi Isella... Trois précautions valent mieux qu'une !

(Il monte doucement l'escalier.)

SCÈNE IV.

GENNAIO, sur l'escalier ; ODOARD, entrant par la porte à gauche.

ODOARD.

Conçoit-on cet Hector ! avoir l'audace de m'enfermer dans mon appartement !... J'avais beau frapper et briser toutes les sonnettes, personne ne venait à mon aide, et si je n'avais eu l'idée de démonter moi-même la serrure, je restais prisonnier toute la nuit !... (Dans ce moment Gennaio retire de la porte d'Isella la clef qu'il met dans sa poche.) Hein !... j'ai cru entendre... Non... Dans l'ancien cloître, lui a dit Gennaio, la chambre numéro 4. Moi qui ai souvent logé dans cette auberge, je connais le local... c'est ici !... Et maintenant il n'y a plus de temps à perdre ; les amis que j'ai invités peuvent arriver d'un instant à l'autre !...

DUO.

En bon militaire
Moi qui fis la guerre,
   Avec audace,

Contre la place,
Tentons soudain
Un coup de main.

GENNAIO, qui descend l'escalier, écoute

Hein?

ODOARD.

Oui, d'un pas alerte,
A la découverte
Marchons sans crainte ;
Par cette feinte
Que le plus fin
L'emporte enfin!

GENNAIO, écoutant toujours et descendant l'escalier.

Hein ?

ODOARD.

Pendant que la belle,
A l'amour rebelle,
Ici sommeille,
Moi je veille.
Heureux destin !
Bonheur certain !

GENNAIO.

Hein ?

ODOARD.

Oui, voilà sa porte ;
L'amour qui m'escorte
Saura sans peine
Tourner le pêne.
Le dieu malin
Guide ma main.

GENNAIO.

Hein?

(Pendant qu'Odoard va à tâtons vers l'escalier du fond, Gennaio, sur la ritournelle, descend la scène à pas de loup et chante à son tour.)

Sans savoir la guerre,
Je pourrai, j'espère,

Mettre en fuite
Tout de suite
Ce vaurien;
Tenons-nous bien.

(Odoard pendant ce temps a monté l'escalier et s'est approché de la porte d'Isella, qu'il a trouvée fermée.)

ODOARD.

Hein?

GENNAIO.

Ici je protége
Le fort qu'on assiége,
Et puis j'empêche
Toute brèche;
Par ce moyen
Il n'aura rien.

ODOARD, écoutant.

Hein?

(Odoard redescend et rencontre Gennaio au bas de l'escalier.)

Eh quoi! c'est toi?

GENNAIO, à part.

Le mari! le mari!

ODOARD.

Eh! mais, la clef?

GENNAIO.

Elle n'est pas ici.

ODOARD, vivement.

L'aurait-on prise?

GENNAIO.

Eh! oui, ce grand seigneur.

ODOARD.

Hector?

GENNAIO, affirmativement.

Hector.

ODOARD, avec colère.

Et tu l'as laissé faire?

GENNAIO.

Le grand mal! N'est-ce pas un frère?

ODOARD.

Son frère? Eh! non... et c'est là ton erreur!
C'est une ruse.

GENNAIO.

Ciel! c'est un faux frère!

ODOARD.

Eh! oui.

Reste là; veille bien sur lui,
Empêche-le d'entrer.

GENNAIO.

Soyez, soyez tranquille.

ODOARD.

Je prends un flambeau.

GENNAIO.

Bien.

ODOARD.

Et puis, à domicile,
S'il le faut, je m'installe ici toute la nuit.

GENNAIO.

C'est dit.

Ensemble.

ODOARD.

En bon militaire,
Moi qui fis la guerre,
Je saurai vite
Le mettre en fuite.
Oui, je revien,
Observons bien,
Bien.

Ici je protége
Le fort qu'on assiége.

Oui, je l'empêche
De battre en brèche;
Par ce moyen
Il n'aura rien,
Rien.

GENNAIO.

Sans savoir la guerre,
Par mon savoir-faire
J'espère vite
Le mettre en fuite;
Contre un vaurien
Tenons-nous bien,
Bien.

Ici je protége
Le fort qu'on assiége,
Je les empêche
De battre en brèche.
Par ce moyen
Ils n'auront rien,
Rien.

(Odoard sort par la porte de droite sur le premier plan.)

SCÈNE V.

GENNAIO, puis HECTOR.

GENNAIO, regardant Odoard s'éloigner.

Voyez-vous! sans la précaution que j'avais prise, en voilà un qui... (Entendant du bruit et voyant par la fenêtre du fond à droite, Hector qui enjambe sur la galerie.) Ah! mon Dieu! voilà l'autre!

HECTOR, sur la galerie.

Voyez-vous cette ruse d'Odoard!... M'enfermer dans ma chambre, et croire qu'un pareil obstacle m'arrêterait!... J'ai sauté par ma fenêtre, et j'arrive par celle-ci... Voilà les chemins que j'aime... Nous disons, le vieux cloître... ce doit être ici... numéro 4... c'est difficile à voir sans lumière... Mais on peut frapper... (Il frappe successivement aux portes de la galerie.) On ne répond pas !

GENNAIO, à part.

Elle m'a promis de ne pas répondre.

HECTOR.

COUPLETS.

Premier couplet.

Ouvre-moi.
Quoi ! ta porte est fermée ?
Quand je suis près de toi
Ne sois pas alarmée !
O ma sœur bien-aimée,
Ouvre-moi !

(Parlé.)

C'est plus bas sans doute !

(Il redescend l'escalier et frappe à la porte de droite.)

Deuxième couplet.

Ouvre-moi
Ce réduit solitaire !
D'où provient ton effroi
Quand c'est la voix d'un frère
Qui dit avec mystère :
Ouvre-moi ?

(Tâtant la porte.)

Et de clefs nulle part !... Cela m'est suspect... et quand je devrais appeler... (Il s'avance vers la porte du fond, et rencontrant Gennaio qui cherche à s'en aller, le ramène par l'oreille.) Qui va là ?...

GENNAIO.

Moi... Gennaio !

HECTOR.

D'où viens-tu ?

GENNAIO.

Je ne viens pas... J'étais là... je dormais dans ce fauteuil.

HECTOR.

Toi qui dois avoir toutes les clefs de la maison, vite, celle du numéro 4 !

GENNAIO, interdit.

Comment ?...

HECTOR.

La clef de la chambre où est ma sœur... J'ai à lui parler... Cette clef, te dis-je !

GENNAIO.

Je ne l'ai plus... Ce n'est pas moi qui l'ai !

HECTOR.

Et qui donc ?

GENNAIO, troublé.

Qui donc ?... M. le marquis... Il me l'a demandée tout à l'heure, et l'a mise dans sa poche.

HECTOR.

Et tu l'as souffert ?

GENNAIO.

Dame ! il n'y avait rien à dire... un mari !

HECTOR.

Un mari !... il ne l'est pas plus que toi... C'est un séducteur... un des Treize !

GENNAIO.

Lui aussi !... quelle horreur !... (A part.) Non, quel bonheur ! ce n'est pas le mari !

HECTOR.

Et s'il t'a pris cette clef, ce n'est pas sans dessein... Il va sans doute revenir sans bruit, au milieu de la nuit... Mais je reste ici... je ne quitte pas la place !

5.

GENNAIO.

Vous ferez bien.

HECTOR.

Et pour mieux éclairer ses projets ténébreux, va chercher de la lumière... va vite !...

GENNAIO.

Oui, monsieur !... (A part.) Avoir cette clef et ne pouvoir s'en servir !... et ne pouvoir instruire Isella du complot qui la menace et moi aussi !

HECTOR, renvoyant Gennaio.

Mais va donc !... dépêche-toi !...

GENNAIO.

Je m'en vas.

(Il sort par la porte du fond.)

SCÈNE VI.

HECTOR, seul.

C'est que maintenant il ne s'agit plus seulement de vaincre, mais de vaincre promptement... Onze heures viennent de sonner... nos compagnons invités par Odoard vont arriver pour être témoins d'un triomphe... Et s'ils l'étaient d'une défaite !... si je n'étais pas vainqueur... ou, ce qui est encore pire, si Odoard l'était !... (Écoutant.) On vient !... écoutons.

(Il s'approche de la porte à droite qui s'ouvre ; Odoard paraît tenant à la main un flambeau. Le théâtre redevient éclairé.)

SCÈNE VII.

ODOARD, HECTOR.

ODOARD.

Hector ?

HECTOR, à part.

Odoard! je respire...
J'ai cru que l'on fermait cette porte... mais non.
Il est encor là!

ODOARD.

Pourrait-on
Savoir ici qui vous attire?

HECTOR.

Moi, je ne puis dormir!

ODOARD.

Ni moi non plus.

HECTOR.

Je croi
Que je serai mieux là, dans ce fauteuil.

ODOARD.

Et moi
Je pense comme vous.
(Ils vont s'asseoir aux deux côtés opposés du théâtre.)

DUO.

HECTOR et ODOARD, à haute voix.

Bonsoir, donc! bonsoir!
Pas de mauvais rêve.
(A part.)
Pour peu qu'il se lève
Je pourrai le voir.
(Haut, de la voix de gens qui s'endorment.)
Bonsoir!
(Chacun d'eux levant la tête, à part.)
Dort-il?
Oui! bien!
(Ils essaient de se lever, s'entendent et se disent en même temps.)
Plaît-il?
Moi? rien.

HECTOR.

Si pour nous endormir nous chantions un refrain?

(Il chante.)
Pêcheur napolitain,
Déjà l'aube t'éclaire!
Sur ta barque légère
Élance-toi soudain.

(A Odoard.)
Répétez avec moi.

ODOARD.

Non, je vous remercie.
Mais faisons mieux!

HECTOR.

Quoi donc?

ODOARD.

Une partie
De quinze!

HECTOR.

Volontiers! rien n'est plus ennuyeux,
Et l'on s'endort quand on s'ennuie.
Et les dés?

ODOARD.

Cette table en est, je crois, garnie.

(Odoard prend les dés, les agite dans son cornet, et au moment de les rouler sur la table, il s'arrête et dit froidement à Hector.)

Mon cher Hector!

HECTOR, de même.

Mon très-cher Odoard!

ODOARD.

Savez-vous, à parler sans détour et sans fard...

HECTOR.

Qu'à nos propres dépens tout notre talent brille...

ODOARD.

A garder la vertu de cette jeune fille...

HECTOR.

Et que nous sommes des niais...

ODOARD.

Ah ! j'allais vous le dire.

HECTOR.

Et moi, je le pensais.

HECTOR et ODOARD.

Contre tout projet téméraire
Nous la défendons tous les deux,
Et la duègne la plus sévère
Ne la protégerait pas mieux!

O la bonne folie!
Quelle plaisanterie !
Garder fille jolie
En tuteurs amoureux!
S'ils avaient connaissance
De notre extravagance,
Nos confrères, je pense,
Riraient bien de nous deux.

HECTOR.

Allons! craignons la raillerie!
C'est trop longtemps être dupes tous deux!
Résignons-nous, faisons un seul heureux!

ODOARD.

C'est bien ! voilà de la philosophie!

HECTOR, d'un air malin, regardant Odoard.

L'un de nous deux a la clef, je le crois.

ODOARD, de même.

Vous le savez aussi bien que moi.

HECTOR.

Trésor tout à fait nul...

ODOARD.

Inutile avantage...

HECTOR.

Si l'un empêche ici l'autre d'en faire usage.

ODOARD, vivement.

C'est très-vrai! très-bien calculé!

HECTOR.

Voici des dés... jouons la clé !

ODOARD.

C'est dit ! le plus haut point la gagnera.

HECTOR.

Au vainqueur elle appartiendra !

(Tous deux se sont assis et agitent leurs dés.)

Amour, que nos débats par toi soient décidés !

ODOARD.

Amour, guide ma main et dirige les dés !

HECTOR, jouant.

Je commence...

ODOARD, regardant.

A vous, cinq et quatre !
Ce n'est pas mal !

HECTOR.

O destin fortuné !

ODOARD.

Mais je suis loin de me laisser abattre...
A moi !...

(Jouant.)

Double cinq !... j'ai gagné !

HECTOR.

C'est juste, et je serai fidèle à ma promesse...
Et, quoique je sois désolé,
Le champ d'honneur est à vous... je vous laisse...

(Il va pour sortir.)

ODOARD, le retenant.

Un instant, mon cher... et la clé ?...

HECTOR.

Servez-vous-en, je l'abandonne !...

ODOARD.

Mais pour que je m'en serve, il faut qu'on me la donne !...

HECTOR.

De l'ironie, alors qu'on est vainqueur !
C'est abuser de son bonheur !

ODOARD.

Trêve, monsieur, à cette raillerie !

HECTOR.

C'est vous, monsieur, qui vous raillez de moi !

ODOARD.

De mauvais goût est la plaisanterie !

HECTOR.

Monsieur !...

ODOARD.

Monsieur ! quelle mauvaise foi !

HECTOR et ODOARD.

De cette trahison
Vous me rendrez raison !

(On entend en dehors une ritournelle de sérénade. Ils s'arrêtent et écoutent.
— A voix basse.)

Silence ! taisons-nous !
Silence ! entendez-vous ?

Ensemble.

LE CHOEUR, en dehors.

Honneur au galant séducteur !
Chantons, célébrons son bonheur
Digne de nous ! digne des Treize !
Pour qu'il séduise et pour qu'il plaise,
Il paraît et revient vainqueur !
Célébrons, chantons le vainqueur !

ODOARD et HECTOR, à part, avec dépit.

Ce sont nos amis... Quel honneur !
Ils viennent chanter mon bonheur !
Ah ! quel affront ! quel déshonneur !

HECTOR.

Ils viennent fêter le vainqueur !

ODOARD.

Ce n'est pas moi.

HECTOR.
Ni moi! n'importe!
N'en convenons jamais pour nous, pour notre honneur.

ODOARD.
Proclamons hardiment qu'un de nous est vainqueur.

HECTOR.
Mieux que ça... tous les deux !

ODOARD et HECTOR, à demi-voix.
A leur joyeuse escorte
Nous pouvons maintenant, sans crainte, ouvrir la porte.

(Ils vont doucement ouvrir la porte du fond au moment où Gennaio entre au-dessus de leurs têtes, par la croisée du fond à droite.)

SCÈNE VIII.

LES MÊMES; GENNAIO, sur la galerie au fond.

GENNAIO.
Pour instruire Isella d'un complot infernal
(Montrant la croisée.)
Je prends le chemin même ouvert par mon rival !

(Il ouvre la porte d'Isella et ressort aussitôt en la ramenant sur la galerie. Il lui explique par pantomime tout ce qui vient de se passer. Hector et Odoard amènent sur le théâtre leurs amis, auxquels ils viennent d'ouvrir la grande porte du fond.)

SCÈNE IX.

HECTOR, ODOARD, ONZE OFFICIERS, en brillant uniforme, qui entrent; GENNAIO et ISELLA.

FINALE.

LES OFFICIERS.
Honneur au galant séducteur!
Chantons, célébrons son bonheur

Digne de nous, digne des Treize !
Pour qu'il séduise et pour qu'il plaise,
Il paraît et revient vainqueur !
Chantons, célébrons le vainqueur !

ODOARD et HECTOR, s'inclinent.

Messieurs, messieurs, c'est trop d'honneur !

HECTOR, apercevant Gennaio et Isella qui descendent.

Qu'ai-je vu ?... Gennaio !...

ODOARD, de même.

Grands dieux ! c'est Isella !

LES OFFICIERS, à part.

Qu'ont-ils donc ?

ISELLA.

Nous allons vous expliquer cela.
A l'instant on vient de m'apprendre
Que je perds à la fois mon frère et mon époux !
Et je venais vous rendre
Tout ce que, hélas ! j'avais reçu de vous.

LES OFFICIERS, à Hector et Odoard.

Qu'est-ce donc ?...

HECTOR.

Rien !...
(A Isella.)
Gardez cette dot, taisez-vous !
Soyez unis, au nom d'un frère !

ODOARD.

Et d'un époux !

LES OFFICIERS.

Mais dites-nous au moins qui de vous l'emporta,
Et quel est le vaiqueur ?

HECTOR, et ODOARD, montrant Gennaio.

Le vainqueur ? le voilà !

LES TREIZE et DES PAYSANS, qui paraissent en dehors pendant la fin de cette scène, tenant des torches à la main.

Honneur au galant séducteur ! etc.

(Gennaio et Isella se tenant par-dessous le bras vont faire la révérence à Hector et à Odoard ; puis au milieu du théâtre ils se donnent la main, tandis qu'Hector et Odoard étendent les leurs pour les bénir.)

POLICHINELLE

OPÉRA-COMIQUE EN UN ACTE

En société avec M. Ch. Duveyrier

MUSIQUE DE A. MONTFORT.

THÉATRE DE L'OPÉRA-COMIQUE. — 14 Juin 1839.

PERSONNAGES.	ACTEURS.
LOELIO.........................	MM. Mocker.
LE MARQUIS DE BAMBOLINI, père de Laurette......................	Henri.
UN DOMESTIQUE...............	—
LAURETTE, femme de Lœlio...........	Mmes Rossi.
LA SIGNORA BOCHETTA, directrice du théâtre Santo Carlo..................	Boulanger.

Acteurs. — Peuple.

A Naples, chez Lœlio.

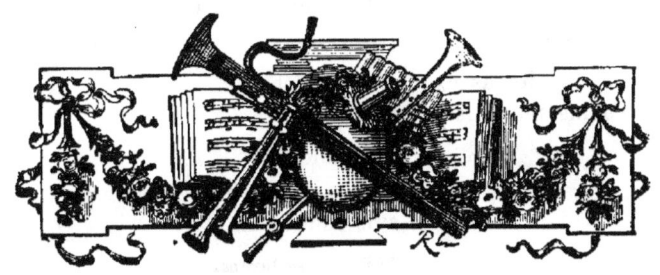

POLICHINELLE

Un salon élégant. — Au fond la porte principale et une large fenêtre avec balcon. — A droite la porte d'un cabinet, à gauche une porte conduisant aux appartements.

SCÈNE PREMIÈRE.

LOELIO, LAURETTE.

(Au lever du rideau, le déjeuner est servi sur un guéridon, à gauche. Lœlio et Laurette sont assis. Deux domestiques attendent au fond, la serviette à la main. Lœlio congédie les domestiques qui sortent.)

DUO.

LAURETTE et LOELIO.

Quel plaisir d'être en ménage !
Quel plaisir ! ah ! c'est charmant !
Nos six mois de mariage
N'ont duré qu'un seul moment !

LOELIO, à Laurette qui le sert.

Assez !... tu me gâtes, ma chère.
Chaque matin, pour ordinaire,

Repas exquis, vins délicats,
Tu me rendrais gourmand...

LAURETTE.

Si vous ne l'étiez pas...
Mais je suis indulgente.

LOELIO, se levant.

Tiens, j'ai fini, car je vois bien
Que pour toi tu ne veux plus rien !
Moi, je sais bien ce qui me tente...

LAURETTE.

Voyons, monsieur, ce qui vous tente...

LOELIO.

Un baiser !...

LAURETTE.

Un mari... non vraiment ;
On dirait d'un amant !...
Mais si de vous je suis contente,
Si vous cédez quand je le veux...
Au lieu d'un, peut-être en aurez-vous deux !...

LOELIO, son verre à la main, toujours près de la table.

A la plus belle !

LAURETTE, assise.

Au plus fidèle !

(Laurette se lève.)

LOELIO.

Pour nous en ces lieux,
Loin de tous les yeux,
Sans cesse
Nouvelle ivresse !
Ces plaisirs si doux
Ont pour un époux
L'attrait d'un premier rendez-vous !

Pour toujours l'amour m'enchaîne,
Et près de toi,
Toi, ma belle souveraine,
Je vis plus heureux qu'un roi.

LAURETTE et LOELIO.

Pour nous en ces lieux, etc.

LAURETTE.

N'oubliez pas qu'à leur reine
Tous les sujets
Doivent, et quoi qu'il advienne,
Fidélité pour jamais !

LAURETTE et LOELIO.

Pour nous en ces lieux, etc.

(Ils quittent la table; les domestiques l'emportent.)

LOELIO.

Ma bonne Laurette, ma chère petite femme, je n'ai jamais été plus heureux, plus content...

LAURETTE, lui voyant prendre son chapeau.

Et c'est pour cela que vous me quittez ?...

LOELIO.

Une affaire que je ne puis remettre... Je ne serai qu'un instant.

LAURETTE.

A la bonne heure!... revenez vite... Moi, en vous attendant, je vais écrire à mon père, dont j'ai reçu une lettre il y a deux jours.

LOELIO.

Ah! monseigneur le marquis de Bambolini... Et que t'écrit-il?...

LAURETTE.

Qu'il pourrait bien incessamment venir à Naples, où nous ne l'avons pas vu depuis notre mariage.

LOELIO, à part.

Ah! diable!... (Haut.) J'en serais enchanté... mais, premier gentilhomme du vice-roi de Palerme, il lui serait impossible de quitter l'antichambre de son maître, dont il fait, comme le mobilier, partie indispensable et inamovible.

LAURETTE.

C'est ce qui vous trompe... Il m'écrit qu'il va être probablement chargé d'une mission diplomatique très-importante près la cour de Naples... et que, s'il réussit, on lui fait espérer l'ordre de l'Éperon d'Or.

LOELIO.

Belle avance pour un marquis ruiné ! Cela l'aidera-t-il à relever les murs de son vieux castel, qui de tous côtés tombe de noblesse ?

LAURETTE, d'un ton de reproche.

Qu'est-ce que c'est ?... Voyons, laissez là votre chapeau, et répondez-moi... car toutes les fois qu'il est question de mon père, je l'ai bien remarqué, vous n'êtes plus aimable du tout... et tenez, depuis que nous parlons de lui, vous êtes contraint, embarrassé ; on dirait que sa présence ici vous contrarierait... que vous la redoutez...

LOELIO.

Quelle idée !... je n'ai rien à cacher... je n'ai peur de rien... mais que veux-tu !... Ce n'est pas ma faute... si je ne puis me faire à l'orgueil du marquisat, à cette fierté du rang et de la naissance, qui a failli faire le malheur de ma vie... car je n'ai pas oublié qu'il m'a longtemps refusé ta main, qu'il ne voulait pas consentir à notre union...

LAURETTE.

Parce que vous n'étiez qu'un pauvre petit étudiant...

LOELIO.

Issu de bonne et honnête bourgeoisie !... mais il ne voulait pour gendre qu'un noble, une excellence, une altesse... Par bonheur, et au bout de trois ans, ses principes ont fléchi devant la fortune que je lui ai offerte... (Soupirant.) Et on ne sait pas ce qu'elle coûte quelquefois !...

LAURETTE.

Beaucoup de temps et d'efforts, quand c'est par le travail

qu'on l'acquiert... mais le ciel est venu à notre secours, et grâce à un héritage que vous avez fait...

LOELIO.

La succession de ma tante...

LAURETTE.

Vous disiez que c'était de votre oncle...

LOELIO.

Sans doute!... d'un oncle et d'une tante... les biens étaient confondus...

LAURETTE.

Mon père ne vous a pas demandé d'où venaient vos richesses... il ne vous a pas fait de questions... et il y a des moments où je crois qu'il a eu tort.

LOELIO.

Comment?...

LAURETTE.

J'observe bien des choses... Hier, cette femme voilée, qui, en passant près de nous, vous a dit, d'un air si gracieux et d'un ton si familier : « Bonjour, Lœlio!... »

LOELIO, à part.

Elle l'a entendu!...

LAURETTE.

Quelle était cette dame?...

LOELIO.

Une comtesse!...

LAURETTE.

De cette ville?...

LOELIO.

Non!... qui habite en pays étranger...

LAURETTE.

On a bien mauvais ton dans ce pays-là... Elle ne pouvait pas dire : « Monsieur Lœlio... » Et où l'avez-vous connue?...

LOELIO.

Autrefois, à Palerme, quand j'étais étudiant... Est-ce qu'on demande ces choses-là?... on croirait que tu es jalouse...

LAURETTE.

Mais c'est que vous n'êtes pas franc, et il règne souvent en vous un air de mystère...

LOELIO, à part.

Que dit-elle?...

LAURETTE.

Le matin, d'abord, vous vous enfermez des heures entières dans ce cabinet, où il ne m'est pas permis de pénétrer...

LOELIO.

Mon cabinet d'étude, ma bibliothèque...

LAURETTE.

Très-bien!... mais le soir, vous sortez... vous ne rentrez que très-tard...

LOELIO.

Je te l'ai dit... des affaires, comme ce matin... pour cette succession... je souffre assez de te quitter...

LAURETTE.

Et moi donc! je me tourmente, je m'inquiète... Quand je suis seule, je prends la résolution de vous quereller... mais vous revenez plus tendre, plus aimable, et j'oublie de me fâcher... j'oublie tout... Allons, monsieur, allez-vous-en... moi, je vais écrire ma lettre à mon père... là, dans votre cabinet.

LOELIO, la retenant.

Non!... dans ta chambre...

LAURETTE.

Pourquoi donc?... N'y a-t-il pas là tout ce qu'il faut pour écrire?...

LOELIO.

Oui... mais je t'ai priée... et tu m'as promis de ne jamais y entrer.

LAURETTE.

C'est vrai!... c'est peut-être pour cela que j'en meurs d'envie... (S'approchant.) Mon ami, il y a donc là un secret?...

LOELIO.

Apparemment!...

LAURETTE.

Vous m'avez promis de n'en jamais avoir pour moi.

LOELIO.

Celui-là n'a rien dont ton cœur doive s'alarmer... au contraire!... tu n'y verrais qu'une preuve d'amour de plus... oui, la plus grande qu'il soit jamais en mon pouvoir de te donner.

LAURETTE.

Eh bien! alors, pourquoi me la cacher?...

LOELIO.

Malgré moi, je te le jure... car le plus ardent de mes vœux, mon désir le plus cher, serait de te l'apprendre... mais dans ce moment... (La regardant avec tendresse et inquiétude.) Non... non... ce n'est pas possible encore.

LAURETTE.

C'est bien ennuyeux!... Et quand donc?...

LOELIO.

Dès que nous pourrons, comme je le désire, quitter l'Italie, et voyager en France... Jusque-là, si tu m'aimes, Laurette, n'entre jamais dans ce cabinet... n'y entre jamais! ou c'en est fait de notre amour, de notre bonheur...

LAURETTE.

Ah! mon Dieu! c'est donc comme dans *Barbe-Bleue*... ce conte français que nous lisions dernièrement...

LOELIO.

Peut-être!...

LAURETTE.

Vous me dites cela pour m'effrayer!... et vous n'en avez pas besoin... dès que vous me le défendez, cela suffit... je n'y entrerai pas... et puis, je n'en ai pas la clef...

LOELIO.

C'est vrai!... (A part.) et c'est plus prudent... (Haut.) Adieu!... ma Laurette... adieu!...

(Il l'embrasse, et sort par la porte du fond.)

SCÈNE II.

LAURETTE, seule.

Non! je n'en ai pas la clef... mais je sais où elle est... j'ai aperçu l'autre jour mon mari qui la cachait là... et si on voulait voir, je parierais qu'elle y est encore... (Se levant sur la pointe du pied, et regardant dans un vase, sur la cheminée, près du cabinet à droite.) Oui, oui... elle y est... il est bien heureux que je ne sois pas curieuse... tant d'autres à ma place se moqueraient de la défense... mais moi, à quoi bon?... puisqu'il m'est fidèle... puisqu'il m'aime toujours... il le dit, du moins.... mais les maris disent toujours cela... et puis, ils se trouvent un beau matin avoir des connaissances que vous ne connaissez pas... des passions voilées... comme cette femme, cette comtesse étrangère... — « Bonjour, Lœlio!...» — Et s'il me trompe pourtant, je dois me défendre... c'est naturel... c'est légitime... et puis s'il ne me trompe pas, je l'en aimerai davantage... Allons! pas de danger, de crainte, et décidément je veux savoir ce qui en est...

(Elle s'approche du vase à pas de loup.)

AIR.

J'ai bien peur... c'est ici... cette clef...

(Elle va pour la prendre et se retourne tremblante.)

Qui vient là?...

(Regardant autour d'elle.)
Personne!... allons! du cœur!...

(La prenant.)
La voilà!...

(Avec triomphe.)
La voilà!...

O bonheur! ô transports que cet instant fait naître!
Elle est en mon pouvoir!... et je vais donc connaître
Ce secret dont frémit mon cœur impatient!...
Courons!...
(Elle court à la porte et s'arrête.)
Mais pourtant, pourtant...
(Elle s'avance au bord du théâtre.)
« Si tu m'aimes, Laurette,
M'a-t-il dit en partant,
Sois fidèle et discrète
Et songe à ton serment.
Si tu m'aimes,
Si tu m'aimes,
Tu tiendras ton serment! »
En moi son cœur a confiance,
Et pour un caprice d'un jour
Je perdrais, par mon imprudence,
Et mon bonheur et son amour!
(Avec expression et tendresse.)
« Si tu m'aimes, Laurette,
M'a-t-il dit en partant,
Sois fidèle et discrète
Et songe à ton serment! »
Ah! je t'aime!
Je t'aime!
Et tiendrai mon serment!
(Elle jette la clef sur la table. — S'asseyant près de la table.)
N'y songeons plus!... en attendant,
C'est toujours bien étonnant!
(Elle se lève.)
Mais pourquoi ce mystère?
Pourquoi vouloir se taire?
Malgré moi, j'ai beau faire,

6.

J'y pense à chaque instant.
Désir qui me dévore,
Et qu'on veut que j'ignore,
Est bien plus vif encore
Sitôt qu'on le défend.
Ah! j'en ai bien envie,
Mon mari n'est pas là;
Et cette fantaisie,
Qui donc la lui dira?...
Mon mari n'est pas là!

(Elle reprend la clef sur la table, et s'arrête encore après avoir fait un pas.)

Je sais bien, j'ai bien entendu!
Qu'ici tantôt il me l'a défendu!

Mais pourquoi ce mystère? etc.

(Elle met la clef dans la serrure et va pour ouvrir. Elle entend parler en dehors, et, tout effrayée, elle retire la clef qu'elle jette dans le vase.)

SCÈNE III.

LAURETTE, BAMBOLINI.

BAMBOLINI, en dehors.

C'est bien, c'est bien! je m'annoncerai moi-même.

LAURETTE, courant à lui.

Mon père!...

BAMBOLINI, l'embrasse.

Ma chère enfant!...

LAURETTE.

Que je suis contente!... d'après votre lettre d'avant-hier, je ne m'attendais pas à vous revoir si tôt!...

BAMBOLINI.

Ni moi non plus... mais la mission dont je te parlais, mission délicate dont le succès intéresse vivement le vice-roi... moi aussi... car c'est mon coup d'essai en diplomatie...

LAURETTE.

Et vous arrivez?...

BAMBOLINI.

Je suis ici depuis hier soir!

LAURETTE.

Vous n'êtes pas descendu chez nous... chez vos enfants!...

BAMBOLINI.

Je ne le pouvais pas... un envoyé extraordinaire du vice-roi de Sicile... il y a un cérémonial, une étiquette à observer... je suis descendu au palais du gouvernement, où, par parenthèse, j'étais fort mal logé... un entresol très-étroit...

LAURETTE.

Et vous auriez été ici au premier, dans un superbe appartement...

BAMBOLINI.

Que veux-tu?... on est esclave de son rang et de sa grandeur... et il est des sacrifices plus cruels encore, ma pauvre enfant... quand je pense que moi, Théodoro, marquis Bambolino Bambolini j'ai donné ma fille unique, haute et noble demoiselle Bambolini, à un homme de finances, un banquier...

LAURETTE.

Qui fait mon bonheur!...

BAMBOLINI.

C'est fort heureux! fort heureux!... il paraît que c'est un bourgeois qui a quelque noblesse dans les sentiments... c'est toujours ça, faute de mieux... et tu es lancée ici dans la meilleure société?...

LAURETTE.

Nous vivons très-retirés... je ne sors jamais et ne vois presque personne...

BAMBOLINI.

Je n'entends pas cela!... que diable! Aussitôt la noce il nous sépare, il t'amène à Naples, sous prétexte qu'il y a ses parents, ses amis...

LAURETTE.

Il dit que tout le monde est encore à la campagne...

BAMBOLINI.

N'importe!... je te présenterai moi-même, ainsi que mon gendre, chez le gouverneur et à la cour... parce que la fille du marquis de Bambolini doit éclipser tout le monde...

LAURETTE.

Pour cela, vous serez satisfait... car mon mari ne me refuse rien!...

BAMBOLINI.

C'est ce que j'ai remarqué en arrivant... vous devez mener grand train... le plus bel hôtel à la Chiaja... ça m'a flatté... mais c'est peut-être aller un peu vite... louer tout de suite un palais...

LAURETTE.

Nous l'avons acheté.

BAMBOLINI.

Est-il possible?... une somme énorme!...

LAURETTE.

Que mon mari a payée comptant!...

BAMBOLINI.

C'est donc une fortune plus belle encore qu'il ne me le disait... et il m'aurait donc trompé! N'importe! je le lui pardonne... j'ai justement besoin d'argent, et j'emprunterai à mon gendre plutôt qu'au banquier de la cour... c'est moins noble, mais plus convenable...

LAURETTE.

Oh! tout ce que vous voudrez... c'est moi qui suis son

caissier, j'ai la clef de son coffre-fort, qui, entre nous, est très-bien garni !...

BAMBOLINI.

En vérité !... on gagne des monts d'or dans la banque... car il fait la banque ?...

LAURETTE.

Non !

BAMBOLINI.

Eh bien ! alors, quel est son état ?... que fait-il ?...

LAURETTE.

Rien !...

BAMBOLINI.

C'est plus noble !... mais à quoi passe-t-il son temps ?...

LAURETTE.

Il m'aime toute la journée... le soir, par exemple, il me quitte.

BAMBOLINI.

Tous les soirs ?...

LAURETTE.

Oui !...

BAMBOLINI.

Et il ne revient pas ?

LAURETTE.

Si fait !... il revient toujours... c'est-à-dire... il y a un mois... cela ne lui est arrivé qu'une fois... je l'ai attendu toute la nuit... il n'est rentré que le matin.

BAMBOLINI.

Qu'est-ce que j'apprends là !... et tu ne lui as pas fait une scène ?...

LAURETTE.

Je crois que je lui ai pardonné...

BAMBOLINI.

Comment !... pardonné !...

LAURETTE.

Et puis il s'est justifié après... un ami blessé, un duel... que sais-je!...

BAMBOLINI.

Ce n'est pas vrai!... et je vois ce que c'est... s'échapper tous les soirs... passer la nuit dehors... tantôt riche, et tantôt... c'est un joueur...

LAURETTE.

O ciel!...

BAMBOLINI.

Et je vais lui parler en conséquence!...

LAURETTE.

Eh bien! non... moi je croirais que c'est autre chose... il a commandé, sans m'en rien dire, un collier chez son bijoutier... et cette femme voilée que j'ai rencontrée hier...

BAMBOLINI.

Une femme!... une maîtresse!... à merveille!... tous les défauts... le jeu, les femmes... (A Laurette.) Eh bien!... allons, ma fille... il ne s'agit pas de se tourmenter... du courage... du sang-froid...

LAURETTE.

C'est que vous avez une manière de me rassurer qui me fait mourir de peur...

BAMBOLINI.

Calme-toi!... je me charge de le confondre... il s'agit seulement de trouver les moyens de savoir...

LAURETTE.

Je les ai!...

BAMBOLINI.

Et tu ne me dis pas!...

LAURETTE.

C'est qu'il m'avait bien défendu...

BAMBOLINI.

Raison de plus !...

LAURETTE, montrant le cabinet.

Venez alors !... (Apercevant Lœlio.) C'est lui !... ah ! mon Dieu !...

BAMBOLINI.

Qu'est-ce que c'est ?...

LAURETTE.

Taisez-vous !...

BAMBOLINI.

Je ne comprends pas...

SCÈNE IV.

Les mêmes; LŒLIO ; il vient du fond, va droit à la cheminée, prend la clef qui est dans le vase et va pour entrer dans le cabinet. Bambolini et Laurette font un pas pour le suivre ; il les entend et se retourne.

LŒLIO.

Que vois-je ?... vous ici, monseigneur mon beau-père... et personne en bas pour me prévenir... soyez le bien venu...

(Il met la clef dans sa poche.)

BAMBOLINI, arrêtant Lœlio qui va pour l'embrasser.

Un instant, monsieur... j'ai avant tout des questions à vous adresser...

LŒLIO.

A moi ?...

LAURETTE, bas à son père.

Mon père... (Observant Lœlio.) Allons ! il met la clef dans sa poche !...

TRIO.

BAMBOLINI, à Lœlio.

Savez-vous bien que c'est un vice affreux

Que de jouer avec furie !
Que l'on peut perdre à ce plaisir honteux
L'honneur, le repos de la vie !
Et qu'on peut voir ainsi mourir sans un ducat
Le gendre d'un marquis et d'un homme d'État...

LOELIO.

Savez-vous bien que c'est un tort affreux
De ne pas réfléchir, beau-père...
De tout juger un bandeau sur les yeux,
Et qu'un arrêt si téméraire
Pourrait perdre à jamais, par un fâcheux éclat,
Le talent d'un marquis et d'un homme d'État !

BAMBOLINI.

Ah ! vous croyez de moi vous railler de la sorte !

LOELIO, indigné.

Moi ! jamais je ne joue... aussi, pour les ducats,
(A Laurette.)
Ma femme, tu l'attesteras,
Jamais je n'en demande, et toujours j'en apporte.

BAMBOLINI.

Est-il vrai ?...

LOELIO.

Témoin encore aujourd'hui,
Du mois le tribut ordinaire
Que je remets à notre trésorière,
Les deux mille ducats que voici...

BAMBOLINI, stupéfait.

Que voici !..

Ensemble.

LOELIO, riant.

De mon beau-père
L'humeur sévère
Et la colère
Tombent soudain !
Oui, la tempête
Déjà s'arrête,

Et dans sa tête
Il cherche en vain.

LAURETTE.

Allons, mon père,
Que la colère,
Le ton sévère
Changent soudain !
Sage et discrète,
Votre Laurette
Est satisfaite
De son destin !

BAMBOLINI.

A la colère
De son beau-père
Ce téméraire
Croit se soustraire,
Mais c'est en vain.
Tout m'inquiète,
Et dans ma tête
Déjà s'arrête
 Son destin !

LAURETTE, à Bambolini.

Vous le voyez !... daignez lui rendre
Votre amitié...

BAMBOLINI.

Non ! ne nous pressons point..
Il nous reste à traiter encore un second point !

LOELIO, allant à lui.

Qu'a-t-il donc ?

BAMBOLINI, l'arrêtant.

Un instant, mon gendre...
(Le prenant par la main et l'amenant au bord du théâtre.)
Savez-vous bien que c'est un crime affreux
 Que de courir de belle en belle,
Lorsque chez soi l'on a, pour être heureux,
 Femme aimable, bonne et fidèle,

Quand cette femme enfin, brillant d'un double éclat,
Est fille d'un marquis et d'un homme d'État !

LOELIO.

Savez-vous bien que c'est un crime affreux,
Près d'une femme aimable et belle,
Que de douter du pouvoir de ses yeux,
Et croire un époux infidèle !...

BAMBOLINI.

Il raille encore !... Et moi, je prétends qu'on m'explique
A qui vous destinez ce présent magnifique.

LOELIO.

Mais...

LAURETTE, à part.

Il se trouble...

BAMBOLINI, à Lœlio.

A quelque tendre objet ?

LOELIO.

Peut-être !...

LAURETTE, bas à son père.

Il en convient !

BAMBOLINI.

Une femme ?...

LOELIO.

Adorable !...

BAMBOLINI.

Que vous aimez ?...

LOELIO.

Beaucoup !

LAURETTE.

Ah ! c'est épouvantable !

LOELIO.

Et dont la fête est aujourd'hui, je croi.

(Il présente un écrin à Laurette.)

LAURETTE.

Mon chiffre !... Ah ! c'est superbe !...

BAMBOLINI.

Eh ! quoi,
C'était pour elle ?...

LAURETTE.

Pour moi

Ensemble.

LOELIO.

De mon beau-père
L'humeur sévère
Et la colère
Tombent soudain.
Oui, la tempête
Déjà s'arrête,
Et dans sa tête
Il cherche en vain

LAURETTE.

Allons ! mon père,
Plus de colère,
D'humeur sévère ;
Prenez sa main !
Sur notre tête
Plus de tempête
Et que s'apprête
Un jour serein !

BAMBOLINI.

Allons ! ma chère,
Plus de colère,
D'humeur sévère ;
Voici ma main !
La paix est faite,
Et pour ta fête
Qu'enfin s'apprête
Un jour serein !

Ensemble.

LAURETTE et LOELIO.

Amour ! confiance !
Et qu'en notre cœur
Avec l'espérance
Rentre le bonheur !
Heureuse famille !
Le ciel pour toujours
A de votre fille
Béni les amours !

BAMBOLINI.

Amour, confiance !
Et qu'en notre cœur
Avec l'espérance
Rentre le bonheur !
Heureuse famille !
Je veux, pour toujours,
Je veux de ma fille
Bénir les amours !

(Bambolini embrasse Laurette et Lœlio.)

LAURETTE, à demi-voix à Lœlio.

Vous voyez comme mon père est bon !... à votre tour soyez aimable avec lui ?...

LOELIO.

Je te le promets !

BAMBOLINI, examinant l'écrin.

Un collier de perles magnifiques... c'est étonnant comme il ressemble à celui que j'ai vu souvent à la comtesse d'Altariva, la femme du gouverneur.

LOELIO, à part.

Je crois bien... c'est pour payer ses dettes qu'elle l'a vendu !... (Haut.) J'espère, mon cher beau-père, que vous restez quelque temps avec nous !...

BAMBOLINI.

Trois jours !...

LOELIO, à part.

Tant mieux !...

LAURETTE.

Ah ! c'est bien peu !...

BAMBOLINI.

Que veux-tu, ma chère enfant ?... un ambassadeur n'est pas comme un autre... je ne peux pas rester un quart d'heure de plus... le vice-roi et surtout la vice-reine attendent mon retour avec une impatience...

LAURETTE.

C'est donc bien important ?...

BAMBOLINI.

Vous allez en juger... car avec vous, mes enfants, et à condition d'un secret inviolable, je puis me relâcher de ma réserve diplomatique... Il existe un homme célèbre dans toute l'Italie... un homme qui a fait une fortune étonnante, et qui dans ce moment, dit-on, est l'idole des Napolitains...

LOELIO.

Un prince ?... un général ?...

BAMBOLINI.

Non !... un Polichinelle !...

LAURETTE.

Ah ! il signor Pulcinella, dont tout le monde parle ?...

BAMBOLINI.

Lui-même !... on raconte de sa verve, de sa gaieté, de ses talents, des choses merveilleuses dont on voudrait juger à la cour de Palerme... et c'est moi, premier gentilhomme de la chambre, moi, marquis Bambolini, envoyé extraordinaire, qui suis chargé d'engager pour la saison prochaine il signor Pulcinella...

LAURETTE.

En vérité !...

BAMBOLINI.

Mission aussi honorable que difficile... car il paraît que le roi et la reine l'aiment beaucoup, et que les Napolitains y tiennent terriblement !...

LOELIO.

Je le crois bien... ils se laisseraient enlever, sans rien dire, leur liberté ou leurs priviléges... Mais leur Polichinelle !...

BAMBOLINI.

Il y aurait une émeute !...

LAURETTE.

Ça se pourrait !

BAMBOLINI.

C'est bien ce que je crains... et cela exige tant de finesse et de ménagements...

LOELIO.

Que je vous engage à y renoncer...

BAMBOLINI.

Non pas !... car si je réussis, on m'a promis l'Eperon d'Or, ce qui est bien fait pour aiguillonner mon zèle, et piquer mon amour-propre... Mais vous, qui êtes du pays, dites-moi, avant tout, si cette réputation est réellement méritée ?...

LAURETTE.

Je n'en sais rien... je ne l'ai jamais vu... Mon mari n'a pas encore voulu m'y mener.

BAMBOLINI.

En vérité !...

LOELIO.

A quoi bon !... quel attrait peut offrir un spectacle pareil ?... (A Laurette.) Un acteur difforme et ridicule, qui t'aurait inspiré moins de plaisir peut-être que de mépris...

LAURETTE.

Non, monsieur... d'abord, on le dit d'une bonne famille, et on assure que quand il n'a pas son masque, il est fort gentil...

BAMBOLINI.

Ça m'est égal !

LAURETTE.

Il paraît qu'au carnaval et avec des jeunes gens de ses amis, il jouait les polichinelles avec tant de succès, que ça l'a décidé à abandonner ses études et l'état d'avocat auquel il se destinait.

LOELIO.

Une belle idée !...

LAURETTE.

Certainement ! puisqu'il a fait sa fortune et rétabli celle du théâtre... car on assure que sans lui la signora Bochetta, l'impresaria, allait faire banqueroute, et que maintenant elle roule carrosse...

LOELIO.

Et qui vous a dit tout cela ?...

LAURETTE.

Mon journal, où j'apprends les nouvelles... car vous ne me racontez jamais rien... Et on citait dernièrement d'il signor Pulcinella, des réparties fort spirituelles, et mieux que cela, des actions honorables et courageuses qui m'ont donné de lui très-bonne opinion.

LOELIO, ému.

Ah ! et lesquelles ?...

LAURETTE.

D'abord, il y a quelque temps, le prince royal, qui avait toujours été le protecteur de Polichinelle, fut exilé, comme vous le savez, pour s'être montré favorable à la cause populaire...

BAMBOLINI.

Celui qui règne aujourd'hui...

LAURETTE.

Et il quitta Naples, voyageant sous le nom du comte *del Sole.*

BAMBOLINI.

Ce qui fit que nous autres, du parti de la cour, nous l'appelâmes alors M. de Beau-Soleil.

LAURETTE.

Et parmi le peuple, dont il avait défendu les droits... personne n'éleva la voix en sa faveur, excepté Polichinelle, qui le soir même au théâtre, et dans la parade des *trois Oranges*, parut en vert... le vert c'était la couleur du prince... et son interlocuteur lui ayant demandé : « Orange verte, qu'attends-tu pour mûrir ?... »— Il répondit : « *Aspetto il sole,*— j'attends le soleil ! » A ce mot, le peuple transporté applaudit pendant une demi-heure... Le soir, Polichinelle fut arrêté, et passa la nuit au Château-Neuf.

BAMBOLINI.

C'était juste !...

LAURETTE.

Oui... mais le lendemain, on voulait briser les portes de la prison... Ce peuple, qui n'avait pas défendu son prince, réclamait son Polichinelle avec tant de fureur, qu'on fut obligé de lui rendre la liberté...

BAMBOLINI.

C'est une grande faiblesse !... Et l'autre trait ?...

LAURETTE.

Un vieux militaire se plaignait au Café de la Comédie de ce qu'un misérable histrion gagnait par an 20 mille ducats, tandis que lui, père de famille, ne pouvait pas en trouver trois mille, qu'il avait demandés à tout le monde... « Excepté à moi ! » répondit Polichinelle, en les lui offrant... Une autre fois, enfin, deux jeunes officiers l'avaient insulté, et lui avaient ri au nez le matin ; Polichinelle, qui ne leur reconnaissait ce droit-là que le soir, se battit avec eux, en blessa un, désarma l'autre... Et depuis ce temps, il est en vénération à Naples...

LOELIO, riant.

Autant que saint Janvier, patron de la ville...

LAURETTE.

Oui, monsieur...

BAMBOLINI.

Savez-vous, mes enfants, une idée qui m'arrive ?...

COUPLETS.

Premier couplet.

Le talent d'un ambassadeur,
Dans les moindres détails éclate.
On doit agir en connaisseur
Alors que l'on est diplomate !
Ne dites rien, j'ai mon projet :
Sans ébruiter la nouvelle,
Tous les trois, ce soir en secret,
Nous irons voir Polichinelle !...

Deuxième couplet.

Et chez nous prenant son essor,
Quand sa gloire sera connue,
Et paré de l'Eperon d'Or,
Quand je passerai dans la rue :
Voyez, diront-ils, me montrant,
Des diplomates le modèle ;
C'est à lui, c'est à son talent,
Que nous devons Polichinelle !

LAURETTE.

Oui, mon père... mais si ce matin vous ne retenez pas une loge, nous n'entrerons pas le soir !...

BAMBOLINI.

Tu crois ?... Alors, Lœlio va m'accompagner !

LOELIO.

J'en suis désolé... mais j'ai ce matin des occupations... des affaires...

LAURETTE.

Que tu négligeras pour mon père !...

LOELIO.

Je le voudrais !... mais c'est impossible... Vous pouvez bien sortir ensemble... ça te promènera et lui aussi !...

BAMBOLINI.

Eh bien ! c'est aimable... (A Laurette.) Est-ce qu'il est toujours comme ça ?...

LAURETTE.

C'est d'ordinaire la bonté, la complaisance même... Il fait toujours tout ce que je veux !...

BAMBOLINI.

C'est donc pour moi qu'il fait des extraordinaires...

LAURETTE.

Je ne le reconnais pas... mais venez, mon père... (A Loelio.) Fi ! monsieur, c'est très-mal !... vous m'aviez promis d'être gentil... vous verrez à votre tour...

BAMBOLINI.

Eh bien ! je t'attends... Et ta toilette ?...

LAURETTE.

Me voilà, mon père... ça ne sera pas long... (A Loelio.) Monsieur, j'ai bien l'honneur de vous saluer...

(Ils sortent.)

SCÈNE V.

LOELIO, seul.

Elle m'en veut !... la voilà fâchée !... Que serait-ce donc s'il me fallait renoncer à son amour, à son estime ! s'il me fallait rougir à ses yeux... Ah! jamais!... (On frappe à la porte du cabinet.) On a frappé, je crois!... Qui donc peut venir ainsi par mon escalier dérobé?... Il n'y a qu'une personne... (Il va ouvrir.) La signora Bochetta!...

SCÈNE VI.

LŒLIO, BOCHETTA.

BOCHETTA, entrant.

Moi-même, mon cher Lœlio!...

LOELIO, avec colère.

Et quelles raisons? quels motifs si puissants?...

BOCHETTA.

Ne te mets pas en colère, et écoute-moi!... tu sais si je te suis dévouée... C'est tout naturel, après ce que tu as fait pour moi!...

LOELIO, avec impatience.

Signora!...

BOCHETTA, avec volubilité.

De tous les directeurs de spectacles qui ont jamais couru après la fortune, le plus gueux fut, sans contredit, le seigneur Gaspardo mon mari... Que la terre lui soit légère, autant que l'était la caisse de son théâtre!... Il ne gagnait rien, mangeait tout, buvait le reste, et ne m'a laissé à sa mort d'autre bien que la liberté facultative de déposer mon bilan... ce que j'allais faire sans toi, mon sauveur, à qui je dois tout!...

LOELIO.

C'est bien!...

BOCHETTA.

Je te dois tout... j'en conviens... aussi, tu es le maître, tu commandes... et quelque bizarres que soient tes volontés, on s'y conforme... Tu n'arrives au théâtre que pour les répétitions, et le soir pour jouer ton rôle... dès que la représentation est finie tu disparais, on ne te voit plus ; tu as voulu que personne ne connût ton domicile, excepté moi, qui peux seule y venir... et qui n'en abuse pas... tu le sais ?...

LOELIO avec impatience.

Qui diable alors t'y amène aujourd'hui ?... Pourquoi y viens-tu ?...

BOCHETTA.

Parce qu'il s'agit de mon avenir, de ma fortune... de bien plus encore... Le bruit se répand dans Naples qu'un premier gentilhomme de la cour de Palerme est venu ici pour t'enlever...

LOELIO.

N'est-ce que cela ?...

BOCHETTA.

Pour t'engager du moins... car ton traité avec nous finit dans deux mois... et s'il fallait te céder ou te perdre... vois-tu bien, Loelio, je crois que j'en mourrais...

LOELIO.

Allons donc, signora, tu es folle !...

BOCHETTA.

Que veux-tu ?... je sens vivement !... je suis Napolitaine... J'ai été obligée de quitter les amoureuses et les princesses, parce que j'y mettais trop de vérité, trop de chaleur, trop de conscience... dans un duo de jalousie, j'aurais poignardé pour de vrai... Voilà comme j'étais... Ça m'aurait tuée !...

LOELIO, souriant.

Et d'autres aussi !... mais tu peux te rassurer... je n'irai pas à Palerme !...

BOCHETTA.

Tu me le promets ?...

LOELIO.

Je t'en donne ma parole... et je n'y ai jamais manqué...

BOCHETTA.

Je le sais... et je ne vois pas alors pourquoi nous ne ferions pas tout de suite un second engagement... Tu es le maître des conditions... demande ce que tu voudras...

LOELIO.

Je te remercie !...

BOCHETTA.

Le double... ou plus encore... et même, si tu voulais, Lœlio, mais tu es trop modeste... Tu n'as pas d'yeux... tu ne vois pas que tu pourrais aspirer à tout ce qu'il y a de mieux et de plus élevé !...

LOELIO.

Je n'ai pas d'ambition... je me trouve maintenant assez riche... trop riche même... Mon désir est de me retirer... de quitter l'Italie.

BOCHETTA.

Renoncer à tes succès... à la faveur du roi... aux acclamations du public !... ce n'est pas possible... J'ai remarqué d'ailleurs que toi, qui fais rire tout le monde, tu es presque toujours triste et mélancolique... Il y a quelque chose qui te tourmente, qui ne te convient pas...

LOELIO.

Nullement !

BOCHETTA.

J'ai engagé Mathéo, un jeune arlequin que l'on dit très-gentil... est-ce que ça t'inquiète ?...

LOELIO.

En aucune façon !...

BOCHETTA.

Je causais l'autre soir avec Léonardi, le père noble, qui fait le galant, et qui veut toujours m'embrasser... est-ce que cela te déplaît ?...

LOELIO, vivement.

Du tout !...

BOCHETTA.

Enfin, les bourgeois, les commerçants de la ville... je dis des plus huppés... veulent tous m'épouser, parce que maintenant je suis très-riche et que j'ai voiture... C'est là ce qui te tourmente?...

LOELIO, impatienté.

Eh! mon Dieu, non!...

BOCHETTA.

Je l'ai deviné... mais sois tranquille!...

COUPLETS.

Premier couplet.

On ne m'y prendra plus,
Leurs soins sont superflus.
Ils n'obtiendront, hélas!
Mon cœur ni mes ducats!
Au défunt si mon cœur
Désire un successeur,
Pour moi-même,
Oui, pour moi-même,
Je veux qu'on m'aime!
Mais si leur doux transport
Est pour mon coffre-fort,
De froideur mon cœur s'enveloppe,
Et je dis, comme Pénélope :
« Vous perdez tous, hélas!
Vos soupirs et vos pas!
Pour vous ne seront pas
Mon cœur ni mes ducats! »

Deuxième couplet.

J'en ai vu,
Tout ému,
Palpitant
Et tremblant,
Me tenir des discours
De délire et d'amour!
J'avais lu ça déjà

Dans nos vers d'opéra.
Peine extrême ! ô peine extrême !
J'en ai vu même,
Qui voulaient, furieux,
S'immoler à mes yeux !
Moi, qui sais comment on expire,
Je leur dis avec un sourire :
« Inutile trépas :
Messieurs, ne mourez pas ;
Pour vous ne seront pas
Mon cœur ni mes ducats. »

LOELIO.

Je te remercie, Bochetta... mais je te réponds que ce n'est pas ça qui m'inquiète !...

BOCHETTA.

Alors, c'est donc autre chose que tu ne veux pas m'avouer... que tu n'oses pas me dire !...

LOELIO.

C'est vrai !... et si ton dévouement, ta reconnaissance sont aussi grands que tu me l'assures... tu ne me refuseras pas ce que j'ai à te demander...

BOCHETTA, avec émotion.

Moi, te refuser !... ce pauvre garçon... parle donc !... (Avec tendresse.) Ah ! parle !...

LOELIO.

Eh bien ! laisse-moi partir dès aujourd'hui !...

BOCHETTA, stupéfaite.

Ah ! mon Dieu !...

LOELIO.

Non pas pour aller à Palerme, ni signer aucun autre engagement, je te le jure... On n'entendra plus parler de moi... je quitterai l'Italie... j'irai en France...

BOCHETTA.

Qu'est-ce que tu me dis là ?...

LOELIO.

Bien entendu que je paierai l'indemnité que tu exigeras... Je suis trop riche, je te l'ai dit... et ne veux plus rien...

BOCHETTA.

Et moi, je veux te garder... je veux que tu restes... et il ose me parler de dédit encore!... il croit que je le ruinerais, moi qui lui dois tout... (S'attendrissant.) Ah! Loelio!... ah! monsieur Loelio... c'est affreux! c'est indigne à vous de m'avoir jugée ainsi...

LOELIO.

Allons! voilà qu'elle pleure à présent!

BOCHETTA, avec une transition brusque.

Oui, je pleure!... et puisque tu ne vois rien, que tu ne devines rien, je te déclare que je te garderai malgré toi... que je t'ai encore pour deux mois... deux mois entiers... que je ne te ferai pas grâce d'un jour, et que si tu m'en ravis un seul... ça sera autant de pris sur les miens... car je me tuerai!...

LOELIO.

Allons donc!...

BOCHETTA.

Je te tuerai aussi... Quand ce jour-là je devrais faire relâche... ce sera comme je le dis!...

LOELIO.

Ça ne sera pas!...

BOCHETTA.

C'est ce que nous verrons!... Oh! tu ne me connais pas...

LOELIO.

Ni toi non plus... Et puisque tu me refuses... puisque tu t'obstines, je te déclare que je suis malade, et que je ne jouerai pas ce soir!...

BOCHETTA.

O ciel!...

LOELIO.

Ni demain !...

BOCHETTA.

Mon cher Lœlio !...

LOELIO.

Ni après-demain !...

BOCHETTA.

Mon bon Lœlio !... une location superbe... une recette magnifique... tout est loué du haut en bas...

LOELIO.

Ça m'est égal !...

BOCHETTA.

Trois jours de relâche !...

LOELIO, à part.

Juste le temps où restera mon beau-père... Après cela, peu m'importe !...

BOCHETTA.

Et que dirai-je à la ville de Naples ?...

LOELIO.

Tu lui diras que je suis malade... car, décidément je le suis, et aucun pouvoir au monde ne me fera sortir de chez moi avant trois jours... C'est ma volonté ferme et irrévocable !...

(Il se jette sur un fauteuil et lui tourne le dos.)

BOCHETTA, à part.

Dieu ! ces grands talents ont-ils des caprices et des exigences... Voilà pourtant comme j'étais quand je jouais *Rosamonde!*... (S'approchant de Lœlio, après un instant de silence.) Viendras-tu du moins à la répétition ?

LOELIO, sèchement.

Non !...

BOCHETTA.

Et notre pièce nouvelle qu'on devait donner ce soir...

Polichinelle aux enfers. Comment sauras-tu ton rôle ?...

LŒLIO.

Je l'apprendrai tout seul... là, dans mon cabinet d'étude et de travail...

BOCHETTA.

Tu me le promets ?...

LŒLIO, la reconduisant vers le cabinet.

Oui, sans doute... Et toi, en revanche, tu me promets que d'ici à trois jours on me laissera tranquille, et que je n'entendrai plus parler de théâtre ?...

BOCHETTA, s'éloignant.

Oui... oui... je te le promets !... (Revenant.) Adieu, Lœlio !...

LŒLIO, allant à elle.

Comment, encore ?...

BOCHETTA, poussant un grand soupir.

Ah ! *crudel amante !*...

(Elle sort.)

SCÈNE VII.

LŒLIO, seul, regardant sortir Bochetta.

AIR.

Oui, je puis y compter... Sa promesse est certaine !
Et puisque je suis seul, allons ! tenons la mienne !
Etudions ce rôle, où mon jeu doit, hélas !
D'un public en délire exciter les éclats !

Ah ! quel supplice ! ah ! quel martyre !
La mort dans l'âme, être joyeux,
Et faire naître leur sourire,
Lorsque des pleurs sont dans mes yeux !
(Essayant de chanter.)
Tra, la, la, la, la, la.

(S'arrêtant.)
Je ne peux!...
Tra la, la, la, la, la,
Un nuage est devant mes yeux!
(A lui-même, avec une colère concentrée.)
Allons donc, malheureux,
Allons donc, sois gai! sois joyeux!...
Il le faut, il le faut, un public, un tyran,
De toi l'exige et l'attend!
Ah! quel supplice! ah! quel martyre! etc.
(Revenant à lui et essuyant une larme.)
Du courage! essayons cette ignoble parade.
La scène de la sérénade,
Du duel et de la bastonnade!...
Allons!...
(Comme s'il jouait de la mandoline. Mouvement de tarentelle.)
Tra, la, la, la, la, la,
La, la, la, la, la, la,
Sotto la tua finestra,
E nella strada!
Tra, la, la, la.
Crudele, per te sospira
Povero Pulcinella!
La, la, la, la, la,
La, la, la, la, la,
(Se retournant comme effrayé.)
Ah!...
(Parlant en français.)
Seigneur Polichinelle,
Chanter la tarentelle
Au balcon de ma belle
Milady Baroco!...
(Baragouinant.)
Siate signor francèse
Più dolce, più cortèse;
La vostra bella englèse,
Io non conosco!
— J'aurai raison
De votre trahison.

— Mi sento tremare.
Mi sento crepare !
— Allons, faquin,
L'épée en main !
— Pulcinella
Non ama la spada !
Ah ! ah ! ah !
Pulcinella
Ama troppo la vita,
Per amar la spada !
(Faisant en tremblant comme s'il portait ou parait des bottes.)
Ah ! ah ! — Ah ! ah ! — Ah ! ah ! — Ah ! ah ! ah !
(Jetant avec dépit son rouleau et redevenant Lœlio. — Avec force.)
Au diable ! au diable !
Tourment d'enfer, peine effroyable !
Je le sens là, ce n'est pas ça !
Ah ! quel métier que celui-là !
Auteurs, acteurs, allez au diable !
Jouera mon rôle qui voudra,
Je ne suis plus Pulcinella !
(Revenant à lui.)
Si... par malheur, si ! je le suis encor...
Allons ! un nouvel effort !

(Reprenant la scène et le mouvement de tarentelle.)
Tra, la, la, la, la, la.
— Si la vie a pour vous des charmes,
Tremblez, signor Pulcinella !
Car un de nous deux en mourra !
Je vous laisse le choix des armes !...
Le fusil ?
— Non !
— L'espadon ?
— Non !
— Le pistolet ?
— Non !
— L'arquebuse ?
— Non !
— Le canon ?
— Non ! non ! non !

— Comment donc voulez-vous mourir?
— Voglio, voglio morir
   Come un uomo
   Di gran stomaco,
Isieme veddiamo
A qui più mangiera,
   Tra, la, la, la, la, la,
Macaroni!...
— Joli duel en vérité.
— Bella morte! bella morte!
— Eh bien, poltron,
Tu vas mourir sous le bâton.
— La bastonata!...
(Lazzis comme s'il recevait des coups de bâton.)
Ah! ah! ah! ah! ah!
(Avec fureur.)
Au diable! au diable!
Tourment d'enfer, peine effroyable!
Je le sens là, ce n'est pas ça!
Ah! quel métier que celui-là!
Public, théâtre, allez au diable!...
Jouera mon rôle qui voudra!
Je ne suis plus Pulcinella!...
(Il tombe dans son fauteuil accablé et anéanti.)

SCÈNE VIII.

LŒLIO, LAURETTE, entrant par le fond, à gauche.

LŒLIO.

C'est ma femme!... Qu'as-tu donc, chère amie?... et pourquoi cet air triste?...

LAURETTE.

On le serait à moins... tu sais le plaisir que je me promettais pour ce soir?...

LŒLIO.

Eh bien?...

LAURETTE.

C'est comme une fatalité... il y a relâche... une bande sur l'affiche...

LOELIO.

En vérité!... (A part.) Bochetta m'a tenu parole!...

LAURETTE.

M. Polichinelle est malade; [cela lui va bien... cela lui convient bien!...

LOELIO, d'un air railleur.

C'est en effet bien impertinent !...

LAURETTE.

Et moi qui l'aimais d'avance... je lui en veux, et ne lui pardonnerai jamais !...

LOELIO.

Et tu auras raison !...

LAURETTE.

Et vous, je ne sais pas ce que vous avez... mais, à votre petit air satisfait et railleur, on dirait que vous êtes enchanté de me voir contrariée...

LOELIO.

Non, sans doute !...

LAURETTE.

Par malheur votre contentement ne sera peut-être pas de longue durée... car il nous reste encore un espoir...

LOELIO.

Et lequel ?...

LAURETTE.

Nous sommes passés chez le gouverneur, qui ne croit pas à cette indisposition... car il a vu ce matin M. Polichinelle très-bien portant...

LOELIO, à part.

Ah! mon Dieu !...

LAURETTE.

Vous voyez comme c'est affreux à lui... il a d'autres idées... quelque partie de plaisir... peut-être en ce moment est-il avec une femme... une femme qu'il aime !...

LOELIO.

Laurette !

LAURETTE.

Oui, monsieur... il en est bien capable d'après ce qu'on m'a dit de lui... mais le gouverneur a promis qu'il le forcerait à jouer...

LOELIO, avec colère et entre ses dents.

C'est ce qu'on verra !...

LAURETTE.

Certainement... on le verra... et ce sera d'autant plus facile que le roi devait ce soir même venir au spectacle, et alors il n'y aura pas moyen de refuser, et je suis enchantée... Eh ! bien, eh ! bien... qu'est-ce que je disais !... vous voilà un air malheureux... une physionomie toute renversée, parce que je suis contente...

LOELIO.

Moi ?... pouvez-vous penser !...

LAURETTE.

C'est qu'il y a en vous aujourd'hui un esprit de contradiction qui fait que je n'ose plus rien vous dire de ce qui me fait plaisir... mon père a reçu une invitation de Sa Majesté... une audience du roi et de la reine !...

LOELIO.

Pour quel motif ?...

LAURETTE.

Sans doute pour le sujet de son ambassade... enfin dans l'instant même il va se rendre au palais, à la cour... il me propose de m'emmener... et j'ai mis le beau collier que vous m'avez donné ce matin... vous jugez si je suis contente !...

LOELIO.

Il y a de quoi!...

LAURETTE, timidement.

Je le serais encore plus, si vous vouliez m'accompagner...
(On frappe doucement à la porte du cabinet à droite. Loelio tressaille et se met à frapper de ses doigts sur la table près de laquelle il est assis.)

LAURETTE.

Il me semble qu'on a frappé de ce côté!...

LOELIO.

Du tout... c'est moi qui de mes doigts jouais sur cette table... Mais ton père t'attend pour te conduire à la cour... il va s'impatienter...

LAURETTE.

Vous croyez?... (On frappe plus fort.) Je jurerais cependant...

UN DOMESTIQUE, entrant par le fond.

M. le marquis est très-pressé... et fait demander si madame est prête?...

LOELIO.

Tu vois!...

LAURETTE.

Je suis à lui dans l'instant... il peut bien attendre!...

LOELIO.

Ton père!... impossible!...

LE DOMESTIQUE.

Le voilà qui monte!...

LOELIO.

Il perd patience, c'est clair... et c'est moi qu'il accusera... allons, ma chère!... va donc!... va!...

LAURETTE, en s'en allant.

Et moi qui me faisais une fête d'aller à la cour... je voudrais déjà en être revenue!... (A la cantonade.) Me voilà, mon père, je descends...

(Elle sort avec le domestique.)

SCÈNE IX.

LOELIO, seul, puis BOCHETTA.

LOELIO, allant fermer au verrou la porte par laquelle Laurette est sortie.

Mettons-nous d'abord en garde contre toute surprise... (Écoutant.) Bien!... la voiture roule... elle s'éloigne... (Allant au cabinet, où l'on frappe toujours.) Qu'est-ce que cela veut dire?... (Ouvrant à Bochetta.) Encore toi?...

BOCHETTA.

Comme c'est aimable!... quand on vient pour lui rendre service et lui éviter des désagréments!...

LOELIO.

Et lesquels?...

BOCHETTA.

Je ne devrais même pas vous en parler, pour vous apprendre...

LOELIO, la serrant dans ses bras.

Si, ma petite Bochetta, ma chère directrice!... parle!... parle!... je t'écoute!...

BOCHETTA, avec émotion.

Ah! Lœlio!...

LOELIO, brusquement.

Parle donc!...

BOCHETTA.

Eh! bien, monsieur, ainsi que nous en étions convenus... et contre mes intérêts, j'ai fait annoncer relâche, en disant que vous étiez malade... je l'ai juré à tout le monde... et peut-être est-ce vrai?... car vous avez un air si singulier, vous n'êtes jamais à ce que vous faites!...

LOELIO, avec impatience.

Signora!...

BOCHETTA.

J'aimais mieux mon mari... il me battait, c'est vrai... mais il m'écoutait et il me regardait...

LOELIO, la regardant avec colère.

Eh! je ne fais que cela... j'attends avec une impatience et une fureur!...

BOCHETTA.

A la bonne heure! au moins, vous vous animez!...

LOELIO, se contenant.

Eh bien?...

BOCHETTA.

Il vient d'arriver un ordre supérieur pour maintenir le spectacle...

LOELIO.

Je sais pourquoi... le roi devait y venir... Je cours près de lui... je le prierai... je le supplierai... (A part.) Je vais tout lui écrire, puisqu'il le faut!...

BOCHETTA.

Oh! nous savons que le roi te veut beaucoup de bien, surtout depuis le jour où tu t'es fait mettre en prison pour lui, quand il n'était que prince royal... mais il ne s'agit pas de Sa Majesté... il s'agit de l'ordre public...

LOELIO.

Et comment cela?...

BOCHETTA.

Le gouverneur lui-même m'a fait venir, et m'a dit : « Le bruit court que l'on veut enlever Pulcinella et le conduire à Palerme... »

LOELIO, à part.

Maudit marquis, mon beau-père!...

BOCHETTA, continuant.

« Cela s'est répandu parmi le peuple, qui se remue, s'agite et veut empêcher ce départ, auquel le relâche d'aujourd'hui donne une nouvelle consistance... J'ordonne donc — c'est toujours le gouverneur qui parle — que, malade ou non, Pulcinella paraisse ce soir... »

LOELIO.

Par exemple !...

BOCHETTA.

« Quand on devrait le porter au théâtre et le montrer, il faut qu'on le voie, ou je le rends responsable du tapage qui arrivera... »

LOELIO.

Cela m'est égal !...

BOCHETTA.

« Je le fais arrêter !... » voilà ce qu'il a dit !...

LOELIO, à part.

O ciel !... et ma femme et mon beau-père... une pareille scène à leurs yeux !...

BOCHETTA.

Alors, tout effrayée, je suis accourue pour te demander : Que faut-il faire ?...

LOELIO.

Ce qu'il faut faire !... est-ce que je le sais ?... (Bochetta va s'asseoir près de la table à gauche. — Loelio à part.) Après tout, et sous un prétexte quelconque, je puis bien me dispenser d'accompagner ma femme au spectacle... elle me boudera, voilà tout... et puis elle ira avec son père... et moi, pendant ce temps, avec mon masque sur la figure et la voix factice de Pulcinella, je peux jouer devant eux, à leurs yeux, sans être reconnu... cela vaudra mieux que tout cet éclat, ce tapage... (Haut à Bochetta.) Je jouerai !...

BOCHETTA, se levant vivement, et oubliant son mouchoir sur la table. —
Avec joie.

Tu joueras ce soir?...

LŒLIO.

Certainement!...

BOCHETTA.

Dans la pièce nouvelle qui est annoncée... dans *Polichinelle aux Enfers?*...

LŒLIO.

Impossible, sans répétition... et je ne peux pas sortir aujourd'hui avant l'heure du spectacle...

BOCHETTA.

N'est-ce que cela?... tout est prévu!... Dès que j'ai eu fait part à nos camarades, qui t'aiment tous, des ordres du gouverneur et de ta maladie... « Ce pauvre Lœlio! se sont-ils écriés, qu'il ne se dérange pas!... nous irons chez lui... » Et ils sont tous venus avec moi.

LŒLIO.

O ciel!...

BOCHETTA.

Pas moyen de faire autrement... ils sont là!...

LŒLIO, effrayé.

Ils sont là?...

BOCHETTA.

Dans le cabinet où tu étudies toi-même... où sont tes costumes...

LŒLIO, à part.

Mais mon beau-père, mais ma femme... s'ils venaient à rentrer dans ce moment!...

BOCHETTA.

Tiens! les voilà qui commencent le chœur des démons...

LE CHŒUR, dans le cabinet.

Le fer! le feu! la mort!
Sur eux frappons encor,
Fort!
Plongeons-les dans ce gouffre
De salpêtre et de soufre!
J'en jure par le Styx,
Pour lui, fût-ce un phénix!
Nix!

(A la fin du chœur on frappe à la porte du fond à gauche.)

LOELIO, à Bochetta.

On a frappé... tais-toi!

LAURETTE, en dehors.

Mon ami, ouvrez... c'est moi!...

BOCHETTA.

Une voix de femme!...

LOELIO, à part.

C'est la mienne!...

BOCHETTA, à part.

Quel soupçon!... si c'était une rivale?...

LOELIO.

Tais-toi! va-t'en!...

BOCHETTA.

M'en aller!...

LOELIO.

Et dis-leur de se taire... je vais les rejoindre... mais pas le moindre bruit, ou je fais manquer ta recette... je me tue...

BOCHETTA.

Est-il possible!...

LOELIO, avec force.

Je me tue!...

8.

BOCHETTA.

Ne te fâche pas... je m'en vais...

(Elle entre dans le cabinet.)

SCÈNE X.

LOELIO, LAURETTE.

LAURETTE, en entrant, avec émotion.

Pourquoi donc m'avez-vous fait attendre si longtemps?...

LOELIO, embarrassé.

J'étais dans l'autre pièce... et n'ai pas entendu...

LAURETTE.

Oui... depuis ce matin, nous ne nous entendons plus...

LOELIO, à part.

Est-ce qu'elle se douterait de quelque chose?...

LAURETTE, apercevant le mouchoir que Bochetta a laissé sur la table, à part.

O ciel!...

LOELIO.

Tu reviens donc de la cour?...

LAURETTE.

Oui, monsieur... mon père m'a présentée au roi!...

LOELIO.

Vous êtes demeurés bien peu de temps!...

LAURETTE.

Vous trouvez?... Et vous, monsieur, pendant mon absence... vous êtes resté seul?... vous n'avez pas eu de visite?...

LOELIO.

Non, certainement!...

LAURETTE.

Vous en êtes bien sûr?...

LŒLIO, avec embarras.

Oui... certes !...

LAURETTE, lui montrant le mouchoir sur la table.

Démentez donc alors ce gage qui vous accuse !...

LŒLIO, à part.

Dieu ! que lui dire ?... (Haut.) Certainement... au premier coup d'œil, chère amie... et pourtant je te jure...

LAURETTE.

Vous me jurez !...

LŒLIO, à part, voyant entrer Bambolini.

Dieu ! le beau-père... il ne me manquait plus que ça !...

SCÈNE XI.

Les mêmes ; BAMBOLINI, hors de lui.

LAURETTE, courant à lui.

Ah ! mon père... si vous saviez ?...

BAMBOLINI.

Je sais tout !... (A Lœlio, avec une colère concentrée.) Oui, monsieur, je sais tout !...

LŒLIO, à part.

C'est fait de moi !...

BAMBOLINI.

Je connais enfin le secret fatal... le secret de sa mystérieuse conduite... je puis le dévoiler !...

LŒLIO, à demi-voix.

Ah ! monsieur ! pas devant ma femme !...

BAMBOLINI.

Déshonorer mon nom et ma famille !...

LŒLIO, de même.

Épargnez-moi la honte de rougir à ses yeux... je renvoie

mes camarades, et je reviens m'expliquer avec vous, avec vous seul... D'ici là, je vous en conjure, du silence!...

(Il sort par le cabinet de droite.)

SCÈNE XII.

LAURETTE, BAMBOLINI.

LAURETTE, se jetant dans les bras de son père.

Ah! mon père, je suis bien malheureuse!... Je n'aurais jamais pu croire qu'il en aimât une autre!...

BAMBOLINI.

Bah! si ce n'était que cela?...

LAURETTE.

Et qu'y a-t-il donc de plus terrible, je vous prie?... Quand je suis sûre qu'il était ici avec une maîtresse!...

BAMBOLINI.

Si ce n'était que cela!...

LAURETTE.

Est-ce qu'il en aurait deux?...

BAMBOLINI.

C'est bien pire encore!...

LAURETTE.

Mais c'est donc effroyable!...

BAMBOLINI.

Épouvantable!... Et moi-même, malgré mon aplomb diplomatique, j'en suis resté stupide... Ça me dure encore... et ça pourra même bien se continuer... Imagine-toi, ce beau collier dont il t'avait fait cadeau...

LAURETTE, le montrant.

Et dont je me suis parée pour vous suivre à la cour!...

BAMBOLINI.

Tu n'as pas vu comme le gouverneur qui était près de nous le regardait?...

LAURETTE, naïvement.

Le regardait !... j'ai cru que c'était moi !...

BAMBOLINI.

Du tout !... c'était le collier... Il m'a été facile de deviner d'où viennent les trésors amassés par mon gendre... Ce superbe bijou appartenait à la femme du gouverneur.

LAURETTE, lui mettant la main sur la bouche.

Ah ! taisez-vous !... ce n'est pas... ce ne peut pas être !...

BAMBOLINI.

Tu te doutes bien que, saisi d'effroi, je n'ai rien dit... mais j'ai compris sur-le-champ qu'il existe dans Naples une bande redoutable, dont mon gendre est le chef... C'est quelque Jean Sbogard !...

LAURETTE, avec force.

Non ! cent fois non !... c'est quelque erreur !...

BAMBOLINI.

Incrédule que tu es !... Lui-même tout à l'heure en est convenu... il me l'a avoué...

LAURETTE.

Ah !...

BAMBOLINI.

Mais il ne s'agit pas de ça... il s'agit de le sauver, et nous aussi... Qu'on ne se doute pas qu'il a été de notre famille... qu'ailleurs il se fasse pendre... incognito... dans le plus strict incognito !... Songe donc que si cela se savait, il n'y aurait plus moyen de jamais obtenir l'Éperon d'Or... Beau-père d'un pendu !... vois-tu quel désagrément pour moi !...

LAURETTE, pleurant.

Et pour lui, donc !...

BAMBOLINI.

C'est son état !... il s'y attend... mais sois tranquille... j'ai un moyen certain de le faire évader... je viens ici le reprendre avec ma voiture... la voiture d'un ambassadeur sortira de Naples sans être examinée... Allons ! ma fille, de la fermeté !...

LAURETTE, tremblant.

Ah ! c'est que j'ai bien peur !...

BAMBOLINI.

Parbleu ! si ce n'est que cela... et moi aussi... raison de plus... du courage, et surtout du silence !... (En sortant.) Beau-père d'un pendu !...

SCÈNE XIII.

LAURETTE, sur le fauteuil à gauche, LOELIO, entr'ouvrant la porte à droite.

LOELIO, à part.

Ils sont partis, à condition que je me rendrais sur-le-champ au théâtre... la salle est pleine, le public s'impatiente déjà... il est capable de tout briser... Partons !... (Apercevant Laurette.) Dieu ! ma femme que j'oubliais...

LAURETTE, l'apercevant, et se cachant la tête dans son mouchoir.

C'est lui !...

LOELIO, à part.

Elle sait tout !... Malgré ma prière, son père lui a tout dit... (Haut et timidement.) Laurette !... (Voyant qu'elle se tait.) Elle ne me répond pas... elle détourne de moi les yeux... elle me méprise... Ah ! voilà tout ce que je craignais... (S'approchant d'elle.) Tout est fini !... vous ne m'aimez plus !...

LAURETTE, sans le regarder, et en pleurant.

Ah ! ce qui me désole, c'est que, malgré moi, je vous aime encore... mais quand je devrais en mourir... cela s'en ira, je l'espère...

LOELIO.

Et pourquoi donc ?...

LAURETTE, lui montrant le collier sans le regarder.

Tenez, monsieur... tenez !...

LOELIO.

Qu'est-ce que ça signifie ?...

LAURETTE.

Ce que ça signifie ?... mais vous voyez bien que je sais tout... que mon père m'a tout appris... que je ne voulais pas le croire... (Levant les yeux sur lui, elle pousse un cri.) Ah! je ne le crois pas encore... ce n'est pas vrai !... n'est-ce pas ?... non! non! ne réponds pas, ce n'est pas la peine... je te crois... ce collier n'était pas à la femme du gouverneur ?...

LOELIO.

Si !... c'est elle qui l'a vendu à l'insu de son mari... Il paraît qu'elle a fait courir le bruit qu'on le lui avait...

LAURETTE, l'embrassant.

Assez ! assez !... pardonne-moi !...

LOELIO.

Quoi donc ?...

LAURETTE.

Pardonne-moi toujours, quoique je ne sois point coupable... ce n'est pas moi, c'est mon père qui croyait à ce cabinet mystérieux... à ces bandits, à Jean Sbogard...

LOELIO.

Quoi ! c'est cela qu'il t'a appris ?...

LAURETTE.

Oui, vraiment !...

LOELIO.

Il ne t'a dit que cela ?... pas autre chose ?...

LAURETTE.

Il n'en savait pas davantage !

LOELIO, avec joie.

Ah! l'excellent homme !... Ah! ma petite Laurette !...

LAURETTE.

Mais alors, vous allez me dire le reste?...

LOELIO.

Oui... oui... (Regardant la pendule.) Ciel! sept heures... (A part.) Je n'ai qu'un instant pour me rendre au théâtre et pour m'habiller... (Haut.) Ce que je puis te dire, du moins, et je l'atteste, c'est que j'ai toujours été fidèle à toi et à l'honneur!...

LAURETTE.

Et déjà me quitter!... et ainsi tous les soirs!...

LOELIO.

Il le faut!... il le faut pour notre avenir, pour notre bonheur... mais deux mois, deux mois encore, et je serai libre... et nous quitterons ces lieux, et tu diras toi-même, alors, que jamais amour n'égala le mien!...

LAURETTE.

Je vous crois, mon ami, je crois d'avance à vos paroles... et je ne vous en demande aujourd'hui qu'une preuve... une seule!...

LOELIO.

Toutes celles que tu voudras...

LAURETTE.

Vous me le promettez?...

LOELIO.

Je te le jure!...

LAURETTE.

Eh bien!...

DUO.

LAURETTE.

La faveur que j'implore,
Mon cœur seul la comprend.
Près de moi reste encore,
Reste encore un moment!

LOELIO.

Quoi! rester auprès d'elle!
Différer d'un instant...
Quand peut-être on m'appelle,
Quand déjà l'on m'attend!...

LOELIO et LAURETTE.

O jour d'ivresse!
Et de tendresse,
Tourments passés
Sont effacés.
A toi, ma vie!
Mon cœur oublie
Tout dans ce jour,
Hors mon amour!

LOELIO, regardant la pendule.

O ciel! déjà l'heure est passée!...
Ah! quel dommage! il faut partir!

LAURETTE.

Aussi, bien loin de ma pensée
Le projet de vous retenir.

Ensemble.

LOELIO.

Quoi! rester auprès d'elle, etc.

LAURETTE.

La faveur que j'implore, etc.

(La pendule sonne.)

LOELIO.

Ah! c'en est fait! je suis perdu, Laurette!...
Adieu!...

LAURETTE, apercevant Bambolini.

Mon père!

LOELIO.

Ah! fuyons!...

SCÈNE XIV.

Les mêmes; BAMBOLINI.

FINALE.

BAMBOLINI, le retenant.

Imprudent!
Je voulais te sauver... impossible à présent;
Le peuple furieux t'a fermé la retraite,
Il brise ma voiture... il cerne la maison;
Entendez-vous mugir les flots de la tempête?
Ils viennent t'arrêter, te conduire en prison.

LOELIO.

Mon Dieu! que faire?...

BAMBOLINI.

Ah! j'en perdrai la tête!

Ensemble.

BAMBOLINI.

Je n'entends rien, je sais, hélas!
Que l'on demande son trépas.
Ah! quel affront! ah! quel éclat!
Surtout pour un homme d'État!

LE CHOEUR, en dehors.

A nous, à nous Pulcinella!
Malheur à qui nous l'enleva!
Notre courroux le châtira,
Oui, nous voulons Pulcinella!

LAURETTE.

Pourquoi ces cris et ces éclats?
Ah! de frayeur je tremble, hélas!
Mais je ne t'abandonne pas,
Et partout je suivrai tes pas.

LOELIO, à part.

Dieu! quel tourment! quel embarras!

Que leur dire! que faire, hélas!
Ah! malheureux Pulcinella!
Ah! voilà qui te trahira!

SCÈNE XV.

Les mêmes; BOCHETTA.

BOCHETTA, courant à Lœlio.

Malheureux! qu'as-tu fait? ton retard, ton absence
Ont confirmé le bruit qu'on t'avait enlevé...
Ils veulent tout briser... montre-toi, ta présence
Pourra seule calmer ce peuple soulevé!

(Elle va ouvrir la fenêtre.)

LOELIO, s'avançant.

Allons donc!

BAMBOLINI, se mettant devant lui.
Téméraire!
Contre eux que veux-tu faire?
C'est courir au trépas...

LAURETTE.

Ils te tûront!...

LOELIO.

Non pas!.... non pas!...

(Il se montre au balcon.)

Ensemble.

LE CHOEUR, applaudissant au dehors.
Viva, viva, Pulcinella!
On nous le rend... oui, le voilà,
Et parmi nous il restera.
Viva, viva Pulcinella!

BAMBOLINI.

Je n'entends rien, je sais, hélas! etc.

LAURETTE.
Pourquoi ces cris et ces éclats? etc.

(A la fin de cet ensemble, Laurette aperçoit la porte du cabinet ouverte, elle s'y élance pendant que Lœlio répond aux acclamations du peuple par des salutations.)

BAMBOLINI.
Comment! on l'applaudit pendant qu'il les salue!

(Après les salutations de Lœlio, on lance sur le balcon et dans l'appartement des couronnes et des bouquets.)

BAMBOLINI, stupéfait.
Un Jean Sbogard, à qui l'on jette de la rue
Des couronnes et des bouquets!
Je m'y perds, et de tels secrets
Qui me dira le mot?

LAURETTE, sortant du cabinet avec un habit de Polichinelle qu'elle jette sur le fauteuil à droite.
Le voici!...

BAMBOLINI.
Sort funeste!
Malheur nouveau! mon nom perdu, déshonoré!
(A Lœlio qui s'approche de lui.)
Va-t'en! va-t'en!

LAURETTE.
Et moi, je te suivrai!

LOELIO, avec transport.
Quoi! tu m'aimes encor? que m'importe le reste!...
Ma femme!...

BOCHETTA, à part, avec exaltation.
Ah ciel! sa femme! Ah! les fureurs d'Oreste
Ne sont rien...

LOELIO.
Qu'est-ce donc?

BOCHETTA, tranquillement et lui présentant une lettre.

La réponse du roi !

(Elle sort.)

LOELIO, à Bambolini.

Lisez, et vous verrez qu'en tout temps, je l'atteste,
Votre honneur, votre nom seront sacrés pour moi !

BAMBOLINI, qui a lu la lettre.

O surprise nouvelle !
Quoi ! par égard pour mon gendre, le roi
    Donne l'Eperon d'Or à moi !...
Moi, chevalier !...

LOELIO, à part.

De par Polichinelle !...

LAURETTE, à son père.

Vous le voyez ? pour nous quel heureux sort !

LOELIO.

Honneur, fortune !

LAURETTE, montrant Lœlio.

Amour fidèle !

LOELIO.

Profond secret !

LAURETTE.

Et mieux encor,
Chevalier de l'Eperon d'Or !

BAMBOLINI, soupirant.

Beau-père d'un Polichinelle !...

LAURETTE.

Allons ! allons !... n'y pensez plus !

BAMBOLINI.

Beau père d'un Polichinelle !!...
Ah ! je crains pour ma race et si noble et si belle !
Que mes petits-enfants ne soient un jour bossus !

LE CHŒUR, en dehors.

Viva, viva Pulcinella!
On nous le rend, oui, le voilà!
Et parmi nous il restera,
Viva, viva Pulcinella!...

LE SHÉRIF

OPÉRA-COMIQUE EN TROIS ACTES

MUSIQUE DE F. HALÉVY.

Théatre de l'Opéra-Comique. — 2 Septembre 1839.

PERSONNAGES.	ACTEURS.
SIR JAMES TURNER, grand shérif de la ville de Londres.	MM. Henri.
AMABEL D'INVERNESSE, gentilhomme irlandais	Moreau-Sainti.
EDGARD FALSINGHAM, jeune capitaine corsaire.	Roger.
YORIK, matelot	Fleury.
TRIM, tavernier	Palianti.
UN DOMESTIQUE	Victor.
CAMILLA, fille du shérif	Mmes Rossi.
KEATT, cuisinière du shérif.	Damoreau-Cinti.

Matelots. — Constables. — Domestiques. — Habitants de Londres.

A Londres.

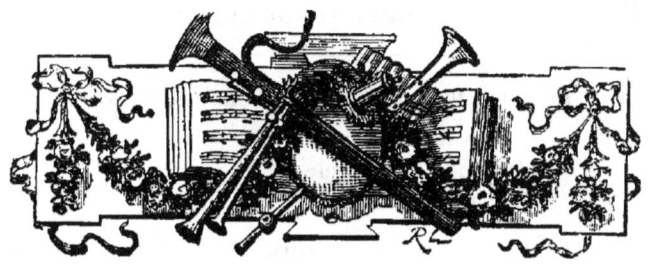

LE SHÉRIF

ACTE PREMIER

Un quai de la ville de Londres. — A gauche, un bel et riche hôtel dont la porte est en fer et toutes les fenêtres sont garnies de barreaux. A droite, une taverne; au fond, la vue de la Tamise et de ses vaisseaux.

SCÈNE PREMIÈRE.

YORIK, et DES MATELOTS, TRIM, le maître de la taverne, qui va et qui vient ; puis EDGARD.

(Au lever du rideau Yorik et plusieurs matelots sont assis, immobiles devant la taverne, autour d'une table, et fument gravement sans faire un seul geste.)

INTRODUCTION.

LE MATELOTS.
Fumons, fumons, fumons, bons matelots !
Il n'est point de maux
Que la pipe
Ne dissipe.

Fumons, fumons, fumons, bons matelots!
(Se levant.)
On nous attend sur la Tamise;
Il est temps de rentrer au port.

TRIM.

Un instant!... payez-moi d'abord.
Argent comptant, c'est ma devise.

YORIK.

Au diable soit ce tavernier!
Ils tiennent tous à se faire payer.

TRIM, montrant la porte de la maison à gauche.

Ou bien au grand shérif, ce magistrat sévère,
Je porte plainte...

YORIK.

Allons, veux-tu te taire!

(Avec peur.)
Le shérif! le shérif!...

TRIM, montrant l'hôtel.

C'est ici son logis.

LES MATELOTS, se consultant.

Qui de nous paîra, mes amis?
Est-ce toi?

D'AUTRES MATELOTS.

Ma foi! non.

YORIK.

Je ne porte pas d'or,
Ce n'est pas mon usage.

TOUS.

Eh bien! tirons au sort.

(Les matelots, réunis en groupe à droite, tirent entre eux à qui paiera. Pendant ce temps, Edgard, enveloppé d'un manteau, paraît au fond. Il s'approche de l'hôtel, et, après avoir examiné la maison, il frappe plusieurs fois à la porte qui ne s'ouvre pas.)

EDGARD.

Quoi! personne?... pas de réponse?
(Il examine attentivement les fenêtres.)

LES MATELOTS, à droite.

C'est Yorik qui paira, sur lui le sort prononce.

YORIK, fouillant dans sa ceinture et dans ses poches.

Il s'agit de trouver ma bourse.

TRIM.

C'est le cas.

YORIK, fouillant toujours.

Que diable est-elle devenue?

TRIM, s'approchant de lui.

Eh! mais, l'auriez-vous donc perdue?

YORIK.

Non... je croirais plutôt que je n'en avais pas.
(Se fouillant toujours.)
C'est égal, le hasard peut faire...

EDGARD, qui s'est avancé, le reconnaît et lui jette une bourse.

Tu dis vrai, camarade.

YORIK, le regardant.

O ciel! Edgard! c'est lui!
Comme moi matelot naguère,
(Regardant son uniforme.)
Maintenant officier!

EDGARD, lui tendant la main.

Et toujours ton ami.

AIR.

Enfants de l'Angleterre,
La mer nous est prospère
Et nous protége tous.
Sur ses vagues légères,
Voguons, hardis corsaires ;
L'Océan est à nous !

La mer et la fortune

Sont, objets de mes vœux,
Deux beautés dont chacune
Rit à l'audacieux.
Demain avant l'aurore,
Et sur mon brick léger,
Je vais chercher encore
Et fortune et danger.

Enfants de l'Angleterre, etc.

Avec nous l'Espagne est en guerre,
Et, poursuivant ses pavillons,
A nous, amis, sa flotte entière,
A nous ses riches galions !
Voulez-vous tous me suivre
Et monter sur mon bord ?
Dès demain je vous livre
Ses soldats et son or.

(Voyant qu'ils sont émus.)

Voulez-vous, voulez-vous ses soldats et son or ?
Demain je pars; demain, quand le jour va paraître,
Le rendez-vous est ici près du port.

De votre capitaine,
Allons, suivez les pas,
Dès demain je vous mène
A la gloire, aux combats !

LES MATELOTS.

De notre capitaine,
Allons suivons les pas ;
Dès demain il nous mène
A la gloire, aux combats !

(Tous les matelots et Trim s'éloignent. Yorik et Edgard restent seuls en scène.)

SCÈNE II.

EDGARD, YORIK.

YORIK.

Mais que je te regarde encore... je ne te reconnais plus... Toi, mon garçon, toi capitaine !... le fils du pilote Falsingham ! Avec ça que tu as maintenant une tournure de gentleman, et que pour un rien je t'ôterais mon chapeau comme à un lord... Il paraît que tu as bien fait ton chemin...

EDGARD.

Ah ! ce n'est rien encore... car d'ici à quelques mois, vois-tu bien... il faut que je sois tué ou que j'aie fait fortune.

YORIK.

C'est drôle !... Tu n'avais pas l'air autrefois de tenir aux guinées...

EDGARD.

J'y tiens maintenant... j'y tiens beaucoup.

YORIK.

Et combien te faut-il donc ?

EDGARD.

Des tonnes d'or...

YORIK.

Et pourquoi ?

EDGARD.

C'est mon secret.

YORIK.

Des secrets avec moi... ton ami... ton compagnon... (S'asseyant à la table près de la taverne.) Mets-toi là, et conte-moi ça... (Criant.) A boire !... c'est le capitaine qui paie... Demain je serai Yorik ton contre-maître... aujourd'hui nous sommes encore camarades... Et d'abord à ta santé !... puisque tu régales...

EDGARD.

Merci !... j'aime mieux payer sans boire.

YORIK.

Et moi, j'aime boire sans payer... voilà la différence... Parle ; je t'écoute.

EDGARD.

Après la première expédition que nous fîmes ensemble...

YORIK.

Et qui fut belle... cinquante piastres de bénéfice... Cela dut te mettre en humeur de recommencer ?

EDGARD.

Ma foi, non !... je n'y pensais guère... je ne pensais à rien, qu'à toi, qui venais de partir en croisière... Et moi, j'étais sur mon nouveau vaisseau, à l'ancre dans la Tamise... fumant ma pipe et regardant couler l'eau...

YORIK.

Occupation habituelle du marin.

EDGARD.

Lorsque j'aperçois de loin une embarcation élégante. C'étaient de jeunes dames, des ladies se promenant sur la Tamise, conduites par un pilote ignorant qui venait de chavirer.

YORIK.

Le maladroit !

EDGARD.

Tu te doutes bien que j'avais déjà jeté ma veste, et j'arrivai bien à temps pour saisir par ses beaux cheveux noirs une pauvre jeune fille qui avait déjà perdu connaissance... je la ramenai à bord... je la rappelai à la vie... et ses yeux s'ouvraient pour me remercier... et elle me serrait les mains... Et je la trouvais si belle que, troublé, hors de moi, je n'entendais rien... je la regardais... lorsqu'arriva une riche voiture... et des domestiques... et un homme... c'était son père... Il m'offrit de l'or... je refusai... Je ne voulais rien... que la voir... la voir encore... suivre ses traces... savoir où elle demeurait, et ne plus la quitter... Mais comment avouer que je n'étais rien... qu'un paysan, un matelot? J'aurais rougi de le lui dire... car je l'aimais déjà comme un insensé que j'étais... Aussi, le peu d'or que je possédais, mes cinquante piastres, je les employai à m'acheter un bel habit... à me mettre comme un lord, comme un élégant, à la suivre partout, dans les spectacles de Londres, dans les promenades... Et puis, quand je l'avais vue, quand je lui avais parlé... quand seulement je lui avais adressé de loin un salut qu'elle avait daigné me rendre... j'étais heureux pour toute la journée... je rentrais dans mon taudis, où je m'endormais avec joie et sans souper, afin de briller un jour de plus sur le pavé de Londres. Mais ça ne pouvait durer... mes piastres venaient de finir... et décidé à en gagner de nouvelles... à faire fortune à tout prix, je m'embarquai sur un corsaire dont je suis aujourd'hui le capitaine...

YORIK.

C'est aller vite !

EDGARD.

Je le crois bien... tous tués... ou à peu près... excepté moi... En attendant, et sentant bien mon ignorance, je m'efforçais de me rendre digne d'elle et de ne plus rougir à ses yeux... Quand je ne me battais pas, je tâchais de m'instruire... autant qu'un marin peut le faire à bord... Enfin maintenant j'ai presque le droit de me déclarer et d'oser l'aimer... mais ça ne suffit pas pour l'épouser... Comme je le disais, Yorik, il me faut de l'or... il me faut beaucoup d'or... Voilà pourquoi je suis si avide... car elle est fille unique, et son père est riche, puissant et considéré...

c'est le premier magistrat de Londres, et c'est là qu'il demeure.

(Il montre l'hôtel.)

YORIK.

C'est la fille du shérif... du grand shérif!

EDGARD.

Oui, sir James Turner... Le connais-tu?

YORIK.

Qui ne le connaît pas?... le chef suprême de la justice, un homme terrible, adroit et malin... l'effroi des voleurs de Londres, qu'il a tous découverts... Avec lui les fripons n'ont plus rien à faire... c'est un état perdu... Aussi la ville de Londres lui a voté des remerciments et des statues...

EDGARD.

En vérité!

YORIK.

Il est en honneur à la cour et en grande estime près du roi, depuis que, avec une sagacité inouïe, il a retrouvé les diamants de la couronne, qu'on avait dérobés... et il est question d'augmenter encore son traitement et ses dignités...

EDGARD.

Tant pis!...

YORIK.

Mais depuis quelque temps, au lieu de jouir tranquillement de son bonheur et de l'effroi général qu'il inspire, il est sombre, bourru et grondeur... Toutes les fenêtres de la maison ont été grillées... il a des portes en fer à doubles verrous...

EDGARD.

Serait-ce à cause de sa fille?

YORIK.

Il ne reçoit personne... il ne laisse personne pénétrer chez lui.

EDGARD.

C'est donc cela que tout à l'heure j'ai frappé vainement.. et je vais encore...

YORIK.

Que veux-tu faire?

EDGARD.

Aller droit à sa fille!... lui dire : « Je vous aime! »

YORIK.

On te jettera par les fenêtres.

EDGARD.

Bah! elles sont grillées...

YORIK.

Eh bien! on te mettra à la porte... parce que, tout corsaire que tu es, tu n'es pas adroit... Ce n'est pas ainsi qu'il faut s'y prendre... J'ai des intelligences dans la place... Keatt, la cuisinière, ma cousine et mon amoureuse... et nous saurons par elle... Tais-toi, la porte s'ouvre... C'est l'heure où elle va au marché.

SCÈNE III.

KEATT, sortant de la maison du shérif, son panier sous le bras; EDGARD, assis près de la table à droite et faisant semblant de boire ; YORIK, debout près de lui.

KEATT.

AIR.

Ah! qu'une cuisinière
A de mal ici-bas!
C'est vraiment sur la terre
Le pire des états.
Que de soins, de tracas,
De talents, d'embarras,
Pour des maîtres ingrats

Que l'on nourrit, hélas !
Ah ! qu'une cuisinière
A de mal ici-bas !

C'est le marché... Quel bruit ! à peine l'on s'entend.
« Venez à moi, venez ici, ma belle enfant !
— Cette truite saumonée,
Combien ? — Combien ? Pour vous, une guinée.
— Laissez donc ; la moitié. — Croyez-vous, milady,
Qu'on ait volé ce que l'on vend ici ?
Voyez la belle Dulcinée,
Avec son air effarouché,
Comme elle est bonne ménagère !
Sans doute elle a sa dot à faire,
Et veut, sur le gain du marché,
Épouser quelque pair d'Angleterre !
— Impertinente !... taisez-vous !
— Moi ! me taire ?... c'est plutôt vous ;
— Redoutez mon courroux. »
Alors c'est encor pis ;
Et les injures et les cris...
Et puis, en rentrant au logis,
Voilà qu'un maître sévère,
Prompt à vous calomnier,
Vous accuse encor de faire
Danser l'anse du panier !

Ah ! qu'une cuisinière, etc.

Dans la maison quel esclavage !
Penser toujours à son ménage,
Ne jamais paraître en public,
Ni d'un galant voir le visage...
(Apercevant Yorik à qui elle fait la révérence.)
Bonjour, bonjour, monsieur Yorik !
(Continuant son air.)
N'oser jamais sur son passage
S'arrêter pour causer un peu !
(S'approchant de Yorik, lui parlant avec volubilité, et sans attendre la
réponse.)

Et comment va notre cousine?
Est-elle toujours triste et chagrine?
D'amour, dit-on, elle se mine.
Et puis Sarah, notre voisine,
Qu' doit épouser l' sergent Clifford,
Si bon garçon, un peu butor,
Qui boit toujours, qui jure si fort,
Hein! est-ce qu'il n'est pas encor mort?...
Vous, ça va bien?... Merci, moi d' même :
Oui, je m' porte assez bien encor.
(A part et continuant son air.)
Il va me dire encor qu'il m'aime,
Et comme hier soir m'en conter.
(A Yorik qui s'approche.)
Non, je ne puis vous écouter...
(A part.)
N'avoir pas l' temps de l'écouter,
L'amant qui vient vous en conter!

Ah! ah! ah! qu'une cuisinière
A de peine ici-bas, etc.

TRIO.

YORIK, la retenant au moment où elle veut s'en aller.
Un instant, ma belle Ketty!

KEATT.
Non, ne m'arrêtez pas ainsi.
Plus que jamais notre maître est sévère;
Le shérif depuis quelque temps,
Nous fait damner.

YORIK, bas à Edgard, qui est toujours assis.
Entends-tu bien?

EDGARD, de même.
J'entends.

KEATT.
Il ne boit pas, il ne dort guère,
Et jour et nuit il rôde en tous les sens.

YORIK, bas à Edgard.

Entends-tu bien?

EDGARD.

J'entends, j'entends.

KEATT, continuant.

Je ne sais à quelles rubriques,
Quelles pratiques diaboliques,
Tous ses instants sont employés;
Mais il est dans les lunatiques,
Et voilà quinze domestiques
Qu'il a tour à tour renvoyés.

Ensemble.

KEATT.

On n'y saurait rien comprendre;
Mais souvent, quand je le voi,
Ah! je ne puis me défendre
D'en avoir peur malgré moi;
J'ai peur, j'ai peur malgré moi

EDGARD.

Que faire? quel parti prendre
Amour, amour, guide-moi!
Un seul instant viens me rendre
Celle qui reçut ma foi.
Amour, amour, guide-moi!

YORIK, à Edgard.

Autant que j'ai pu comprendre,
Il est peu d'espoir pour toi;
Le seul parti qu'il faut prendre,
C'est de t'éloigner, crois-moi.
Partons, partons; viens, suis-moi.

EDGARD, bas à Yorik et vivement.

Parle-lui donc de sa fille.

YORIK, de même avec calme.

Un instant!

(A Keatt.)

Il a, dit-on, une charmante enfant

KEATT.

Miss Camilla... c'est autre chose.

CAVATINE.

Fraîche comme une fraîche rose
Et belle comme un beau printemps ;
De cette fleur à peine éclose
Déjà s'approchent mille amants.

EDGARD, à part.

O ciel !

YORIK, le retenant.

Tais-toi.

KEATT.

Pour nous tous indulgente et bonne,
Sa grâce égale ses appas ;
Et pour vertus le ciel lui donne
Celles que son père n'a pas.

YORIK, à Keatt.

Quoi ! vraiment, son père est ainsi ?

KEATT.

Oui, le grand shérif est ainsi.
Et de grand matin aujourd'hui
Avec sa fille il est sorti.

YORIK.

Sorti !

EDGARD, à part.

Sorti !

KEATT.

Et même j'ai cru voir que notre demoiselle
Avait des larmes dans les yeux.

EDGARD, bas à Yorik.

Demande donc pourquoi?

YORIK, à Keatt.

Pourquoi donc pleurait-elle?

KEATT, à demi voix.

C'est encore un secret. L'on attend dans ces lieux,
Ce soir même ou demain, un prétendu pour elle.

EDGARD, poussant un cri.

Dieu!

KEATT, étonnée, le regardant.

Qu'a donc ce monsieur? et d'où vient son émoi?

EDGARD.

C'est que ce prétendu... ce prétendu, c'est moi.

KEATT, surprise.

Quoi! vous êtes celui qu'épouse ma maîtresse?

EDGARD.

Eh! oui, vraiment.

KEATT.

Le fils du marquis d'Invernesse?
Un très-noble et riche marquis?

EDGARD.

Moi-même; et j'arrivais à l'instant...

KEATT.

Quelle joie!

De Dublin?

EDGARD.

De Dublin, ainsi que tu le dis.
Mais ta maîtresse, il faut que je la voie.

KEATT.

D'abord elle est sortie.

EDGARD, voulant entrer dans la maison.

Eh bien! je l'attendrai.
Ouvre-moi!

KEATT.

Quand monsieur sera rentré;
C'est son ordre formel.

YORIK.

Mais un futur...

KEATT.

N'importe!
En l'absence du grand shérif,
Nous avons l'ordre positif
De n'ouvrir sous aucun motif;
Mais dès que monsieur rentrera...

YORIK, regardant vers la droite, et bas à Edgard.

Ah! grand Dieu! prends bien garde;
J'ai cru l'apercevoir.

EDGARD, regardant du même côté et à part.

Oui, c'est lui; le voilà.

(Haut à Keatt.)
Une visite indispensable
M'appelle en la Cité...

(Lui donnant de l'argent.)
Mais tiens;
Pour toi, ma belle enfant!

KEATT, prenant l'argent.

Il est vraiment aimable.

EDGARD.

Dans l'instant même je reviens.

Ensemble.

KEATT, regardant Edgard.

Ah! pour mademoiselle
Le sort est moins fatal.
Je m'y connais mieux qu'elle;
Il n'est vraiment pas mal.
C'est l'époux que son père
Vient de lui désigner,
Et sans gémir, j'espère,
On peut se résigner.

EDGARD.

Dans ma douleur mortelle
Je brave un sort fatal,
Si je puis auprès d'elle
Devancer mon rival.
Oui, celle qui m'est chère

Ne saurait condamner
Une ruse de guerre
Qu'amour doit pardonner.

YORIK.

Il en perd la cervelle ;
Et, par un sort fatal,
Il prend près de sa belle
Le nom de son rival.
Le ciel, la chose est claire,
Vient de l'abandonner;
Où sa ruse de guerre
Peut-elle le mener?

(Edgard et Yorik sortent.)

SCÈNE IV.

KEATT, seule.

Certainement, c'est un prétendu bien gentil... Je suis sûre que mam'selle s'y fera et que le mariage aura lieu... Je voudrais être aussi sûre du mien avec mon cousin Yorik, qui est si bon enfant... et qui ferait un aussi bon mari... Vous me direz : « Il n'est pas beau! » Moi, je les aime comme ça... Il a tant d'amour!... Il est vrai qu'un matelot qui n'a que ça, et une cuisinière qui est honnête, c'est comme s nous n'avions rien... (Regardant vers la droite.) Ah! c'est notre maître et mam'selle qui rentrent à l'hôtel. (Regardant Turner qui marche lentement et sans rien dire.) Toujours aussi agréable que d'habitude!

SCÈNE V.

KEATT, CAMILLA et TURNER.

TURNER, levant la tête.

Qui rôde ainsi autour de ma maison?... Ah! c'est cette petite Keatt dont je me défie... Je me défie de tout le monde... Que fais-tu là?... que dis-tu?

KEATT.

Je ne dis rien.

TURNER.

A quoi penses-tu?

KEATT.

Pardine! monsieur, s'il faut même vous rendre compte de mes pensées... Faudra-t-il mettre ça sur le livre des dépenses?

TURNER, avec colère.

A quoi penses-tu?

KEATT, froidement.

A vous.

TURNER, étonné.

Ah! à moi?

KEATT.

Oui; je me disais que vous étiez d'une égalité d'humeur étonnante... bourru hier... bourru aujourd'hui... vous ne changez jamais.

TURNER.

En revanche tu sais que je change de domestique.

KEATT.

Pardine! renvoyez-moi comme les quatorze, quinze dernières... je ne demande pas mieux... pour la gaîté qui règne dans la maison...

CAMILLA, d'un ton de reproche.

Keatt!

KEATT.

Et pour réjouir mamzelle, je vais lui annoncer du nouveau... Son prétendu qui est arrivé

CAMILLA, à part.

O ciel!

TURNER.

Vraiment!... Et comment l'as-tu trouvé?...

IV. — VIII.

KEATT.

Ma foi!... très-jeune, très-agréable... et malgré ses préventions, je suis sûre que mamzelle sera de mon avis.

TURNER.

On le dit un peu grave, un peu sérieux...

KEATT.

Ma foi, non!... une physionomie franche, ouverte et riante... Je ne sais pas comment vous pourrez vous arranger avec un gendre comme celui-là!...

TURNER.

Encore?...

KEATT.

Il voulait entrer... je lui ai dit vos ordres.

TURNER.

Qui n'étaient pas pour lui.

KEATT.

Vous avez dit : « Pour tout le monde!... » Il est allé faire une visite dans la Cité...

TURNER.

Et quand il reviendra... reçois-le sur-le-champ!...

KEATT.

C'est vous sans doute qui aurez ce plaisir... je vais au marché... Quand il y a un prétendu... une noce dans une maison, il faut faire d'avance ses provisions... (Bas à Camilla qui est toujours pensive.) N'ayez pas peur, mamzelle... je vous dis qu'il est très-gentil... vous pouvez vous en rapporter à moi... (Rencontrant un regard du shérif.) Je m'en vais, monsieur... je m'en vais...

(Elle sort en courant.)

SCÈNE VI.

CAMILLA, TURNER.

TURNER, à part, froidement.

J'avais tort de m'en défier... elle est trop gaie et trop impertinente... Les domestiques qui vous trompent sont toujours honnêtes et doucereux... Ce n'est pas elle... (Rêvant.) mais qui donc ?...

CAMILLA, prête à rentrer dans l'hôtel, se retourne, et voyant que son père ne la suit pas, elle revient vers lui.

Eh bien ! mon père... ne venez-vous pas ?

TURNER, sans l'écouter.

Si je pouvais trouver quelque combinaison... quelque ruse adroite et ingénieuse qui me mît sur la voie...

CAMILLA.

Eh bien !... vous ne m'entendez seulement pas !

TURNER.

Je te demande pardon... j'avais là une idée...

CAMILLA.

Et laquelle?

TURNER.

Une idée fixe... qui me poursuit... qui me consume... qui me tuera, si cela dure.

CAMILLA.

O ciel !... est-ce là la cause du changement que je remarque en vous ?

TURNER.

Oui, mon enfant... Je ne dors plus... il y a un tourment qui me mine... un secret que je ne puis découvrir, et que je poursuis sans cesse... Ce n'est qu'à toi, ma fille, à toi seule que je le confie... et encore parce que je n'y tiens plus... parce que mes forces sont épuisées.

CAMILLA.

Vous, à qui j'ai toujours vu une tête si forte... si puissante...

TURNER.

Écoute-moi... écoute-moi bien... Chacun a sa vocation ici-bas... l'un est né poëte, l'autre homme d'État, celui-ci homme de génie ; moi, je suis né lieutenant de police... Aussi, quand j'ai été nommé shérif de la ville de Londres, je n'avais plus rien à désirer, tous mes rêves étaient remplis... j'étais dans ma sphère, dans mon élément, j'étais heureux... et comme le bonheur donne de l'esprit, de l'adresse, du talent, j'en ai montré... j'ai même plus d'une fois, à ce qu'on a daigné dire, déployé du génie... le génie de la police... Tous mes prédécesseurs n'étaient rien auprès de moi... Il n'y a pas un complot, pas une ruse, pas une pensée que je n'aie pénétré, deviné et déjoué... La cour et la ville m'accablaient d'éloges, d'honneurs et de récompenses... J'acceptais pour leur être agréable... car moi j'aurais exercé gratis, et pour mon plaisir... Aussi, grâce à mon activité, chacun dort tranquille dans la ville de Londres... il n'y a pas un seul voleur... je les ai mis tous en fuite... Et sais-tu maintenant où ils se sont réfugiés ?...

CAMILLA.

Non vraiment !...

TURNER.

Chez moi.... dans mon hôtel !

CAMILLA.

Impossible !

TURNER.

C'est ce que je me dis... et cependant cela est... Hier encore, une tabatière en or que le roi m'avait donnée... une tabatière ornée de son portrait... disparue... enlevée !

CAMILLA.

Et vous n'avez pas quelque soupçon?

TURNER.

J'en ai toujours... Un nommé Brik Bolding, que j'ai fait pendre! La corde aura cassé, ou un autre aura pris sa place, car depuis sa mort j'ai reçu de lui une lettre où il me prévient qu'il est revenu de l'autre monde exprès pour se venger, me piller, me voler; et même me pendre...

CAMILLA.

O ciel!

TURNER.

Par réciprocité!...

CAMILLA.

Quelle horreur!

TURNER.

Ce n'est pas tant la chose que l'affront, le déshonneur et la rage de ne pouvoir surprendre cet infâme Brik Bolding et ses compagnons... Depuis cette maudite lettre, je suis sur pied... sur le qui-vive... Je les attends... je les guette, sans rien saisir, et sans oser en parler à personne, tant j'ai peur de devenir la risée de toute la ville. « Cet homme, qui voit tout, qui connaît tout, ne sait même pas ce qui se passe chez lui... Avec les sommes immenses que le roi et le gouvernement mettent à sa disposition, il ne peut rien découvrir dans son hôtel; comment découvrirait-il au dehors le moindre complot contre la sûreté de l'État ou la fortune des particuliers? » Tu comprends, il faudrait renoncer à ma place, à ma réputation... et à la terreur que j'inspire... car nous autres, dès qu'on n'a plus peur de nous... dès qu'on ne nous déteste pas... dès qu'on nous aime enfin... notre état est perdu... C'est affligeant... mais c'est ainsi!...

CAMILLA.

Mon pauvre père!

TURNER.

Je n'ai du reste négligé aucun moyen... J'ai soupçonné tous mes domestiques... j'en ai pris d'autres que j'ai fait arrêter et qu'il a fallu relâcher faute de preuves... J'ai fait de ma maison une forteresse... des barreaux à toutes les fenêtres, et à toutes les serrures des piéges à casser les bras... C'est à se pendre... je finirai par là !...

CAMILLA.

O ciel !

TURNER, vivement.

Non !... non !... On dirait que ce sont eux qui ont réussi dans leurs menaces... et je mourrais de chagrin si je leur donnais ce plaisir-là... J'ai fait entourer l'hôtel et les rues du quartier par toutes mes brigades de sûreté... mes agents ordinaires ; c'est peut-être un tort... Tous mes fidèles sont connus... leur aspect avertit les voleurs... et leur dit : « Prends garde !... » Il me faudrait des amateurs dont on ne se défiât pas... Il me faudrait... (Apercevant Yorik.) Voici peut-être mon affaire... (A sa fille.) Attends un instant.

SCÈNE VII.

Les mêmes ; YORIK ; puis KEATT.

YORIK, à part.

Encore ce maudit shérif... Qu'est-ce qu'il a donc à rôder ainsi ?... Il y a quelque bonne prise dans les environs... V'là qu'il me regarde... je n'aime pas ça... Quelque honnête homme qu'on soit, il semble que ces yeux-là vous portent malheur !

TURNER.

Approche ici !

YORIK, à part.

Impossible d'éviter l'abordage !

TURNER.

On te nomme Yorik, matelot ?

YORIK.

Je n'en disconviens pas.

TURNER.

Tu as servi à bord du corsaire *l'Aventure* ?

YORIK.

C'est mon état.

TURNER.

Tu as gagné quelque argent que tu bois là, dans cette taverne, jusqu'à ce que tu n'aies plus rien...

YORIK.

C'est mon usage.

TURNER.

Ce qui ne tardera pas... car tu as joué hier tes derniers schillings avec un gaillard de mauvaise mine, qui, d'après son signalement, ressemble fort à un nommé Brik Bolding, un fripon, qui t'a gagné.

YORIK.

C'est vrai !... (A demi-voix.) Je crois, Dieu me damne !... qu'il sait tout... et à moins qu'il ne fût sous la table...

TURNER.

De plus, tu fais la cour à Keatl, ma servante..

YORIK, se récriant.

Pour ce qui est de ça !...

TURNER.

A qui tu ne déplais pas.

YORIK, vivement.

Vous croyez !

TURNER.

N'as-tu pas dit que je savais tout ?

YORIK.

C'est vrai... Mais vous êtes si malin...

TURNER.

Tu l'es aussi sans qu'il y paraisse... On dirait qu'il n'y a là que de la pipe, du genièvre, et pas une pensée...

YORIK, se fâchant.

Par exemple !

TURNER.

C'est ce qu'il me faut !...

YORIK.

Pourquoi alors ces compliments-là ?... car vous n'êtes pas homme à me les faire pour rien... Que voulez-vous de moi ?

TURNER.

Je m'en vais te le dire.

QUATUOR.

TURNER.

 Contre moi l'on trame sans cesse
 Ici des complots ténébreux,
 Et je prétends avec adresse
 Les déjouer... si je le peux.

YORIK.

Vous ferez bien.

TURNER.

   On te dit fin, habile ;

Bon pied, bon œil.

YORIK.

   Sur terre et contre l'ennemi.

TURNER.

  Justement ; c'est un ennemi
  Qu'il nous faut surveiller ici,
Et dans cette taverne où tu demeures...

YORIK.

     Oui !

TURNER.

Il te sera, je crois, facile,
Et sans éveiller le soupçon,
De signaler tous ceux qui, dans un but hostile,
Rôdent autour de ma maison.

YORIK, étonné.

Qui ? moi !

TURNER.

Sans doute.

YORIK.

Moi,
Me charger d'un pareil emploi !

TURNER.

Toi-même.

YORIK.

Moi !

Ensemble.

YORIK.

Pour la mitraille et pour la canonnade
Je suis à vous, marchons tambour battant !
Mais pour l'affût, la guerre d'embuscade,
Je ne suis pas de votre régiment.

TURNER.

Allons, allons, mon brave camarade,
Tu changeras bientôt de sentiment.
Que la raison ici te persuade ;
Écoute-moi, mais plus modérément.

CAMILLA.

Pour la mitraille et pour la canonnade
C'est un soldat intrépide et vaillant ;
Mais s'enrôler dans toute autre brigade,
Il ne le peut, tel est son sentiment.

TURNER.

Réfléchis donc qu'en ces lieux tu demeures,
Et que, sans te gêner, je te mets seulement

En faction pendant deux ou trois heures.
(Tirant sa montre et lui montrant le cadran.)
Tiens, jusque-là ; ce n'est rien qu'un instant.

KEATT, après l'ensemble et rentrée du marché, a été déposer son panier dans la maison, et vient près de Camilla ; elle aperçoit la montre que Turner fait voir à Yorik.
La montre de monsieur !

YORIK.
C'est une belle montre
Que vous avez là, monseigneur.

TURNER, souriant.
N'est-ce pas ?... Dans mainte rencontre
Elle a tenté plus d'un voleur.
Mais de me l'enlever, morbleu ! je les défie ;
Et ma fille et ma montre ici sont deux trésors
A l'abri de leurs coups.

YORIK, souriant.
Et pourtant, je parie
Que si l'on voulait bien...

TURNER.
Inutiles efforts !

YORIK.
De mes talents je ne puis pas répondre ;
Mais on prétend qu'ici, dans la ville de Londre,
Les voleurs, les amants, sont des gens bien adroits.

TURNER.
Pour cela je les brave.
(Lui offrant sa montre et lui faisant signe de la prendre.)
Et vois toi-même, vois.

YORIK prend dans sa main la montre, qui sonne aussitôt d'elle-même.
Tin, tin, tin, tin, tin, tin, tin, tin.
(Étonné.)
Que diable cela peut-il être ?
Tin, tin, tin, tin.

TURNER, reprenant la montre qui se tait aussitôt.

Ainsi toujours elle sonne soudain
Alors qu'elle est touchée, et par une autre main
    Que celle de son maître.
Tu vois, elle est muette; et toi...
    (Lui rendant la montre qui recommence à sonner.)
        Tin, tin, tin, tin.

TOUS LES QUATRE.

Tin, tin, tin, tin, tin, tin,
    Son argentin
    Et divin
Pour éveiller les gens d'armes :
Tin, tin, tin, tin, tin, tin,
Bruit terrible et malin
    Et cloche d'alarmes
    Qui sonne soudain
    Le tocsin :
Tin, tin, tin, tin, tin.

TURNER.

Aussi je pardonne d'avance
A qui pourra me la ravir.

YORIK.

C'est bon, et de votre indulgence
J'aurai soin de les prévenir;
Mais, pour des gens d'humeur entreprenante,
(Regardant Camilla.)
Vous avez des trésors encor plus précieux,
    Et dont le seul aspect les tente.

TURNER.

L'heure qui doit combler leurs vœux
N'a pas encor sonné pour eux.

YORIK.

Vous croyez?

TURNER.

Oui, je le crois.
(Lui montrant la montre.)
Vois toi-même, vois.

TOUS LES QUATRE.

Tin, tin, tin, tin, tin, tin,
Son argentin
Et divin
Pour éveiller les gens d'armes :
Tin, tin, tin, tin, tin, tin.

TURNER.

Bruit terrible et malin
Et cloche d'alarmes
Qui sonne soudain
Le tocsin :
Tin, tin, tin, tin, tin.

YORIK, *regardant du côté de la taverne.*

Mais malgré ce tocsin
Et la cloche d'alarmes,
Réussira notre dessein.
Tin, tin, tin,
Tin, tin, tin, tin, tin.

(Camilla rentre dans la maison avec son père.)

SCÈNE VIII.

KEATT, YORIK.

YORIK.

Est-il étonnant celui-là !... vouloir que j'observe... Par état, passe encore... si c'était pour mon compte... par exemple, quand je serai marié...

KEATT.

Non pas ! c'est alors surtout qu'il ne faudra voir que par mes yeux, et quand je le dirai...

YORIK.

C'est convenu !

KEATT, *regardant au fond.*

Tiens... tiens... regarde donc !

YORIK.

Faut-il?...

KEATT.

Puisque je te le dis...

YORIK.

Ce domestique en livrée jaune...

KEATT, voyant qu'il se dirige vers la maison du shérif.

Eh bien! eh bien! où va-t-il donc?... Monsieur... monsieur... où allez-vous?

SCÈNE IX.

Les mêmes ; LE DOMESTIQUE, portant une malle sur ses épaules.

LE DOMESTIQUE.

Où je vas?... chez monsieur le shérif James Turner...

KEATT.

On n'entre pas!

LE DOMESTIQUE.

Moi, Thomas Burchell, valet de chambre du chevalier Amabel d'Invernesse, son gendre...

YORIK, à part.

Ah! diable!...

KEATT.

M. Amabel est votre maître?...

LE DOMESTIQUE.

Voyez plutôt sa malle que voici...

YORIK.

Ah! il est à Londres?...

KEATT.

C'te demande... il était là tout à l'heure.

LE DOMESTIQUE, vivement et ôtant la malle de dessus son épaule.

Arrivé avant moi... Pas possible!...

KEATT.

Ça a l'air de vous effrayer!...

LE DOMESTIQUE, froidement.

La peur d'être grondé...

KEATT.

Rassurez-vous... Il est en course dans la Cité...

LE DOMESTIQUE, remettant vivement la malle sur son épaule.

J'entre alors, si vous voulez bien le permettre...

KEATT, lui faisant la révérence.

Je vais vous conduire... (Ouvrant la porte, et le faisant passer devant elle.) Passez devant... (A Yorik.) Ils ont de singulières figures en Irlande!

(Elle rentre dans la maison.)

SCÈNE X.

YORIK, EDGARD.

YORIK, apercevant Edgard qui entre.

Dieu! Edgard!... Il était temps!

EDGARD.

Eh bien! quelles nouvelles?

YORIK.

De mauvaises... on vient d'arriver...

EDGARD.

Qui donc?

YORIK.

Le valet de ton rival, précédant son maître.

EDGARD.

Raison de plus pour parler à Camilla.

YORIK.

Non pas... car le shérif est rentré avec sa fille... et si tu as devant lui une reconnaissance avec ton valet de chambre qui ne te reconnaît pas... gare les explications...

EDGARD.

C'est vrai !

YORIK.

Tu vois ! tu donnais droit sur la côte pour y échouer.

EDGARD.

Que faire, alors ?

YORIK.

N'entre pas... attends plutôt là, dans cette taverne, que le damné shérif sorte de chez lui, ce qui ne peut tarder... il ne reste jamais en place, et dès qu'il s'éloignera, tu frapperas...

EDGARD.

C'est juste !

YORIK.

Keatt, qui te connaît et qui a des ordres, te conduira elle-même près de sa maîtresse.

EDGARD.

C'est bien ; mais le prétendu ?...

YORIK.

Je ne quitte pas la place... je l'empêche d'entrer, quand je devrais l'enlever... Tiens, tiens... (On entend gronder dans la maison du shérif.) Prends garde et serre tes voiles... voilà un grain qui arrive... Que te disais-je ? c'est le shérif.

EDGARD.

A merveille !... Je vais guetter son départ.

(Il s'élance dans la taverne à droite.)

SCÈNE XI.

YORIK, TURNER, sortant de chez lui d'un air agité et courant à Yorik qu'il aperçoit.

FINALE.

TURNER, à Yorik qu'il embrasse.

Bien joué! bien joué! bravo, mon camarade!
Reçois mes compliments ainsi que l'accolade.
La partie est gagnée, et le coup est fort beau.
Bravo! camarade, bravo!

YORIK, étonné.

Qu'avez-vous donc? pourquoi ces railleries?

TURNER.

Allons donc, fais donc l'ignorant!
J'étais rentré dans mon appartement,
Et là, comme en nos colonies
Que longtemps j'habitai, sur un bon canapé
Je venais de m'étendre, à rêver occupé;
Et dans ce peu d'instants, malgré ma porte close,
La fenêtre grillée et les doubles verrous,
Quelqu'un s'est introduit, dont la main assez leste
A, sans me réveiller, eu l'art d'enlever, zeste!
Ma montre si sonore.

YORIK.

O ciel! que dites-vous?

TURNER.

Pourquoi cette surprise?
Conviens-en
Franchement;
Quel talent!
Quel talent surprenant!
Conviens-en franchement.

SCÈNE XII.

Les mêmes; KEATT, sortant de l'hôtel.

KEATT, au shérif.

Ma maîtresse, qui s'inquiète
De vous avoir vu sortir,
Vous demande.

TURNER, à Yorik.

Eh! tiens, voici venir
L'objet de ta flamme secrète,
La belle Keatt, à qui tu veux t'unir.

KEATT.

Comment! il vous l'a dit, lorsque moi je l'ignore?

TURNER.

Tous deux je vous marie, et je fais plus encore,
Je lui donne une dot...

KEATT, avec joie.

Grands dieux! il se pourrait!

TURNER, Yorik.

Si tu me dis à l'instant ton secret.

KEATT.

Un secret! un secret! ah! monsieur, parlez vite.

YORIK, avec impatience.

Elle aussi!

KEATT, étonnée.

Comment! il hésite!

TURNER, bas à Yorik.

Et si dans tes refus tu prétends persister,
A la fin, songes-y, je te fais arrêter.

YORIK, hors de lui.

M'arrêter! m'arrêter!

TURNER.
Tais-toi.
Quel est cet étranger, à la marche incertaine,
Qui rôde autour de mon hôtel?

SCÈNE XIII.

Les mêmes; AMABEL, s'avançant lentement en regardant l'hôtel du shérif, puis DES CONSTABLES et PLUSIEURS HABITANTS de Londres.

AMABEL.
Je croi
Que c'est là son logis. M'y voici, non sans peine.
TURNER.
Que voulez-vous ici, jeune étranger?
AMABEL, montrant l'hôtel.
Ce que je veux? Eh! mais, j'y viens loger.
De sir Turner, shérif de cette ville,
On vient de m'indiquer ici le domicile.
TURNER.
Et qui donc êtes-vous?
AMABEL, riant.
Ce que je suis?
TURNER, avec impatience.
Eh! oui.
AMABEL, riant.
Je suis, mon cher, je suis son gendre
Qu'il attend, et j'arrive à l'instant.
TURNER, à Keatt, à demi-voix.
Est-ce lui?
KEATT, de même.
Non, c'est un imposteur qui voudrait nous surprendre;
Le véritable est mieux, bien mieux que celui-ci.
TURNER, regardant alternativement Amabel et Yorik.
J'entends, j'entends.

Ensemble.

TURNER.

Les fripons de Londre
Sur moi viennent fondre,
Mais je vais confondre
Leurs ruses d'enfer.
D'eux tous j'ai l'usage;
Rien qu'à son langage,
Rien qu'à son visage,
J'ai tout découvert.

KEATT, à Yorik.

Ah! c'est à confondre!
Veux-tu bien répondre?
Il n'est pas dans Londre
D'esprit moins ouvert.
Notre mariage
A parler t'engage;
Un pareil langage
Est pourtant bien clair.

YORIK.

Que puis-je répondre?
C'est à vous confondre.
Sur moi viennent fondre
Vingt tourments divers.

(Montrant Turner.)

De son doux langage,

(Montrant Keatt.)

De son bavardage,
Ah! morbleu! j'enrage!
Morbleu! je m'y perds!

AMABEL.

Ah! j'en puis répondre,
C'est à vous confondre!
De Dublin à Londre
Je viens prendre l'air.
Grand Dieu! quel voyage!
Brouillard et nuage,

De plus un orage,
Et le mal de mer !

TURNER, bas à Keatt.

Rentre auprès de ma fille ; à présent, moi je sais
Ce que je dois faire.

(Keatt rentre dans l'hôtel.)

TURNER, à Amabel.

Avancez.

(Lui montrant Yorik.)

Connaissez-vous ce visage,
Mon gentilhomme ?

AMABEL, après avoir regardé Yorik avec étonnement.

Non.

TURNER, à Yorik.

Et toi ?

YORIK, regardant Amabel.

Pas davantage ;
Je ne l'ai jamais vu.

AMABEL.

Moi non plus.

TURNER, froidement.

C'est assez.

(A Yorik.)
Ainsi tu ne dis rien ?

YORIK.

J'en ai le bon vouloir ;
Mais, d'honneur ! je ne puis.

TURNER.

C'est ce que l'on va voir.

(Il fait un signe après avoir remonté la scène, et une vingtaine de constables vêtus de noir se précipitent sur le théâtre.)

Ensemble.

TURNER, et PLUSIEURS HABITANTS de Londres, qui sont accourus en foule avec les constables, montrant Amabel et Yorik.

Point de pitié ! que l'on saisisse

Et le coupable et son complice!
En prison, en prison conduisez-les tous deux!
Nous connaîtrons par eux
Ce complot ténébreux.
En prison, en prison conduisez-les tous deux!

AMABEL.

N'approchez pas, gens de police,
Ou de vous tous j'obtiens justice.
Faquins! redoutez en ces lieux
L'effort de mon nom glorieux!

LES CONSTABLES.

Au chef suprême de la police,
Qu'à l'instant même on obéisse!
En prison, en prison conduisons-les tous deux!
Oui, nous sommes les plus nombreux;
Ne craignons rien, saisissons-les tous deux;
En prison, en prison conduisons-les tous deux!

YORIK.

Moi, je me ris de la police;
Que pas un seul ne me saisisse,
Ou craignez mon bras furieux!
Fussiez-vous encor plus nombreux,
Redoutez mon bras furieux!

(Malgré leur résistance, on entoure et on entraîne Yorik et Amabel. Turner les suit, et Edgard, sortant de la taverne, se dirige vers la maison du shérif.)

ACTE DEUXIÈME

La maison du shérif; l'appartement de Camilla. — Porte à gauche; à droite une croisée; au fond, une galerie vitrée.

SCÈNE PREMIÈRE.

CAMILLA, à gauche, travaillant devant un métier à tapisserie; KEATT, à droite, près d'une table, écrivant le compte du mois.

DUO.

CAMILLA, rêvant.

Oui, c'est bien lui, c'est son courage
Qui seul préserva mes jours;
Et malgré moi son image
A mes yeux s'offre toujours.

KEATT, écrivant.

Il faut de l'ordre en ménage,
Et je compte tous les jours;
Mais Yorik et son image
Me feront tromper toujours.

CAMILLA, se levant.

J'ai beau faire, inutile effort!

KEATT.

Voyons pourtant, comptons encor.

CAMILLA.

Fuyez, fuyez, vaine chimère;
Plus d'espérance mensongère!
Il faut me soumettre et me taire,

Il faut me soumettre à mon père.
Souvent j'ai rêvé dans l'absence
Et son retour et sa présence.

KEATT.

Hier j'ai d'abord acheté
Du chocolat et puis du thé,
Du lait, du beurre et des radis...
Choux-fleurs, épinards, salsifis;
Et pour la pâte des puddings,
J'ai payé combien de schillings?...

Je ne sais plus; Yorik en ce moment passait,
Et je crois qu'il me regardait.
Était-ce trois schillings?... Non, c'était deux, je crois,
Ou trois ou deux, n'importe... mettons trois.

Ensemble.

CAMILLA.

O souvenir tyrannique
Qui redoublez mes regrets!
Et vous, espoir chimérique,
Éloignez-vous pour jamais!

KEATT.

C'est unique, diabolique;
Ça vous rendrait colérique.
A compter plus je m'applique,
Et moins je m'y reconnais;
Le total le plus modique
Sous ma plume se complique.
L'amour et l'arithmétique
Ensemble n'iront jamais.

(Additionnant.)

Trois et deux font cinq, et cinq font dix,
Et deux font douze, et douze et six
Font dix-huit... Sur dix-huit je pose...

(Se remettant à rêver.)

Et puis ce soir,
Lorsqu' Yorik viendra me voir,

Quel plaisir !

(Se remettant à compter.)
Sur dix-huit, je pose un ; le voilà,
Et retiens huit... Et quand il me dira...
(Regardant le total.)
Quatre-vingt-un schillings ! Ah ! mon Dieu ! tant que ça ?
Vraiment, sans qu'on y pense,
C'est étonnant comme on dépense ;
Quatre-vingt-un schillings ! eh ! non, ce n'est pas ça.

Ensemble.

CAMILLA.

O souvenir tyrannique, etc.

KEATT.

C'est unique, diabolique, etc.

(A la fin du duo, on frappe en dehors, à la porte de la rue.)

KEATT, allant regarder par la fenêtre du balcon.

C'est le prétendu... Je vais lui ouvrir...

(Elle sort.)

CAMILLA, seule.

Le prétendu !... il avait bien besoin d'arriver... Moi, qui commençais à oublier ma frayeur, voilà qu'elle me reprend... Il ne risque rien d'être aimable... de l'être pour deux... (S'asseyant sur un fauteuil à gauche.) car je ne lui dirai rien...

SCÈNE II.

KEATT, paraissant au fond et amenant EDGARD ; CAMILLA, assise, leur tournant le dos.

KEATT, à Edgard.

Oui, monsieur, c'est jouer de malheur !... Voilà monsieur le shérif qui vient de sortir, et qui sera désolé de manquer encore une visite... Mais mamzelle est là, qui vous fera les honneurs en l'absence de son père... (Prenant par la main Edgard

qui tremble.) Ah! n'ayez pas peur... et ne tremblez pas ainsi...
Ma jeune maîtresse n'est pas trop effrayante... tenez!...
(Elle l'amène devant Camilla qui se lève, le regarde et s'écrie :) O ciel!...

TRIO.

CAMILLA.

O trouble! ô surprise nouvelle!
C'est bien lui, c'est lui! le voilà!
Et le ciel, à mes vœux fidèle,
Dans mon cœur avait lu déjà.

KEATT.

Mon avis était-il fidèle?
Regardez, c'est lui; le voilà!
Une autre fois, mademoiselle
A mon goût s'en rapportera.

EDGARD.

Enfin je la revois, c'est elle,
Et devant mes yeux la voilà !
Peut-être à mon amour fidèle
Son cœur un jour pardonnera.

KEATT, à Camilla.

Eh bien! votre frayeur mortelle?..

CAMILLA, à demi-voix.

Se dissipe.

KEATT, souriant.

Déjà!

CAMILLA, avec étonnement.

Quoi! c'est le prétendu?...
(Naïvement.)
Ah! si je l'avais su!...

EDGARD, avec joie.

Qu'entends-je!... et que dit-elle?

CAMILLA.

Pourquoi feindre devant celui
Que me destina mon père?
Devant vous, mon sauveur?

EDGARD.

     O jour pour moi prospère,
Si de vos souvenirs il ne fut pas banni!

CAMILLA.

ROMANCE.

Je vois encor la vague mugissante
Et le danger qui menaçait mes jours.
Je ne sais pas si c'était d'épouvante,
Mais je sais bien que j'y pensais toujours.
Je vois encor celui dont la vaillance
Au sein des flots s'élance à mon secours.
Je ne sais pas si c'est reconnaissance,
Mais je sais bien que j'y pensais toujours.

EDGARD, avec transport.

Camilla! c'en est trop... Apprenez donc...

        (S'arrêtant.)

KEATT.

      Eh bien!
Qu'avez-vous?

EDGARD, troublé et se modérant.

    Moi! je n'ai rien.

Ensemble.

EDGARD.

Ah! comment détruire
Ce rêve enchanté?
Et comment l'instruire
De la vérité?
Que l'amour prolonge
Cette douce erreur,
Séduisant mensonge
Qui fait mon bonheur!

CAMILLA.

Moment de délire!
Moment enchanté,
Où le cœur peut dire
Sa félicité!

Ce n'est plus un songe,
Une vaine erreur;
Que le ciel prolonge
Ce jour de bonheur!

KEATT.

O tendre délire
D'un cœur enchanté
Qui n'ose pas dire
Sa félicité!
Que l'amour prolonge
Pareille candeur;
Il prend pour un songe
Un si grand bonheur.

KEATT, à Camilla.

Je vois donc que cette alliance
Qui déjà vous faisait frémir,
Coûte bien moins à votre obéissance;
Et je pourrais même d'avance,
(A Edgard.)
Si ce n'était la peur de vous faire rougir,
Fiancer des époux qui bientôt vont s'unir.

CAMILLA.

Quelle folie!

KEATT, prenant la main d'Edgard.

Ah! que de peine!
Allons, votre main dans la sienne.

EDGARD, troublé et tenant la main de Camilla.

De crainte et d'amour je frémis.

KEATT, les regardant et riant.

Et moi...

(D'un ton solennel, étendant les mains.)
Je vous unis!

Ensemble.

EDGARD, tenant la main de Camilla.

Ah! comment détruire, etc.

CAMILLA.

Moment de délire! etc.

KEATT.

O tendre délire! etc.

CAMILLA.

Avenir séducteur!
O moment enchanteur
Qui fait battre mon cœur
D'amour et de bonheur!

KEATT.

Avenir séducteur !
O moment enchanteur
Qui fait battre son cœur
D'amour et de bonheur!

EDGARD.

O séduisante erreur!
O moment enchanteur
Qui fait battre mon cœur
D'amour et de bonheur!

EDGARD, à voix basse à Camilla.

Miss Camilla... il faut que je vous parle.

CAMILLA.

Vous le pouvez!

EDGARD, avec embarras.

J'aimerais autant que Keatt ne fût pas là.

CAMILLA, étonnée.

Pour quelle raison?

(Keatt va pour sortir et rencontre le domestique qui entre par la porte vitrée.)

SCÈNE III.

Les mêmes; LE DOMESTIQUE.

KEATT.

Ah! c'est monsieur Thomas Burchell, votre valet de chambre...

EDGARD, à part.

O ciel!

KEATT.

A qui j'ai fait les honneurs de la maison... Je l'ai promené partout... (Au domestique.) Vous cherchez votre maître?... (Montrant Edgard.) le voilà!

LE DOMESTIQUE, s'avançant.

Mon maître!

EDGARD, à part.

Je suis perdu!

LE DOMESTIQUE, qui pendant ce temps a regardé Edgard des pieds à la tête, s'approche, le salue avec respect et lui dit froidement :

Je viens prendre les ordres de monsieur...

EDGARD, étonné et à voix basse.

Quoi! tu me reconnais?

LE DOMESTIQUE, jetant un coup d'œil sur Camilla.

Il paraît que cela vous arrange, mon capitaine... Et moi aussi.

EDGARD, à voix basse.

Tu as raison... tu n'y perdras pas.

LE DOMESTIQUE, de même.

J'y compte bien!

EDGARD, de même.

Où est le chevalier Amabel, ton autre maître?

LE DOMESTIQUE.

En prison !

EDGARD.

Qui l'y a mis ?

LE DOMESTIQUE.

Son beau-père.

EDGARD.

Qui te l'a dit ?

LE DOMESTIQUE.

Qu'importe, si j'en suis sûr ?

EDGARD.

J'ai donc du temps ?

LE DOMESTIQUE.

Oui... mais n'en perdez pas... (Edgard, pendant ce temps, a tiré sa bourse et la lui glisse dans la main.) Et si je peux vous être utile...

KEATT, regardant par la fenêtre du balcon.

Monsieur le shérif qui vient... et il n'est pas seul !

EDGARD, à part.

Grand Dieu !...

LE DOMESTIQUE, bas, en souriant.

Ça vous effraie déjà !... (A Keatt qui veut sortir.) Ne vous dérangez pas, ma belle enfant... je vais ouvrir la porte.

(Il sort.)

SCÈNE IV.

Les mêmes, excepté le domestique.

KEATT.

Les domestiques irlandais sont galants... (Regardant Edgard.) comme des maîtres !

CAMILLA, à Edgard.

Venez... je vais vous présenter à mon père.

EDGARD, troublé.

Impossible dans ce moment... je n'oserais ainsi... Ma toilette n'est pas convenable.

KEATT.

Vous êtes superbe !

CAMILLA, souriant.

Ah ! vous êtes plus coquet pour mon père que pour moi... Je vais le lui dire.

EDGARD, vivement.

Non... non... je vous en conjure... ne lui parlez pas encore de mon arrivée.

CAMILLA.

Et pourquoi donc ?

EDGARD.

Vous le saurez... Un instant encore... et je n'aurai plus de secret pour vous.

KEATT, vivement.

Un secret ?

EDGARD.

D'où dépend mon bonheur, mon avenir... Que votre père ignore que je suis arrivé... Une demi-heure de silence... pas davantage... me le promettez-vous ?

CAMILLA.

C'est bien singulier !

EDGARD.

C'est la première grâce que je vous demande... l'obtiendrai-je ?

CAMILLA, après un instant de silence.

Je vous le promets... Keatt, conduis monsieur à son appartement.

(Edgard sort par la porte à gauche avec Keatt.)

SCÈNE V.

CAMILLA, puis TURNER.

CAMILLA.

Ne pas vouloir se présenter d'abord aux yeux de son beau-père !... Est-ce étonnant !... Et l'on dit que les Anglais sont bizarres... les Irlandais le sont bien plus... (Souriant.) Après cela, c'est peut-être un cadeau qu'il attend... une surprise qu'il réserve à mon père... Le voici !...

TURNER, entrant en rêvant.

Oui... quand la fatalité s'attache à un homme en place, il va de sottise en sottise... Et j'y suis, j'y marche, je ne sors pas de là.

CAMILLA.

Qu'avez-vous donc, mon Dieu ?

TURNER.

Ce que j'ai, mon enfant !... Je suis déshonoré, perdu de réputation ; je viens de faire une ânerie, un pas de clerc, où ne serait pas tombé un commençant, un constable surnuméraire... Si cela s'ébruite... c'est fini... je ne m'en relèverai pas... Il n'y a que toi qui puisse me sauver et tout réparer.

CAMILLA.

Comment cela ?

TURNER.

Si tu refuses encore, si tu hésites même comme ce matin à épouser ce jeune Irlandais, le fils du marquis d'Invernesse...

CAMILLA.

Eh bien ?

TURNER.

Il faut que je donne ma démission.

CAMILLA.

Ah ! vous ne la donnerez pas !

TURNER.

Est-il possible !... Tu consentirais ?...

CAMILLA.

Dame !... pour que vous restiez en place...

TURNER.

Ah ! mon enfant... ma chère enfant, tu dis vrai, tu m'auras sauvé... car si mon gendre s'était fâché, s'il avait réclamé, c'était fait de moi... j'étais dans ses mains, dans sa dépendance...

CAMILLA.

Il y a donc un mystère ?

TURNER.

Certainement.

CAMILLA.

Je m'en doutais, et je serai enchantée de le connaître par vous, plutôt que par lui... Parlez donc ; qu'y-a-t-il ?

TURNER.

Il y a que, par une méprise, une maladresse inconcevable, n'écoutant qu'un premier mouvement de colère... j'ai poussé la manie de l'arrestation jusqu'à faire arrêter moi-même mon gendre...

CAMILLA.

Que me dites-vous là ?

TURNER.

Qu'à l'instant où il débarquait à Londres, et se rendait à mon hôtel... saisi, appréhendé au corps par mes fidèles agents, qui exécutent toujours sans raisonner et sans réfléchir... il a été traîné en prison...

CAMILLA, à part.

Ah ! mon Dieu !... je conçois qu'il ne voulût pas le voir !

TURNER.

Il était furieux !... et moi stupéfait... car, à la seule inspection de ses papiers et des lettres de son père, j'ai reconnu sur-le-champ la vérité... Il voulait porter plainte, demander des dommages et intérêts... et si à cet affront s'était joint celui d'un refus, il n'y aurait pas eu moyen de l'apaiser... il aurait ébruité l'affaire et pouvait me perdre...

CAMILLA.

Je ne le crois pas, mon père... et vous auriez tort de craindre...

TURNER.

Maintenant, oui... parce que tout s'arrange, parce qu'il devient mon gendre, parce que tu l'épouses... Tu me l'as promis, du moins...

CAMILLA.

Quand vous le voudrez.

TURNER.

Voilà qui est parler... Cette nouvelle va lui rendre sa belle humeur... car il était encore en colère...

CAMILLA, souriant.

Je ne le pense pas !

TURNER.

Et moi, j'en suis sûr... je suis venu avec lui...

CAMILLA, étonnée.

Que dites-vous ?

TURNER.

Que depuis sa sortie de prison je ne l'ai pas quitté; je l'ai amené avec moi, je l'ai accablé de politesses ; je viens de lui donner mon propre appartement, où il est occupé avec son valet de chambre à réparer le désordre de son costume... ses manchettes, son jabot déchirés... et, pour un petit maître irlandais, les prisons de Londres ne sont pas d'une propreté fashionable... Il lui a fallu le temps de paraître avec tous ses avantages... Tiens, tiens... le voici qui vient te présenter ses hommages.

SCÈNE VI.

LES MÊMES ; AMABEL, entrant par le fond.

CAMILLA, à part.

Ah ! je ne sais ce que je dois croire et tremble de connaître la vérité.

AMABEL, entrant.

Pardon, beau-père, si je me suis fait attendre ; mais ces marauds m'avaient mis dans un état...

TURNER, qui a été au-devant d'Amabel.

Elle m'a dit à moi-même qu'elle consentait d'avance à ce mariage ; c'est à vous maintenant de lui plaire.

AMABEL, avec fatuité.

Ce ne sera pas là le plus difficile... Croyez bien, belle miss...

(Il s'approche et la salue.)

SCÈNE VII.

LES MÊMES ; KEATT, accourant.

KEATT, à Camilla.

Mademoiselle !... mademoiselle !...

TURNER.

Qu'est-ce ?... que viens-tu nous annoncer ?

KEATT, troublée en apercevant Turner.

Que... que le souper est servi... (Bas à Camilla.) Il est installé... (Montrant la porte à gauche.) là !... dans son appartement.

TURNER, à Amabel.

Alors, mon gendre... à table !

KEATT, étonnée.

Son gendre !...

AMABEL, à Keatt.

Oui, ma belle enfant, c'est moi-même !

KEATT, de même.

Le prétendu !... le vrai ?

CAMILLA, à voix basse.

Tais-toi !

KEATT, de même.

Eh bien !... et l'autre ?...

CAMILLA, rapidement et à voix basse.

Fais-le sortir... mais sache auparavant son nom et ses desseins.

TURNER, à Amabel.

Mylord, la main à ma fille.

(Amabel offre la main à Camilla. Il sort avec elle ainsi que Turner par le fond, pendant que Keatt stupéfaite les regarde s'éloigner.)

SCÈNE VIII.

KEATT seule, puis EDGARD.

KEATT.

Voilà qui est singulier !... (Montrant la porte du fond.) un là-bas... (Montrant la porte à gauche.) un autre ici... (Allant à la porte à gauche qu'elle ouvre et appelant Edgard.) Monsieur, monsieur, paraissez, s'il vous plaît !

EDGARD, paraissant.

Eh bien !... qu'y a-t-il ?

KEATT.

Ce qu'il y a !... vous osez le demander, quand il nous

arrive de tous les côtés des prétendus que c'est à ne plus s'y reconnaître, et qu'on ne peut plus distinguer le véritable...

EDGARD, à part.

O ciel!

KEATT, à part.

Il se trouble!... ce n'est pas lui!... c'est l'autre qui sera le vrai, et c'est grand dommage... (Haut.) Parlez, monsieur; pourquoi vous introduire ainsi dans une maison respectable?

EDGARD, à part et troublé.

Que lui dire, mon Dieu!... (Haut.) Écoute, Keatt, tu connais Yorik?

KEATT.

Je crois bien... un amoureux!

EDGARD.

Eh bien! je suis comme lui!

KEATT, vivement.

Vous m'aimez?

EDGARD.

Non pas toi... ta maîtresse! Edgard Falsingham, un honnête corsaire...

KEATT.

Un bel état!... et votre domestique en livrée?

EDGARD.

C'est celui de l'autre!

KEATT.

Et il vous a reconnu?...

EDGARD.

Grâce à ma bourse que je lui ai glissée... ce qui fait que je n'en ai plus... mais je suis le camarade, le compagnon d'Yorik; il me protége; fais comme lui... Que je voie Camilla un instant, c'est tout ce que je te demande.

(On a sonné à plusieurs reprises.)

KEATT.

Impossible! on m'appelle!

EDGARD.

Eh bien! je t'attendrai... et ce soir, quand tout le monde sera retiré... ici, dans cet appartement...

KEATT.

Par exemple!... c'est celui de mamzelle.

EDGARD, vivement.

Le sien!

KEATT.

Vous ne pouvez pas y rester... pas plus que dans la maison; car si monsieur vous y découvrait, vous seriez perdu, et moi aussi... Il faut donc que vous partiez à l'instant.

EDGARD, regardant autour de lui.

Et quand je le voudrais... comment?

KEATT.

Pendant qu'ils sont à table... descendez l'escalier à droite, la seconde porte à gauche... elle donne sur la rue. Mais dépêchez-vous, parce que dans une demi-heure toutes les portes seront fermées à clef et aux verrous. (On sonne de nouveau.) Tenez, tenez... on sonne encore... Partez, et demain matin devant la taverne nous causerons de cela avec Yorik. (On sonne encore.) Ah! mon Dieu!... et le rôti sera brûlé!... (Courant.) On y va! on y va!... (A Edgard.) Partez vite... Adieu!... à demain...

(Elle sort en courant.)

SCÈNE IX.

EDGARD, seul.

Demain! belle protection!... demain je pars!... Et je quitterais ces lieux, quand cet appartement est le sien...

quand je puis obtenir enfin cette entrevue si désirée!...
Non, vraiment; je reste... arrivera ce qu'il pourra!... Et
si mon rival le trouve mauvais, tant mieux... c'est ce que je
demande... Oui, je resterai... mais en attendant, où me
cacher!... (Allant à gauche.) Ce corridor, par où l'on passera
peut-être!... ce ne serait pas prudent... (Allant à droite.) Mais
là... un balcon qui donne sur la rue... une quinzaine de
pieds, sans doute... et en cas de malheur ce serait bien
vite franchi... (S'avançant sur le balcon.) Ah! il y a une grille!...
N'importe!... on vient!...

(Il referme la porte et reste sur le balcon.)

SCÈNE X.

TURNER, KEATT, AMABEL, CAMILLA.

TURNER, causant avec Keatt.

Oui, mademoiselle, un très-mauvais souper... et très-
mal servi encore...

KEATT.

On ne réussit pas toujours!... c'est un rôt manqué...
Vous qui parlez, vous ne vous trompez peut-être jamais!

TURNER.

C'est bien... Allumez des bougeoirs pour tout le monde.

KEATT, près de la table à droite.

Oui, monsieur... (A part.) Il n'y verra pas plus clair pour
ça... (Regardant autour d'elle.) Grâce au ciel! plus personne...

CAMILLA, s'approchant de Keatt, et lui parlant pendant qu'elle allume les
bougeoirs.

Est-il parti?

KEATT.

Oui, mamzelle...

CAMILLA.

Et ses desseins?...

KEATT, de même, à voix basse.

Un amoureux... je m'en doutais... Edgard Falsingham, un corsaire... mais honnête à ce qu'il dit. Je vous donnerai tous les détails demain en revenant du marché... (Elle présente un bougeoir tout allumé à Turner qui s'avançait pour l'écouter.) Voilà, monsieur...

TURNER, à Amabel.

Allons, mon gendre... voici l'heure de se retirer...

AMABEL.

Déjà !

TURNER.

A Londres on se couche de bonne heure... Dites bonsoir à votre prétendue !

AMABEL.

J'aurais bien voulu auparavant, et sans attendre jusqu'à demain, lui offrir de la part de mon père...

TURNER.

De monsieur le marquis ?

AMABEL.

Les présents qu'il envoie à sa belle-fille...

(Il tire de sa poche un écrin qu'il présente à Turner.)

TURNER.

Un écrin magnifique... et des pierreries montées avec une élégance...

AMABEL.

C'est moi qui les ai choisies... c'est moi qui ai dessiné la monture... On se plaît à Dublin à me reconnaître quelque goût... (Regardant Camilla.) Je ne sais pas s'il en sera de même en ce pays...

TURNER.

Allons, ma fille, réponds donc !

CAMILLA.

C'est trop beau, trop riche pour moi, et je n'oserais accepter...

AMABEL.

D'un prétendu ! Pourquoi donc ?

TURNER.

C'est de droit... c'est l'usage...

AMABEL, choisissant dans l'écrin.

Et vous ne refuserez pas du moins cette bague... une étincelle de peu de valeur... un anneau de fiançailles que je me permettrai, avec l'autorisation paternelle, de passer moi-même à ce joli doigt... ou je croirai que ce qui vous déplaît n'est pas le présent, mais le futur... (Il rit.) Ah ! ah ! ah !... c'est ce que nous appelons, nous autres fashionables, un jeu de mots... C'est joli, n'est-ce pas ?

TURNER.

Très-joli... J'autorise ma fille à garder la bague, et, par précaution, je vais serrer moi-même l'écrin... (Allant au secrétaire à gauche.) J'ai mes clefs qui sont là... (En détachant une du trousseau.) Voici celle de ma caisse, et je vais...

AMABEL, le retenant.

Demain, vous avez le temps...

TURNER.

Ce soir même, à l'instant... et avant de me coucher, je ferai ma ronde accoutumée... (A Amabel.) Bonsoir, mon gendre... Votre appartement est de ce côté ; Keatt va vous conduire... dormez bien, monsieur le chevalier... à demain... (A Camilla.) Bonsoir, ma fille... bonsoir... Ah ! ferme bien ce secrétaire...

(Il sort par la galerie du fond.)

AMABEL, saluant Camilla.

Bonsoir, mademoiselle.

KEATT, derrière lui, tenant le bougeoir.

Monsieur, je vous attends.

AMABEL, à Camilla.

Pardon !... Moi, qui tout à l'heure vous parlais de bon

goût, si demain je ne me présente pas à vos yeux dans une tenue aussi élégante que le réclamerait la circonstance... J'avais apporté de Dublin les modes les plus nouvelles, des habits délicieux...

KEATT, tenant toujours le bougeoir.

Monsieur, je vous attends.

AMABEL.

Eh bien ! attends... (A Camilla.) Ils étaient dans une malle qui m'a été volée en descendant de voiture.

KEATT.

Une malle à votre adresse, avec trois serrures...

AMABEL.

Précisément !

KEATT.

Vous la trouverez dans votre appartement.

AMABEL.

Est-il possible !... Et comment y est-elle ?...

KEATT.

Apportée par votre valet de chambre.

AMABEL.

Il est resté en route, tant il était malade du mal de mer... et je suis exactement sans domestique.

CAMILLA.

Et celui qui nous servait à table ?

AMABEL.

Ce n'est pas à moi.

CAMILLA.

A qui donc ?

AMABEL.

A monsieur votre père.

CAMILLA.

Nullement !

AMABEL.

Il m'a dit au moment où j'arrivais que monsieur le shérif le mettait à ma disposition, une attention du beau-père...

KEATT.

C'est différent !

AMABEL.

Dont je lui sais gré... Moi qui ne connais pas la ville de Londres et qui me perdrais sans un guide...

KEATT, tenant toujours le bougeoir.

Monsieur, je vous attends !

AMABEL.

Je suis à toi... (A part.) Ah ! ma malle est retrouvée... J'en suis ravi à cause de la veste brodée au petit point, et l'habit pailleté à grandes palmes... Tous mes moyens de séduction... (Haut.) Bonsoir, mademoiselle...

(Il sort par la porte à gauche, précédé de Keatt qui l'éclaire.)

SCÈNE XI.

CAMILLA, puis EDGARD.

DUO.

CAMILLA.

Enfin donc je suis seule... Ah ! je respire à peine,
Et ma raison s'arrête, égarée, incertaine,
Sur tant d'événements bizarres et confus
Dont le fil se dérobe à mes yeux éperdus.

EDGARD, sortant du balcon à droite.

Elle est seule, avançons.

CAMILLA, se retournant.

Ah ! grand Dieu ! qu'ai-je vu?
Monsieur ! monsieur !...

EDGARD.

Silence ! ou bien je suis perdu

Si vous lisiez dans ma pensée,
Votre cœur, loin de me bannir,
Plaindrait une flamme insensée
Dont, hélas! je me sens mourir.

CAMILLA.

Quand vous osez, sous un faux nom,
Chez mon père vous introduire...

EDGARD.

Oui, je vous ai trompée, oui, je veux tout vous dire ;
Pour vous l'amour égara ma raison.
Simple marin, j'ai cru dans ma folie
Que, pour vous plaire et pour vous mériter,
Il suffisait d'aimer, de vous donner sa vie !
Je l'ai fait, et je veux encore le tenter.
Demain je pars; demain, sur la mer en furie
Je trouverai la mort, ou bien, aux yeux de tous,
La fortune, la gloire, et le droit d'être à vous.
Mais, mais...

Ensemble.

EDGARD.

Avant que j'expire
Si loin de vos yeux,
J'ai voulu vous dire
Mes derniers adieux ;
J'ai voulu vous dire :
A vous pour toujours,
Et même délire
Et mêmes amours !

CAMILLA, à part.

Ma colère expire ;
Pourtant je ne peux
Ni ne dois souscrire,
Hélas! à ses vœux.
Mais comment lui dire,
Comment, sans retour,
Défendre et proscrire
Un pareil amour?

EDGARD.

On veut que de l'hymen vous subissiez les lois ;
Eh bien! trois mois encore... oui, oui, pendant trois mois,
Refusez cet hymen ; c'est ma seule prière,
Et j'aurai succombé, Camille, ou, près de vous,
Riche, heureux, je reviens pour réclamer d'un père
      Le nom de votre époux.
  Trois mois, trois mois ; me le promettez-vous !

    CAMILLA, avec émotion et après avoir hésité.
      Je le promets!

Ensemble.

EDGARD.

O joie! ô délire!
O transport heureux!
Je puis donc vous dire
Mes tendres adieux!
Je puis donc vous dire :
A vous pour toujours,
Et même délire
Et mêmes amours!

CAMILLA.

A voir son délire,
Je sens qu'en ces lieux
Ma colère expire
Et cède à ses vœux.
Comment s'en dédire?
Comment en ce jour
Défendre et proscrire
Un pareil amour?

    CAMILLA, écoutant.
  Quel est ce bruit ! je tremble, hélas!

(Camilla se cache près de la porte à gauche, et Edgard sur la fenêtre du balcon. On aperçoit au fond, à travers la galerie, Turner marchant en tournant le dos au spectateur. Il tient à la main une lanterne, avance lentement, examine tout avec soin et disparaît.)

CAMILLA.

C'est mon père qui fait sa ronde,
Seul il veille en la nuit profonde;
S'il nous voyait...

EDGARD.

Non; n'entendez-vous pas
Le bruit éloigné de ses pas?

NOCTURNE A DEUX VOIX.

CAMILLA.

La nuit plus sombre
Étend son ombre;
Il vous faut fuir,
Il faut partir.
De la prudence
Et du silence !
Partez d'ici,
Partez, ami.

EDGARD.

La nuit plus sombre
Étend son ombre;
Mais comment fuir?
Comment partir?
Vaine prudence !
Quelle souffrance!
Quitter ainsi,
Ce lieu chéri!

M'éloigner ! et comment?
Par quels moyens fuir ces lieux à présent?

CAMILLA.

Le moindre bruit peut causer notre perte.

EDGARD.

Si du balcon, du moins, la grille était ouverte.

CAMILLA.

Ah! c'est trop de dangers !

EDGARD.

Non, pas pour un marin ;
Et l'espace par moi serait franchi soudain
Si j'avais cette clef.

CAMILLA, allant prendre dans le secrétaire le trousseau de clefs.

Elle est là ; mais je tremble.

EDGARD.

Et moi je ne crains rien ; l'amour qui nous rassemble
Veillera sur mes jours :
Le ciel protége mes amours !
(Regardant la main de Camilla qu'il presse dans la sienne.)
Mais pourquoi garder d'un rival
Ce gage, dont l'aspect me blesse ?
Laisse-moi l'arracher... Que cet anneau fatal
Disparaisse
Et ne te laisse
Qu'un souvenir...

CAMILLA, mettant la main sur son cœur.

Que rien ne pourra bannir !

EDGARD et CAMILLA.

A toi ! toujours à toi !
J'engage ici ma foi.
Je veux, telle est ma loi,
Vivre et mourir pour toi ;
A toi ! toujours à toi !

(Il sort par la croisée. On entend frapper à la porte à gauche. Camilla effrayée referme la porte du balcon.)

KEATT, en dehors.

Mamzelle, mamzelle, ouvrez donc ;
Entendez-vous ce bruit dans la maison ?

(Camilla va lui ouvrir.)

KEATT, entrant en scène.

On crie, on appelle.

CAMILLA.

Il me semble

Que c'est la voix de mon père.

(A part.)
Ah ! je tremble

Que de sa fuite il n'ait quelque soupçon !

SCÈNE XII.

CAMILLA, KEATT, TURNER et AMABEL, entrant par le fond.

FINALE.

TURNER.

Oui, je l'atteste, oui, mon gendre ;
Je l'ai vu de mes yeux.

CAMILLA, à son père.

Que venez-vous d'apprendre ?

TURNER.

Encor volé ! volé ! Ces bijoux, cet écrin,
Que sous double serrure et dans la chambre verte
J'avais ce soir moi-même enfermés de ma main,
Disparus !

TOUS.

Disparus ?

AMABEL.

La caisse était ouverte.

TURNER.

Fermée à double tour... et là place est déserte !
Ainsi de cet écrin et si riche et si beau
Il ne reste plus rien.

AMABEL, prenant la main de Camilla.

Rien que ce seul anneau.
Eh bien ! ô ciel ! où donc est-il ?

CAMILLA, embarrassée et montrant son doigt.

Moi ! je l'ignore.
J'avais là cette bague, et, sans avoir rien vu...

TURNER.

Volée aussi ; volée encore !

KEATT.

Quoi ! prise à votre main ?

TURNER.

Adresse sans pareille !

AMABEL.

Sans violence ?

CAMILLA, vivement.

Oh ! non.

KEATT.

Et sans qu'elle s'éveille !
Cela, vraiment,
Devient très-effrayant !

Ensemble.

CAMILLA, à part.

Je ris de leur terreur,
Car, au fond de mon cœur,
Je crois bien, en honneur,
Connaître le voleur.
Je connais le lutin,
Invisible et malin,
Qui fait un tel larcin
Et disparaît soudain.

TURNER, AMABEL, et KEATT.

O surprise ! ô terreur !
Je tremble de fureur !
Quel est donc ce voleur,
De bijoux amateur ?
Quel est donc ce lutin,
Invisible et malin,
Qui fait un tel larcin
Et disparaît soudain ?

AMABEL, à Turner.

Et sans bruit ?

TURNER.

Si, vraiment, un bruit à ma serrure

M'a réveillé. De loin, et dans le corridor
J'ai vu fuir un gaillard qui ressemblait très-fort,
    Du moins pour la tournure,
A votre domestique.

AMABEL.

    Au vôtre.

TURNER.

        Il est à vous.

AMABEL.

Non pas!

CAMILLA, à part.

  Celui d'Edgard!

TURNER.

    Que dites-vous, mon gendre?

AMABEL.

Je ne le connais pas.

TURNER.

     Ni moi. C'est à se pendre,
Ou plutôt à les pendre tous!

Ensemble.

TURNER et AMABEL.

  O surprise! ô terreur!
  Je tremble de fureur!
  Quel est donc ce voleur,
  De bijoux amateur?
  Quel est donc ce lutin,
  Invisible et malin,
  Qui fait un tel larcin
  Et disparaît soudain?

CAMILLA et KEATT.

  O surprise! ô terreur!
  Je tremble au fond du cœur!
  Quel est donc ce voleur
  Qui cause ma frayeur?
  Quel est donc ce lutin,

Invisible et malin,
Qui fait un tel larcin
Et disparaît soudain?

KEATT.

Mais dans la rue entendez-vous ce bruit?

TURNER.

Ah! c'est la voix de mes constables;
On arrête quelqu'un.

(Il sort.)

AMABEL.

Dieu! quels cris effroyables!
Nous ne pourrons donc pas reposer de la nuit?
Si c'est ainsi qu'on dort à Londre,
Ah! c'est vraiment de quoi confondre!...
J'aurai demain les yeux battus,
Le teint plombé; c'est un abus
Quand on est dans les prétendus.

SCÈNE XIII.

LES MÊMES; TURNER, rentrant environné d'une vingtaine de CONSTABLES.

LES CONSTABLES.

En constable intelligent,
Et fidèle et diligent,
Je viens, pour l'honneur du corps,
Vous transmettre mes rapports,
Où tout vous est raconté;
C'est l'exacte vérité.
Voilà, voilà la vérité.

TURNER.

L'un après l'autre, mes amis;
Mettez de l'ordre en vos récits.

PREMIER CONSTABLE.

D'abord chez vous, je dois vous le faire connaître,
Des voleurs se sont introduits.

TURNER.
Belle avance!

DEUXIÈME CONSTABLE.
Et, de plus, ils se sont tous enfuis.

TROISIÈME CONSTABLE.
Par la porte.

QUATRIÈME CONSTABLE.
Par la fenêtre.

CINQUIÈME CONSTABLE.
Par les toits.

SIXIÈME CONSTABLE.
Non, par le balcon.

PREMIER CONSTABLE.
J'étais là; je le sais, peut-être!

DEUXIÈME CONSTABLE.
Par la porte.

TROISIÈME CONSTABLE.
Par la fenêtre.

QUATRIÈME CONSTABLE.
C'est par le haut de la maison.

CINQUIÈME CONSTABLE.
Ils étaient deux.

SIXIÈME CONSTABLE.
Ils étaient trois...

PREMIER CONSTABLE.
Que j'ai vus comme je vous vois.

DEUXIÈME CONSTABLE.
J'en ai vu quatre réunis.

TROISIÈME CONSTABLE.
Moi j'en ai compté jusqu'à dix.

TOUS.
En constable intelligent, etc.

TURNER.

Silence! et ne parlez qu'un ou deux à la fois,
  Si vous pouvez.
(Au premier constable.)
  Toi, d'abord, je te crois
Et t'écoute.

PREMIER CONSTABLE.

  A mon poste en la rue, en silence,
Cette nuit j'observais, et j'aperçois d'abord
Entr'ouvrir ce balcon, puis un homme s'élance...

TURNER, courant à la croisée.

Il a **dit** vrai! la grille en est ouverte encor!

PREMIER CONSTABLE.

Nous allions le saisir lorsque la porte s'ouvre,
  Et dans l'ombre mon œil découvre
  Un autre bandit, un second
Qui paraît, et, levant les yeux vers le balcon :
« Garde à vous! capitaine, a-t-il dit à voix basse;
  On est sur pied dans la maison.
  Fuyez. »

CAMILLA, à part.

Ah! grands dieux!

TURNER.

  Quelle audace!

PREMIER CONSTABLE.

J'appelle alors.

TOUS LES CONSTABLES.

Nous arrivons.

DEUXIÈME CONSTABLE.

Moi le premier.

TROISIÈME CONSTABLE.

C'est moi.

QUATRIÈME CONSTABLE.

  C'est moi, mes compagnons.

PREMIER CONSTABLE.
Et tous deux nous allions les prendre...
DEUXIÈME CONSTABLE.
Lorsque vingt coups de poing sont venus nous surprendre.
PREMIER CONSTABLE.
C'étaient d'autres bandits qui, pour sauver leur chef,
Sur nous sont tombés derechef.
TURNER.
D'où venaient-ils?
DEUXIÈME CONSTABLE.
De la maison.
TROISIÈME CONSTABLE.
Non, de la rue.
DEUXIÈME CONSTABLE.
Eh! non, de ce balcon.
CINQUIÈME CONSTABLE.
Ils étaient deux.
SIXIÈME CONSTABLE.
Ils étaient trois,
Que j'ai vus comme je vous vois.
TURNER, avec impatience.
Enfin ils se sont tous enfuis?
PREMIER CONSTABLE.
Oui, tous les quatre réunis.
CINQUIÈME CONSTABLE.
Non, tous les cinq.
SIXIÈME CONSTABLE.
Tous les six.
PREMIER CONSTABLE.
Moi, j'en ai compté jusqu'à dix.
TOUS.
En constable intelligent, etc.

TURNER.

Et vous ne tenez rien, je le vois.

PREMIER CONSTABLE.

Si vraiment!

TURNER.

Et qu'est-ce donc?

PREMIER CONSTABLE.

Ces clefs, qu'en s'enfuyant
Avait laissé tomber le chef de cette bande.

TURNER, les prenant.

Ces clefs!... Ah! ma surprise est grande;
Ce sont les miennes!

KEATT, regardant.

Oui; je les reconnais bien:
(Les montrant à Camilla.)
Voyez plutôt... Qu'avez-vous donc?

CAMILLA, troublée.

Moi? rien.

Ensemble.

KEATT.

Ainsi donc, au supplice
Échappent ces bandits!
Et quelque sort propice
Défend qu'ils ne soient pris.
Mais c'est vraiment horrible!
Et cet adroit voleur
D'une frayeur horrible
Me glace au fond du cœur.

CAMILLA.

O tourment! ô supplice!
Malgré moi je frémis!
Et quel soupçon se glisse
En mes sens interdits!...
Non, ce n'est pas possible;
Et pourtant dans mon cœur

Pénètre un doute horrible
Qui glace de terreur.

TURNER et AMABEL.

Ainsi donc, au supplice
Échappent ces bandits!
Oui, quelque sort propice
Défend qu'ils ne soient pris.
Mais c'est vraiment terrible!
Et cet adroit voleur
D'une frayeur horrible
Me glace au fond du cœur.

TOUS LES CONSTABLES.

Parcourons la Cité, tâchons de les surprendre.

TURNER.

A celui qui pourra les rattraper, les prendre,
Vingt écus d'or!

TOUS LES CONSTABLES.

Ah! vive monseigneur!
Nous les prendrons.

(Criant.)

Au voleur! au voleur!

TURNER, les retenant.

Voulez-vous bien vous taire, et voulez-vous finir!
C'est à les faire fuir!

TOUS, à voix basse.

Au voleur! au voleur!... Que monseigneur y compte,
Nous les ramènerons ici.

KEATT, à Camilla.

Pourvu qu'on s'en empare!

CAMILLA, à part.

Ah! pour comble de honte,
Me faut-il donc encor faire des vœux pour lui!

Ensemble.

KEATT.

Dieu veuille qu'au supplice
On mène ces bandits,

Et par un sort propice
Qu'enfin donc ils soient pris!
Car c'est vraiment terrible,
Et cet adroit voleur
D'une frayeur horrible
Me glace au fond du cœur.

CAMILLA.

O tourment! ô supplice!
Malgré moi je frémis!
Et quel soupçon se glisse
En mes sens interdits...
Non, ce n'est pas possible,
Et pourtant dans mon cœur
Pénètre un doute horrible
Qui glace de terreur.

TOUS LES CONSTABLES.

Cette fois, au supplice
Conduisons ces bandits;
Et que le sort propice
Permette qu'ils soient pris!
Car c'est vraiment terrible,
Et cet adroit voleur
D'une frayeur horrible
Me glace au fond du cœur.

(Ils sortent tous en désordre. Keatt et Camilla rentrent dans l'appartement à gauche. Amabel reprend son bougeoir et sort par le fond avec Turner.)

ACTE TROISIÈME

La cour de la maison du shérif, entourée de murs. — A gauche, sur le premier plan, les appartements du rez-de-chaussée. Au fond, du même côté, les étages plus élevés du bâtiment, avec un escalier extérieur qui y conduit et qui donne sur la cour. A droite, au premier plan, la cuisine ; au fond, la porte cochère. Au milieu de la cour, une pompe.

SCÈNE PREMIÈRE.

KEATT entre par la porte cochère, tenant son panier aux provisions sous le bras. Sur la ritournelle de l'air suivant, elle entre dans la cuisine, y prend deux chaises qu'elle place dans la cour, s'asseoit sur l'une, place sur l'autre son panier, dont elle veut faire l'examen ; puis découragée elle se lève.

AIR.

Je n'ai plus de cœur à l'ouvrage,
J'ai perdu plaisir et courage ;
Au doux espoir de mon ménage
Il faut renoncer pour toujours,
　Ainsi qu'à mes amours !

V'là ma maîtresse qu'on marie ;
L'on compte sur moi pour le festin.
Ah dam' ! sur la pâtisserie,
Sur les crèmes, sur le pudding,
　Autrefois j'avais du talent.
Ah ! j'en avais !...
　　(Soupirant.)
　Ah ! j'en avais ! mais maintenant

Je n'ai plus de cœur à l'ouvrage,
J'ai perdu plaisir et courage;
A nos projets de mariage
Il faut renoncer pour toujours,
   Ainsi qu'à mes amours!

    Gentille grisette,
    Qui, seule, en cachette,
    Rêvez un mari,
    Même un bon ami,
    D'un amour trop tendre
    Sachez vous défendre,
    Et, croyez-moi bien,
    N'aimez jamais rien.

    Que le sentiment
    Cause de tourment!
    Ah! n'aimez personne!
    Le mal que ça donne
    Est, hélas! trop grand
    Près de l'agrément
    Que l'on en ressent.

Gentille grisette, etc.

    En silence,
    Quand j'y pense,
    De souffrance
    Je languis.
    Moi, plus fraîche
    Que la pêche,
    Je dessèche,
    Je maigris.
      (Se regardant avec complaisance.)
    Ce qui reste
    N'est pas mal,
    On l'atteste;
    C'est égal,

Gentille grisette, etc.

SCÈNE II.

KEATT, CAMILLA, sortant des appartements à gauche et rêvant.

KEATT, à part.

C'est mam'selle ; depuis trois mois elle est comme ça !... depuis trois mois elle n'est guère plus gaie que nous...

CAMILLA.

Ah ! c'est toi, Keatt... Qu'y a-t-il de nouveau ? que dis-tu ?...

KEATT.

Je dis de bonnes nouvelles pour vous... (A demi-voix.) On assure que monsieur Edgard doit arriver aujourd'hui.

CAMILLA, froidement.

Oui ; Yorik me l'a appris.

KEATT.

Eh bien !... ça ne change rien à vos idées ?

CAMILLA.

Rien du tout.

KEATT.

Vous épousez toujours ce soir, à minuit, ce gentilhomme irlandais qui est si drôle ?

CAMILLA.

Mon père l'exige, et il a raison... Voici assez longtemps que monsieur le chevalier d'Invernesse attend mon consentement.

KEATT.

Il l'attend à son aise ; il court tous les plaisirs et passe dehors la moitié de la nuit... Hier encore je l'ai entendu rentrer à trois heures du matin, et il n'était pas seul...

CAMILLA.

Que veux-tu dire ?

KEATT.

Il causait avec des gens qui avaient de singulières physionomies.

CAMILLA.

Ses amis; il en a beaucoup.

KEATT.

Oui, car il dépense beaucoup d'argent... Je sais même qu'il joue, et qu'il perd toujours.

CAMILLA.

On le dit.

KEATT.

Ça ne vous effraie pas?

CAMILLA.

Ça m'est égal!

KEATT.

Sans compter qu'il était fat en irlandais, et qu'il l'est maintenant à l'anglaise... les deux manières réunies... ce qui le rend souverainement ridicule.

CAMILLA.

Tant mieux!... S'il était autrement je serais peut-être obligée de l'aimer, et ça me désolerait.

KEATT.

Pourquoi?

CAMILLA, vivement.

Du reste, et malgré ses défauts, c'est, dit-on, un honnête homme, un galant homme... et c'est si rare!...

KEATT.

Pas tant que l'on croit; mais parfois le monde est si injuste, et la justice aussi... Ne voilà-t-il pas ce pauvre Yorik que votre père avait fait arrêter à cause de cette montre merveilleuse qu'on lui avait, disait-il, enlevée... et Yorik a été traduit devant les juges...

CAMILLA.

Eh bien ! n'a-t-il pas été acquitté ?

KEATT.

Je le crois bien... pas la moindre preuve...

CAMILLA.

Son innocence n'a-t-elle pas été reconnue ?

KEATT.

Oui ; mais depuis que le jury l'a déclaré innocent, personne ne veut plus le voir, excepté vous, mamzelle, et ma famille ne veut plus que je l'épouse... Et comme je lui ai continué le même attachement qu'avant son innocence, c'est sur moi que ça rejaillit ; et voilà qu'on me soupçonne dans le quartier.

CAMILLA.

Allons donc !

KEATT.

Certainement ; les vols continuent chez nous avec la même audace, et chacun se dit : « C'est quelqu'un de la maison, c'est des domestiques, » car c'est toujours eux qu'on accuse... et comme on les a tous renvoyés, excepté moi, que vous m'avez toujours défendue, vous comprenez... C'est clair, c'est la servante.

CAMILLA.

C'est absurde.

KEATT.

Jusqu'à monsieur qui me soupçonne aussi ! Et ça sera de même tant qu'on n'aura pas découvert le vrai coupable. Aussi, si on n'en vient pas à bout, ce ne sera pas de notre faute à Yorik et à moi !

CAMILLA.

Et de quoi vous mêlez-vous ?... en quoi cela vous regarde-t-il ?

KEATT.

Eh bien ! par exemple ! en quoi ça nous regarde !... Il n'y a que cela qui puisse nous justifier... moi, d'abord ; et, dans l'intérêt de la justice, j'ai commencé par soupçonner tout le monde, vos voisins, jusqu'à M. Edgard, le petit amoureux, que je croyais le chef de la bande.

CAMILLA, vivement.

O ciel !

KEATT.

Dame ! on ne l'avait pas revu depuis le coup, et il s'était introduit ici sous un nom supposé, soi-disant par passion, et peut-être pour ouvrir la porte aux autres.

CAMILLA, avec reproche.

Keatt !...

KEATT.

Témoin cet autre coquin, son domestique, avec qui il avait l'air de s'entendre... Tout cela était possible... mais Yorik m'a dit tant de bien de lui !... et puis je me suis rappelé que je l'avais renvoyé pendant votre souper, et qu'il avait quitté la maison bien avant l'événement.

CAMILLA, avec émotion.

C'est assez.

KEATT.

Et puis, d'ailleurs, comment aurait-il pu avoir ce trousseau de clefs ?

CAMILLA, de même.

Cela suffit.

KEATT, avec impatience.

Non, mamzelle, cela ne suffit pas ; mais patience, je crois bien que Yorik et moi nous sommes sur la voie... nous avons commencé des découvertes...

CAMILLA.

Que je vous défends de continuer.

KEATT.

Et pourquoi donc ?

CAMILLA.

Parce que... parce que c'est renouveler un éclat inutile, et que toute la ville de Londres ne s'est déjà que trop occupée de cette maudite affaire... Tais-toi, on vient.

KEATT.

C'est votre prétendu.

CAMILLA.

Et mon père... Ne dis rien, je t'en conjure... et surtout devant lui. Adieu !

(Elle rentre par la porte à gauche.)

KEATT.

Eh bien ! et moi... et Yorik ! Est-elle bonne, mamzelle ! mais elle a beau dire... je parlerai.

SCÈNE III.

KEATT, allant s'asseoir sur la chaise devant sa cuisine, s'occupe à coudre ; TURNER et AMABEL, sortant de la droite.

TURNER.

Je vous dis, mon gendre, que c'est absurde de jouer ainsi... encore hier deux cents guinées...

AMABEL.

C'est bon genre... et je ne suis pas embarrassé pour payer... ce n'est pas ça qui m'effraie !

TURNER.

Oui, mais c'est effrayant pour un beau-père.

AMABEL.

Que voulez-vous ? J'étais garçon, je jouissais de mon reste ; mais aujourd'hui que je me marie...

TURNER.

A la bonne heure !... ce sera, j'espère, la dernière fois...

Voici la dot... vingt mille livres sterling dans ce portefeuille de maroquin rouge... Je les remets entre vos mains... je vous les donne... Prenez-y bien garde !

AMABEL.

N'ayez pas peur !

TURNER.

C'est que tout s'égare, tout disparaît dans cet hôtel.

AMABEL.

Quand on n'a pas l'esprit de le garder et de le défendre... Vous autres, Anglais, n'entendez rien à la police.

TURNER.

Mon gendre !

AMABEL.

C'est bien autre chose à Dublin... et si j'étais de vous, si j'étais à votre place... ce ne serait pas long.

TURNER.

Que feriez-vous ?

AMABEL.

Ce que je ferais !... je ferais arrêter celui qui se faisait passer pour mon valet de chambre... et qui n'est autre, dit-on, que le fameux Brik Bolding.

TURNER, à demi-voix.

Eh bien ! je m'en suis emparé... et il a avoué qu'introduit dans la maison... il se disposait à ouvrir la porte à ses camarades, afin de nous dévaliser... mais qu'à ma voix il s'est enfui sans pouvoir exécuter son dessein.

AMABEL.

Vous croyez ça !

TURNER.

Je lui ai offert sa grâce, s'il indiquait seulement les moyens employés par lui... il a répondu : « Je ne demanderais pas mieux... mais ce n'est pas moi. »

AMABEL.

Mon Dieu! ces gens-là sont si malins... Vous ne les connaissez pas!

TURNER, avec impatience.

Plutôt que de parler il s'est laissé pendre.

AMABEL, de même.

Ils sont si obstinés!

TURNER.

Pendu!... je vous dis.

AMABEL.

En êtes-vous bien sûr?

TURNER.

Je l'ai vu cette fois... vu de mes deux yeux... et malgré cela les vols ont continué.

AMABEL, riant.

Vous croyez?... Pauvre shérif!

TURNER.

Voilà pourquoi je vous dis de veiller sur ce portefeuille, de prendre garde à tout le monde... (A demi-voix, apercevant Keatt.) et même à cette jeune fille qui nous écoute... Je me défie d'elle.

AMABEL, riant.

Vraiment! c'est sur elle que portent vos soupçons... Allons... allons! vous n'êtes pas fort... et il faudra que je finisse par m'en mêler. Aujourd'hui, par malheur, je n'ai pas le temps... je me marie... je vais en attendant serrer cette dot tout uniment dans ma chambre, dans mon secrétaire... j'en réponds... et si vous vouliez me confier de même le reste de vos guinées... je vous jure, beau-père, que les voleurs ne les prendraient pas... Adieu!... je sors, je vais au club, et je rentre m'habiller pour la cérémonie... (Il sort en riant.) Ah! ah! ce pauvre shérif!

SCÈNE IV.

KEATT, TURNER.

TURNER.

Qu'a-t-il donc, mon gendre, avec cet air goguenard ?...
Est-ce que par hasard il aurait quelque idée ? Non... non...
c'est impossible... et je reconnais bien là son aplomb ordinaire... (A Keatt qui s'est approchée de lui.) Que me veux-tu ?...
et que fais-tu là ?

KEATT.

J'attendais le départ du gentleman pour vous parler.

TURNER.

Et qu'as-tu à me dire ?

KEATT.

Que mamzelle se marie, et comme, une fois qu'elle sera
partie, il n'y aura plus moyen de sortir de la maison, je
viens vous demander mon compte.

TURNER.

Ton compte ?... Ah ! tu veux me quitter... tu veux t'en
aller... Voilà qui confirme mes soupçons.

KEATT.

Vous m'avez dit la même chose quand je vous ai annoncé
le mois dernier que je resterais chez vous.

TURNER.

C'est vrai... parce que ceux qui restent... et ceux qui s'en
vont... Tout le monde me trompe.

KEATT.

Et si je vous prouvais que vos soupçons sont injustes...
et que je suis une honnête fille ?

TURNER.

Toi ?

KEATT.

Moi-même!

TURNER.

Au fait!... et après ce que j'ai vu... tout est possible.

KEATT.

Eh bien! il y a quelque temps, j'avais cru entendre du bruit la nuit... une nuit d'orage, il avait plu beaucoup... et en descendant le matin dans cette cour, je vis sur la terre l'empreinte de plusieurs pas venant des appartements et se dirigeant vers la rue... Donc on s'était introduit dans la maison, et l'on en était sorti...

TURNER.

A merveille!

KEATT.

Je suivis la trace, qui, arrivée près de ce mur, s'arrêtait tout à coup... Donc on avait passé par dessus le mur.

TURNER.

Très-bien!

KEATT.

Et derrière des fagots adossés à la muraille j'aperçus une chaussure, une seule... C'était celle du fripon, qui en franchissant le mur avait laissé tomber...

TURNER.

Son soulier...

KEATT.

Non... sa pantoufle... une pantoufle superbe... Et alors j'ai dit à Yorik : « Elle est toute neuve, et en cherchant quel est le cordonnier de Londres qui l'a faite, on saura peut-être par lui à qui elle a été vendue. »

TURNER, avec enthousiasme.

Bravo! bravo! C'est une servante qui nous donne des leçons!... Je te nommerai alderman... ou plutôt je te ferai épouser quelque constable... Continue... continue...

KEATT.

Par malheur, il n'y a guère à Londres que cinq ou six mille cordonniers... C'est égal... Yorik et moi nous nous sommes mis en campagne.

COUPLETS.

Premier couplet.

Ma pantoufle à la main
Sortant chaque matin,
J'allais à l'aventure.
« Entrez, ma belle enfant,
Disait-on galamment;
On vous prendra mesure.
— Monsieur, connaissez-vous ceci?
— Oui.
— Serait-ce de votre façon?
— Non.
— Ne sauriez-vous rien sur ce point?
— Point.
Chez mon voisin on vous dira
Ça. »
J'y courais; mais chez le voisin
La même réponse, et soudain,
Ma pantoufle à la main,
Et le cœur tout chagrin,
Je demeurais de là;
Ah!

O saint Patrice! ô patron de l'Irlande!
Tu voyais que ma peine était grande;
Oui, pour toi,
Tu le vois,
Je suis pleine de foi!

Deuxième couplet.

Enfin, près de ces lieux,
Hier chez un fameux
J'entre toute tremblante;
Un cordonnier vanté,

Et qui dans la Cité
Pour sa coupe élégante
Dès longtemps est cité.
« Connaissez-vous ce soulier-ci?
— Oui.
— En ignorez-vous la façon?
— Non.
— Par vos mains serait-ce en effet
Fait?
— Dans un instant on vous dira
Ça. »
Il l'examine alors ainsi.
Mon bon ange, soyez béni!
Ah! c'était bien de lui!
Et, le cœur tout saisi,
Je demeurais de là :
Ah!

O saint Patrice! ô patron de l'Irlande!
Grâce à toi, que ma joie était grande!
Oui pour toi,
Tu le voi,
Je suis pleine de foi.

TURNER.

O des servantes le vrai modèle!... achève.... Ce brave cordonnier se rappelle-t-il à qui il a vendu?...

KEATT.

Attendez donc... Il a tant de pratiques qu'il m'a demandé quelques jours pour aller aux informations, et j'ai là une lettre et un paquet cacheté que je n'ai pas voulu ouvrir sans vous.

TURNER, vivement.

Sa déclaration... Ah! tu me sauves la vie; car aujourd'hui même j'étais décidé à me tuer.

KEATT, effrayée.

Que dites-vous?

TURNER, à demi-voix.

Une somme considérable des deniers publics, que m'avait confiée le lord-maire... disparue... et c'était ce soir que l'on devait me les redemander. Aussi, après avoir remis à mon gendre la dot de ma fille, le bien de sa mère, j'étais décidé à m'aller jeter dans la Tamise... J'y allais, quand tu viens comme un ange sauveur... (Il défait le paquet que Keatt a pris dans son panier sur la chaise devant la cuisine.) Lisons : « Moi, « Dixon, cordonnier... » Je le connais, un honnête homme!

KEATT.

Un excellent cordonnier.

TURNER.

C'est le mien... (Il lit.) « Moi, Dixon, j'atteste que la pan-« toufle en maroquin ci-jointe fut taillée, cousue et vendue « par moi, le seize août dernier, ainsi que le constatent mes « livres, à sir James Turner, le grand shérif! »

KEATT, stupéfaite.

O ciel!

TURNER, regardant la pantoufle.

C'est vrai!... c'est vrai!... Et ces infâmes voleurs sont venus chez moi voler jusqu'à mes pantoufles... Attends donc!... Non, non; celles-ci, je ne les ai jamais mises... j'en avais fait présent, je me le rappelle...

KEATT.

A qui donc?

TURNER.

A mon gendre, qui les avait trouvées superbes...

KEATT.

Votre gendre!... Ce serait lui?

TURNER.

Allons donc!... impossible!... Et cependant, quelques jours après il s'est plaint d'en avoir perdu une.

KEATT.

Vous le voyez!

TURNER.

Lui, mon gendre... me voler!... A quoi bon?...

KEATT.

Dame! on dit qu'il est joueur!

TURNER.

En effet, il joue!

KEATT.

Et il est lié, dit-on, avec tant de mauvais sujets!

TURNER.

Tais-toi, tais-toi, et va-t'en!

KEATT.

Mais, monsieur...

TURNER.

Va-t'en, te dis-je; et pas un mot, ou je te chasse!

(Keatt fait la révérence et sort.)

SCÈNE V.

TURNER, seul.

Mon gendre!... je n'y puis croire encore... Cependant, cet air railleur qu'il avait tout à l'heure... il semblait en savoir plus qu'il ne disait... et les mauvaises connaissances qu'il a faites ici à Londres... D'ailleurs un joueur ne respecte rien; il pillerait son père, à plus forte raison son beau-père... (Poussant un cri.) Ah! mon Dieu!... et la dot de ma fille que je viens de lui remettre... Courons!... (Appelant.) A moi!... (S'arrêtant.) Je ne peux pourtant pas le faire arrêter... je ne fais que cela... ce serait la seconde fois; et un jeune homme, le fils d'un marquis... Mais est-ce bien son fils?... sous cet air fat et imbécile, si c'était un garçon d'esprit, si ses lettres et ses papiers avaient été dérobés à mon véritable gendre, et si, depuis trois mois... cela expliquerait tout... j'avais reçu, nourri, logé dans ma maison quelque chef de bandits, quelque compagnon, quelque vengeur de ce Brik Bolding que j'ai fait pendre? Car enfin, ce Brik Bolding était bien son domestique... ils sont entrés tous deux ici ensemble!... et si à mon tour je m'étais mis moi-même la corde au cou?... C'est à n'y rien reconnaître... Avec ça, je le sens, ma tête s'affaiblit, je ne dors plus... (On entend un bruit léger dans les appartements à gauche.) Qu'est-ce donc?... qui vient là?... Encore eux!... (Apercevant Camilla.) Non; ma fille!

CAMILLA.

Ah! mon père... quelqu'un que je n'attendais pas, et qui arrive à l'instant. Ce n'est pas moi... c'est vous qui devez le recevoir.

TURNER.

Qui donc?

SCÈNE VI.

CAMILLA, TURNER, EDGARD, en uniforme d'officier supérieur de marine. Il entre par la porte à gauche, veut courir près de Camilla, mais il aperçoit Turner qu'il salue respectueusement.

TRIO.

EDGARD.

Je reviens, je reviens;
Ce fer, qui toujours m'accompagne,
Nous a livré l'or de l'Espagne;
Et tous mes serments, je les tiens.
    (A Camilla.)
Je vous ai promis la victoire;
Riche de fortune et de gloire,
    Je reviens, je reviens!

TURNER, qui pendant le couplet l'a examiné avec attention.
Mais ce jeune marin, que le ciel nous ramène,
Est celui qui jadis te sauva?

CAMILLA, tremblante.

Je le croi.

EDGARD.

Edgard Falsingham, capitaine
Au service du roi.
(Regardant Camilla qui se tait.)
Je sais que par obéissance
Elle cède à l'hymen dont on veut l'enchaîner.

TURNER, regardant Camilla.

O ciel!

EDGARD.

Mais qu'à moi seul elle a daigné donner
Ce cœur, mon seul bien sur la terre.

TURNER, gravement.

Serait-il vrai, ma fille?

CAMILLA, avec émotion.

Non, mon père.

EDGARD, frappé d'étonnement.

Qu'entends-je!... et les serments, gages de votre foi?

CAMILLA.

Je dois les oublier, l'honneur m'en fait la loi.

Ensemble.

EDGARD.

Et j'ai donné mes jours pour elle!
Et j'ai cru sa flamme éternelle!
Ah! mon Dieu! que ne suis-je mort
En la croyant fidèle encor!

CAMILLA.

Qu'ici mon silence fidèle
Dérobe sa honte éternelle;
Qu'il puisse échapper à son sort,
Et que Dieu le protége encor!

TURNER, à part.

Et moi, j'aimerais mieux pour elle
Un amant constant et fidèle,

Dont au moins on connaît le sort,
Et qui revient tout cousu d'or.

EDGARD.

Pour un tel châtiment quelle fut mon offense?

CAMILLA.

Vous me le demandez!... Ah! vous le savez bien.

EDGARD.

Non, par le ciel!

CAMILLA, à demi-voix.

Sachez-moi gré de mon silence;
Partez, et ne demandez rien.

EDGARD.

Non, non, vous direz tout.

CAMILLA, à part.

Ah! grand Dieu! quelle audace!

TURNER.

Que dois-je ici soupçonner?

CAMILLA, vivement.

Rien, de grâce!
(Avec émotion et cherchant à s'enhardir.)
Le seul mystère en ce refus,
C'est que j'en aime un autre...

(A Edgard.)

Et ne vous aime plus.

Ensemble.

EDGARD, avec douleur.

Et j'ai donné mes jours pour elle! etc.

CAMILLA.

Qu'ici mon silence fidèle, etc.

TURNER.

Et moi, j'aimais autant pour elle! etc.

CAMILLA.

Je dois aimer, j'aime celui
Que pour époux mon père m'a choisi.

TURNER, à demi-voix.

Mais es-tu bien sûre de lui?

CAMILLA, regardant Edgard avec intention.

Oui vraiment; c'est un galant homme,
Et que pour tel chacun renomme.

TURNER.

Mais es-tu bien sûre de lui?

CAMILLA.

Pouvez-vous en douter?

TURNER.

Non;

(A part.)

Mais je veux auss
Veiller sur la dot et sur lui.

Ensemble.

CAMILLA.

Ah! pour lui je tremble!
Cachons ma frayeur;
Tous les maux ensemble
Déchirent mon cœur.

(A Edgard, à demi-voix.)

Pour grâce dernière,
Partez de ces lieux;
C'est là ma prière
Et mes derniers vœux!

EDGARD.

De courroux je tremble;
Adieu, mon bonheur!
Tous les maux ensemble
Déchirent mon cœur.
Mais bientôt, j'espère,
Rival odieux!
Ma juste colère
Trompera tes vœux!

TURNER.

Pour la dot je tremble

Mais, guerre aux trompeurs !
Surveillons ensemble
Tous les ravisseurs.
Et mon savoir-faire
Saura dans ces lieux
Déjouer, j'espère,
Leurs plans ténébreux !

(Turner sort avec Camilla.)

SCÈNE VII.

EDGARD, puis YORIK.

EDGARD, seul.

Me recevoir avec un pareil mépris !... m'avouer hautement son indifférence pour moi... son amour pour un autre !... Et je l'aime encore... et je reste dans cette maison dont elle vient de me chasser ! Non ! c'est trop m'avilir ! (Il va sortir, aperçoit Yorik qui entre par la porte du fond et se jette dans ses bras.) Ah ! Yorik !

YORIK, l'embrassant.

Mon capitaine !

EDGARD.

C'est toi que je revois !

YORIK.

Et bien malheureux depuis ton départ !

EDGARD.

Oui, tu n'as pu nous suivre, je le sais... mais sois tranquille, je n'ai que faire de richesses à présent... nous partagerons... ou plutôt, tout ce que j'ai est à toi.

YORIK.

Merci, camarade ! tous les trésors du monde ne me rendraient pas ce que j'ai perdu.

EDGARD.

Que veux-tu dire !

14.

YORIK.

Ils m'ont soupçonné, ils me soupçonnent encore... moi, Yorik !

EDGARD.

Allons donc !

YORIK.

Et pourquoi ?... parce qu'il y a un coquin invisible, un diable incarné que je n'ai pu saisir... Mais si je mets la main dessus...

AMABEL, dans l'appartement à gauche, à Camilla.

Non... vous avez beau dire... je parlerai !...

YORIK, prêtant l'oreille, à Edgard.

N'entends-tu pas ?

EDGARD.

Que se passe-t-il donc ici ?

SCÈNE VIII.

Les mêmes ; CAMILLA et AMABEL, entrant ensemble, KEATT, sortant de sa cuisine.

KEATT.

Eh ! mon Dieu ! d'où vient ce bruit ?

CAMILLA, à Amabel.

Oui, si j'ai sur vous quelque pouvoir, vous garderez le silence.

AMABEL.

Non pas... je parlerai...

CAMILLA, d'un ton suppliant.

Taisez-vous ! taisez-vous !

AMABEL.

Je ne me tairai pas sur un pareil crime.

EDGARD, KEATT et YORIK.

Un crime !... parlez !...

CAMILLA, à part.

Je me soutiens à peine !

AMABEL, à Edgard et Yorik.

Oui, mon officier... oui, mes amis... apprenez qu'un portefeuille qui contenait vingt mille livres sterlings...

EDGARD, YORIK et KEATT.

Eh bien !

AMABEL.

Je l'avais reçu tantôt des mains du shérif, et placé dans ma chambre... dans un secrétaire fermant à clef... Cette clef, la voici... Je rentre à l'instant... le secrétaire ouvert... le portefeuille disparu !...

EDGARD et YORIK.

Disparu !...

EDGARD.

Depuis quand ?

AMABEL.

Depuis une demi-heure.

KEATT, à Edgard.

Juste depuis que vous êtes ici !

EDGARD.

Certainement... nous aurions pu empêcher...

AMABEL.

Empêcher !... Impossible !... On n'y conçoit rien... C'est horrible !... c'est infâme... c'est du plus mauvais genre... Je veux le crier, et miss Camilla m'en empêche !...

CAMILLA.

Eh ! sans doute... l'expérience nous a prouvé que les plaintes, que le bruit... tout était inutile.

AMABEL.

Je veux au moins prévenir le shérif...

CAMILLA.

Il saura assez tôt une pareille nouvelle... Accablé de fatigue, il repose en ce moment... Ne l'éveillez pas...

AMABEL, à Camilla.

— Soyez tranquille... Mais il faut que je découvre...

(Il sort.)

EDGARD.

Mais nous, du moins, nous voici... (A Yorik.) Viens... courons !

CAMILLA, pâle et tremblante, à Edgard.

Non ! restez, monsieur !...

SCÈNE IX.

LES MÊMES, excepté Amabel.

FINALE.

EDGARD, à Camilla.

Eh ! quoi ! nous empêcher de courir sur sa trace !

YORIK.

Nous empêcher de le punir !

EDGARD.

Ou du moins de le découvrir.

CAMILLA.

Épargnez-vous ce soin, de grâce !
Je le connais.

KEATT.

Quoi ! vous le connaissez ?

TOUS.

Parlez ! parlez !

CAMILLA, à part.

D'effroi tous mes sens sont glacés !

EDGARD.

Livrez-le vite à la justice ;
Qu'il soit puni de ses forfaits !

CAMILLA.

Loin de vouloir le livrer je dirais...

(Avec émotion.)
Je lui dirais :

(Bas à Edgard.)
Que le remords seul te punisse ;
Et pour échapper au supplice...

EDGARD, étonné.

Que dit-elle ?

CAMILLA, de même.

Fuis, malheureux !

EDGARD.

Que dit-elle ?

CAMILLA, de même.

Fuis de ces lieux !

EDGARD, stupéfait.

Moi ! grands dieux !

(Il veut parler à Camilla ; en ce moment sortent des appartements Amabel et les gens de la noce.)

SCÈNE X.

LES MÊMES ; AMABEL et LES GENS de la noce.

LE CHŒUR.

Amis, qu'en cette demeure
Eclatent nos chants joyeux ;
Voici minuit, voici l'heure
Qui va combler tous leurs vœux !

EDGARD, interrompant le chœur.

Arrêtez tous ! Avant que ce jour ne s'achève,
D'un infâme soupçon
Qui contre moi s'élève
Je veux avoir raison.

KEATT, prêtant l'oreille.

Silence donc ! silence !...

Écoutez.

YORIK.
Pourquoi ?

KEATT.
Sois attentif.
D'où vient ce bruit ?

CAMILLA.
Qui donc vers nous s'avance ?
O ciel ! mon père !

TOUS.
Le shérif !

SCÈNE XI.

Les mêmes; TURNER.

(Au fond de la cour, et sur l'escalier extérieur, on voit apparaître Turner, les vêtements en désordre, tenant à la main une lampe et descendant lentement les marches de l'escalier qui conduit à la cour.)

LE CHŒUR, à demi-voix et l'observant.
Le long de cette rampe
Il se glisse sans bruit.
Voyez-vous cette lampe
Dont la clarté le conduit ?

CAMILLA et KEATT.
O miracle ! ô merveille !
O spectacle effrayant !
On dirait qu'il sommeille ;
Il s'avance en dormant !

TURNER, toujours dans l'état de somnambulisme, pose près de la pompe la lampe qu'il tenait ; puis il s'approche au bord du théâtre.
Ma fille !... sa dot !... mon gendre !...

TOUS, avançant la tête.
Écoutons.

TURNER.

Ils voudraient bien me prendre
Ce portefeuille...
(Il tire de son sein un portefeuille en maroquin rouge.)

AMABEL.

O ciel! le mien!

KEATT, lui imposant silence.

Parlez plus bas!

TURNER.

Mais ces adroits coquins n'y réussiront pas;
Car je suis là... je veille sur leurs pas.

KEATT et LE CHŒUR.

O surprise! ô merveille!
O spectacle effrayant!
Oui, vraiment, il sommeille
Et nous parle en dormant!

TURNER s'approche de la pompe qui est au milieu de la cour.

Ils ont juré, je connais leurs menaces,
De m'enlever mes bijoux et mon or;
(Soulevant une pierre qui est près de la pompe.)
Mais, à leurs mains habiles et rapaces,
Je saurai les soustraire encor.

(Il va déposer le portefeuille dans l'ouverture que recouvrait la pierre.)

KEATT, à genoux, de l'autre côté de l'ouverture, et regardant.

Qu'ai-je vu!... quel trésor!...

(Prenant dans le trou une boîte.)

Cet écrin!...

AMABEL.

C'est le mien!

KEATT, retirant plusieurs objets qu'elle remet à Amabel qui les fait passer à Camilla.

Ces bijoux et cet or!...
Tenez donc!... tenez!... Encor!... encore!

CAMILLA, KEATT, EDGARD, YORIK.

Ah! pour nous quel bonheur!
Voilà donc le voleur!

AMABEL et LE CHOEUR, criant en riant.
Au voleur ! au voleur !

TURNER, s'éveillant au bruit et tout troublé.
Qu'est-ce donc ? qu'est-ce donc ?

YORIK, le secouant par le bras.
Nous tenons le voleur !

TURNER.
Vous le tenez ?... ô Providence !...
Qu'on le pende à l'instant !

KEATT, riant.
Dressez donc la potence
Pour monsieur le shérif !...
(Regardant Turner qui a repris sa montre et qui la fait sonner.)
Tin, tin, tin, tin, tin, tin.
(A Yorik.)
Bénis ce tocsin
Qui soudain te donne
Mon cœur et ma main,
Et qui pour nous sonne
L'heure de l'hymen !

LE CHOEUR.
Vive à jamais, vive le grand shérif !
Des magistrats le plus actif ;
Il ne pouvait, dans son adresse extrême,
Être trompé que par lui-même.
Vive à jamais, vive le grand shérif !

LA

REINE D'UN JOUR

OPÉRA-COMIQUE EN TROIS ACTES

En société avec M. de Saint-Georges

MUSIQUE D'ADOLPHE ADAM.

THÉATRE DE L'OPÉRA-COMIQUE. — 19 Septembre 1839.

| PERSONNAGES. | ACTEURS. |

LE COMTE D'ELVAS, seigneur portugais. MM. Mocker.
MARCEL, matelot de marine marchande . . Masset.
TRIM TRUMBELL, tavernier à Brighton,
  oncle de Simonne . . . . Grignon.
UN SHÉRIF. . . . . Victor.

LADY PEKINBROOK, noble dame de
  Brighton, attachée aux Stuarts. . . . . Mmes Boulanger.
FRANCINE, marchande de modes française J. Colon-Leplus.
SIMONNE, cabaretière . . . . Berthault.

Soldats de Cromwell. — Matelots. — Marchandes de modes.
— un Constable. — Seigneurs et Dames. — Valets.

Au mois de mai 1660.

A Calais, au premier acte. — A Brighton, aux actes suivants.

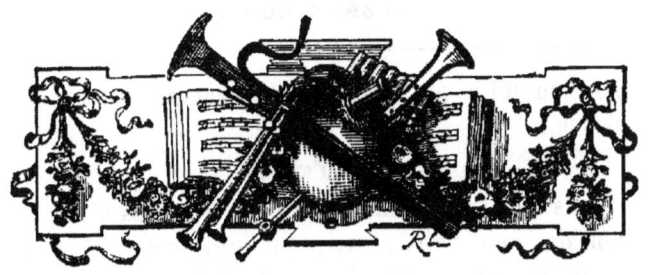

LA REINE D'UN JOUR

ACTE PREMIER

Un quai de la ville de Calais. — A droite du spectateur, la boutique d'une marchande de modes. A gauche, celle d'un cabaretier.

SCÈNE PREMIÈRE.

FRANCINE, en habit de voyage ; D'ELVAS, en costume d'officier de marine.

D'ELVAS, donnant le bras à Francine.

Sur la place, m'avez-vous dit ?... Nous y voilà... D'ici vous apercevez le port et la jetée.

FRANCINE.

Mon Dieu! monsieur, je ne sais comment vous remercier de votre galanterie... moi qui suis étrangère, qui ne connais personne en ce pays... et qui arrive en tremblant...

D'ELVAS.

Ah ! vous n'êtes jamais venue dans la ville de Calais ?

FRANCINE

Je descends à l'instant de la voiture publique... et j'ignore ce qui a pu m'attirer vos regards et vos offres de service...

D'ELVAS.

Vous êtes trop modeste... D'autres vous diraient qu'il a suffi de vous voir... moi, qui suis marin et la franchise même, je vous avouerai que, dans la cour où j'étais à me promener, la seule chose qui ait fixé mon attention, c'est votre nom... On a appelé parmi les voyageuses Francine Camusat!... A cette dénomination j'ai levé les yeux, et j'ai vu sortir de la voiture un pied charmant, une jambe fine et gracieuse !...

FRANCINE.

Monsieur !...

D'ELVAS.

Appartenant à une fort jolie personne qui, d'un air timide, demandait aux habitants de Calais : « Pourriez-vous m'indiquer madame Benjamin, marchande de modes, sur la place?... » Je me suis avancé, j'ai offert mon bras, que vous avez accepté... Et vous voici à votre destination, car j'ai cru distinguer sur cette enseigne : Madame Benjamin, marchande de modes, *Aux Nœuds galants*.

FRANCINE.

Aux Nœuds galants... c'est bien cela !... Je vais occuper chez elle la place de première demoiselle de boutique. Francine Camusat !...

D'ELVAS.

Je connais !...

FRANCINE.

Marchande de modes, qui a fait ses études à Paris et à Rouen.

D'ELVAS.

Et qu ne peut manquer de briller au premier rang dans la ville de Calais.

FRANCINE.

La boutique est encore fermée... il est de si bon matin !... Mais je vais frapper...

D'ELVAS.

Je vous éviterai cette peine.

(Il frappe plusieurs fois.)

FRANCINE.

On ne répond pas ; c'est étonnant !... On pourrait s'adresser, pour savoir, à quelque voisin ou à quelque voisine... ce serait plus sûr... En voici justement une qui rentre dans sa boutique... Je vais lui demander... (Appelant Simonne qui traverse le théâtre.) Mademoiselle !...

SCÈNE II.

LES MÊMES; SIMONNE.

SIMONNE, prête à rentrer chez elle et s'arrêtant.

Ah ! des étrangers à la porte de madame Benjamin... (S'avançant.) Monsieur et madame voudraient entrer ?... Monsieur désirerait quelque parure pour madame ?... C'est d'un bon mari...

FRANCINE.

Monsieur n'est pas mon mari !...

SIMONNE, vivement.

Vous n'êtes pas mariés ?... C'est égal !... cela n'empêche pas...

FRANCINE, avec impatience.

Eh ! non, ma chère... Première demoiselle de boutique chez madame Benjamin...

SIMONNE.

C'est vrai !... ces dames en attendaient une... et vous serez la bien reçue.

FRANCINE.

Ça n'en a pas trop l'air, puisqu'on nous laisse à la porte !

SIMONNE.

C'est juste !... La boutique n'ouvre jamais avant neuf heures... c'est grand genre... Vous y serez à merveille !... Les marchandes comme il faut se lèvent tard, comme les grandes dames leurs pratiques... Ce n'est pas comme chez nous... Simonne, la servante de ce cabaret, *A la Grande Pinte,* où l'on reçoit la meilleure société de Calais, en matelots et soldats de marine... Je n'ose pas vous proposer d'entrer...

D'ELVAS.

Vous êtes trop bonne.

SIMONNE.

Vous ne feriez peut-être pas mal... car ici vous risquez d'attendre... Il y avait bal hier soir... ces demoiselles dansent beaucoup !...

FRANCINE, vivement.

Il y avait bal ?

SIMONNE.

Et ce soir encore... trois jours de suite ; c'est fête en mémoire du siége de Calais... par Eustache de Saint-Pierre... non, à cause de Saint-Eustache... Vous devez connaître cette histoire-là ?... une histoire nationale, comme ils disent... Tant il y a que madame Benjamin et ses demoiselles ont dansé hier, par esprit national, une partie de la nuit, et qu'elles se lèveront encore plus tard que d'ordinaire, pour se reposer et recommencer ce soir... Mais pardon !... je rentre du marché... et on m'attend chez nous.

D'ELVAS.

Que nous ne vous retenions pas !

SIMONNE.

J'ai bien l'honneur de saluer monsieur et mademoiselle...
(A part.) Elle est gentille, la petite marchande de modes !...

Et puis, cet officier-là n'est pas un Français, c'est quelque étranger... Je comprends!... Du reste, ça ne me regarde pas! (Haut.) Monsieur et mademoiselle...

(Elle salue encore et rentre dans sa boutique.)

SCÈNE III.

D'ELVAS, FRANCINE.

FRANCINE.

Eh bien! je vais demeurer en face d'une fameuse bavarde!... Je ne conçois pas qu'il y ait des femmes qui causent ainsi de leurs affaires avec le premier venu... et si je l'en crois, j'ai encore une bonne heure à attendre... C'est gai!... à huit heures du matin, au milieu de la rue!...

D'ELVAS.

Heureusement il ne passe encore personne!...

FRANCINE, allant s'asseoir sur une chaise, près du cabaret.

C'est égal!... une femme seule... car je n'ose retenir monsieur plus longtemps!...

D'ELVAS, à part.

C'est-à-dire qu'il faut que je reste... (S'asseyant auprès d'elle; haut.) Ne suis-je pas votre chevalier reconnu?... ne suis-je pas à vos ordres?... Et à moins que mon bonheur n'excite quelque jalousie...

FRANCINE.

En aucune façon, monsieur; je n'ai de comptes à rendre à personne... je suis libre, ou à peu près.

D'ELVAS.

A peu près?

FRANCINE.

Oui, monsieur. C'est une existence si singulière que la mienne!... Je n'ai jamais connu les auteurs de mes jours; ce qui fait qu'à Rouen, parmi ces demoiselles de comptoir, on s'est permis de présumer que j'étais bâtarde... (vivement.) orpheline, monsieur ! je vous prie de le croire... Donc, j'étais à Rouen, ville marchande, capitale de la Normandie, élevée dans le commerce, dans la rue Grand-Pont, un magasin qui fait le coin, où j'avais des amoureux, je puis le dire, distingués et nombreux... mais des principes plus nombreux encore, car j'ai refusé toutes les propositions.

D'ELVAS.

Même de mariage ?

FRANCINE.

Oui, monsieur ; non par fierté, par indifférence... mais par raison. Celui que j'aimais, ou que j'aurais aimé, n'avait rien... ni moi non plus.

D'ELVAS.

Je comprends.

FRANCINE.

Moi, j'ai des idées de grandeur et d'ambition ; je rêvais encore cette nuit, en voiture, que j'étais grande dame et millionnaire... pour lui, monsieur, toujours pour lui, car nous nous sommes promis mutuellement de faire fortune... et moi, j'ai l'habitude de tenir toutes mes promesses.

D'ELVAS.

C'est admirable !

FRANCINE.

Pour lors, et dans ce moment-là, vint un jour au magasin une milady, une Anglaise, la duchesse de Salisbury...

D'ELVAS.

De Salisbury ?

FRANCINE.

Vous la connaissez ?

D'ELVAS.

Fort peu.

FRANCINE.

Qui, charmée de mon goût, de mon intelligence dans la manière de composer les nœuds et les poufs, me dit : « Petite, je t'emmène avec moi en Hollande. » J'acceptai dans l'espoir d'une fortune et me croyant déjà dame de compagnie de la duchesse... Point du tout, monsieur, femme de chambre, pas davantage ; et de plus une maîtresse si bizarre : toujours des secrets, des mystères... pas pour des amoureux, madame n'en avait pas ; mais de vieux seigneurs, des Anglais qui arrivaient en cachette et repartaient de même ; et il ne fallait rien dire !

D'ELVAS, souriant.

On devait alors vous payer double ?

FRANCINE.

Non, monsieur ; et ce qu'il y a de bien plus terrible, madame défendait qu'on écrivît, et j'ai appris plus tard qu'elle avait supprimé toutes mes lettres...

D'ELVAS.

Pour être plus sûre de votre discrétion.

FRANCINE.

Probablement !... Mais moi qui avais, comme je vous l'ai dit, une inclination ; qu'aura-t-il pensé de ma constance ?... C'est très-désagréable ! Aussi je n'ai pas voulu rester plus longtemps dans une pareille maison ; j'ai demandé à retourner en France, et milady, qui me voyait partir avec regret, me dit : « Allez à Calais, chez madame Benjamin, marchande de modes, qui à ma recommandation vous donnera une place chez elle ; vous y resterez jusqu'à ce que se présente à vous un monsieur de mes amis intimes, en qui vous pourrez avoir toute confiance ; vous le reconnaîtrez à ce florin de Hollande brisé par la moitié... en voici l'une et il vous montrera l'autre. » Je l'ai pris, j'arrive et j'attends... C'est bien étonnant, n'est-ce pas ?... Aussi je ne crois pas que ce monsieur se présente.

15.

D'ELVAS, lui présentant le florin brisé.

Si vraiment; car voici l'autre moitié.

FRANCINE, stupéfaite.

Ah! mon Dieu! l'autre moitié!... Qu'est-ce que cela veut dire?

D'ELVAS.

Que la voisine Simonne aura en face d'elle une jeune personne qui cause avec une grande facilité et un charme extrême.

FRANCINE.

Quoi! monsieur, c'est vous?

D'ELVAS.

Heureusement! car ce que vous m'avez dit, à moi qui le savais, vous pouviez également l'apprendre à tout autre... Cela ne vous arrivera plus, j'en suis persuadé. Mais vous pensez bien que nous aurons à parler ensemble...

FRANCINE, voyant une modiste ouvrir les volets de madame Benjamin.

Pardon, monsieur; la boutique s'ouvre.

D'ELVAS.

Je ne veux pas vous empêcher de vous présenter à madame Benjamin... A quelle heure oserai-je aujourd'hui vous demander un instant d'entretien?

FRANCINE.

Mais, à deux heures, après le dîner; c'est d'ordinaire, dans le commerce, le moment où l'on est libre.

D'ELVAS.

Je serai exact au rendez-vous.

(Il salue Francine respectueusement.)

FRANCINE, à part.

Par exemple! voilà une aventure!... et à moins que ce ne soit... Mais non!... ce n'est pas possible!... (Haut.) Monsieur, je suis bien votre servante.

(Elle entre dans la boutique.)

SCÈNE IV.

D'ELVAS, seul.

C'est bien cela : jeune, gentille, agréable... de plus, belle parleuse, un amour au cœur... et des idées de fortune en tête, le désir de parvenir. C'est justement ce qu'il nous faut, et nous ne pouvions mieux trouver... reste à savoir maintenant si je pourrai... (Regardant au fond, à gauche.) Mais qui vient de ce côté?... des matelots... Laissons-leur la place, et retournons vers les miens pour tout disposer.

(Il sort.)

SCÈNE V.

MARCEL, et DES MATELOTS.

LES MATELOTS.

Au cabaret, marins joyeux,
Allons, allons choquer le verre,
C'est bien assez de l'onde amère
Quand on est entre elle et les cieux !

Mais sur la terre
Le matelot
Toujours préfère
Un autre flot.
C'est celui qui coule,
Qui roule
Et s'écoule,
C'est celui qui coule
Dans le gobelet
Du cabaret !

MARCEL, aux matelots.

Compagnons, avec vous de nouveau je m'engage !

Et, quoique mon temps soit fini,
Je redeviens marin, et dans votre équipage
Vous comptez de plus un ami !

TOUS.

Vive Marcel !... notre nouvel ami !
Il va payer sa bienvenue.

MARCEL, leur montrant le cabaret.

Allez, allez... c'est chose convenue !

TOUS.

Nous boirons tous en ton honneur
Et du plus vieux et du meilleur !...
(A Marcel.)
A ta santé !... marins joyeux,
Allons, allons choquer le verre,
C'est bien assez de l'onde amère,
Quand on est entre elle et les cieux !

(Ils entrent dans le cabaret de Simonne.)

SCÈNE VI.

MARCEL, seul.

AIR.

Les braves gens, qu'ils sont heureux !
Le bon vin est leur bien suprême ;
Que je voudrais l'aimer de même
Et tout oublier avec eux !
Mais, hélas ! et malgré mes vœux...

Une douce image
Toujours me poursuit !
Et comme un nuage
M'approche et me fuit !
Et pourtant la belle
Que j'adore ainsi
N'est qu'une infidèle
Par qui je suis trahi !

On m'avait dit : C'est dans l'ivresse
Qu'on peut oublier tous ses maux !
La bouteille est une maîtresse
Qui ne trouble pas le repos !
A ce remède un jour fidèle,
Je fis un repas merveilleux ;
Puis je dormis et rêvai d'elle
Pour m'éveiller plus amoureux !

Mais c'en est fait, puisque dans cette vie
D'un tel amour rien ne me guérira,
  Peut-être une balle ennemie
  Me rendra ce service-là !...
      Ouvrons la voile ;
      Courons en mer,
      Comme une étoile
      Traversant l'air.
      Mais le flot s'ouvre,
      Et tout d'abord,
      Mon œil découvre
      Un sombre bord.
      A l'abordage !
      C'est l'ennemi !
      Sang et carnage !
      Tout a frémi !
      L'airain résonne,
      Le tambour bat,
      Le canon tonne !
      C'est le combat !

C'est le combat, terme de ma souffrance !
Je l'attends... Grâce à lui tous mes maux vont finir !
  Pourquoi vivre sans espérance
  Quand avec gloire on peut mourir ?

SCÈNE VII.

MARCEL, SIMONNE, sortant du cabaret.

SIMONNE.

Qu'est-ce que je viens d'apprendre, monsieur Marcel ?... qu'est-ce que ça signifie ? Ces matelots, qui sont là à boire, prétendent que vous allez vous engager de nouveau et partir avec eux comme militaire.

MARCEL.

Eh bien ! quand ça serait ?

SIMONNE.

Vous qui depuis dix ans servez dans la marine marchande, vous qui vouliez vous retirer... aller se battre... s'exposer à être tué !

MARCEL.

Je ne suis bon qu'à ça.

SIMONNE.

Pas du tout ! Vous êtes très-aimable et très-gentil !

MARCEL.

Non, mamzelle... Je me connais... je suis gauche, embarrassé et ne sachant rien à terre... Sur mon bord, c'est autre chose... Mais sorti de là, je ne suis plus à mon aise, ni avec vous, ni avec personne... C'est-à-dire... si !... il y en avait une...

SIMONNE, vivement.

Il y avait une personne ?

MARCEL.

Qui n'était que trop jolie... et que j'ai connue.

SIMONNE, de même.

Ici ?

MARCEL.

Non... à Rouen, où j'allais tous les mois sur nos vaisseaux marchands porter ou prendre des chargements.

SIMONNE.

Et vous l'aimiez ?

MARCEL.

Solidement! J'avais là sur le cœur un poids!...

SIMONNE.

Et elle ?

MARCEL.

Légère comme le vent !

SIMONNE.

Elle ne vous aimait pas ?

MARCEL.

Si fait!... elle le disait... mais pendant que je lui parlais de mon amour, je la voyais souvent qui ne m'écoutait plus... elle suivait des yeux un bel équipage qui venait de passer... ou bien quand je lui demandais : « Quand donc que nous nous marierons?... » elle s'écriait : « Ah! le joli collier, les belles boucles d'oreilles ! » Et elle était devant la boutique d'un joaillier à admirer des bijoux avec lesquels, par malheur, je n'avais aucun rapport.

SIMONNE.

Pauvre garçon !

MARCEL.

Ah ! ce n'est rien encore... Un jour nous venions de Bordeaux à Rouen, avec *le Roi d'Yvetot*, un vaisseau chargé de vin de Médoc... A peine débarqué, je cours rue Grand-Pont, au magasin où d'ordinaire elle était contre les carreaux à contempler les passants plutôt que son ouvrage... Je ne la vois plus... Partie!... disparue en mon absence !...

SIMONNE.

Ah ! mon Dieu !

MARCEL.

Pour la Hollande, à ce qu'on m'a dit.

SIMONNE.

Voyez-vous ça !

MARCEL.

Avec quelque séducteur, sans doute.

SIMONNE.

C'est affreux !

MARCEL.

Car depuis elle ne m'a pas écrit une seule fois... Un oubli total.

SIMONNE.

Tant mieux ! une pareille femme n'était pas digne de vous... et c'est ce qui pouvait vous arriver de plus heureux.

MARCEL.

C'est vrai... et pourtant, rien ne peut me consoler de ce bonheur-là...

SIMONNE.

Allons, allons !... quand vous vous tourmenterez... Voyons ! qu'est-ce qui vous amène ici ?...

MARCEL.

Je suis venu ici, avec *la Ville de Rouen*, un trois-mâts chargé de mercerie, rouennerie et bonnets de coton pour les bourgeois de Calais.

SIMONNE.

Qui en usent beaucoup.

MARCEL.

C'est ce qu'il m'a semblé... La ville me paraissait bonne, on y dort tranquille... et je voulais m'y fixer...

SIMONNE.

Et renoncer décidément à l'eau.

MARCEL.

Aussi je venais tous les jours dans votre cabaret...

SIMONNE.

Depuis quinze jours, avec une assiduité qui m'avait donné des idées.

MARCEL.

C'était pour tâcher d'oublier l'autre.

SIMONNE.

J'ai cru que c'était pour penser à une nouvelle ?

MARCEL, vivement.

Ah ! je le voudrais !... Je voudrais rencontrer quelqu'un qui fît seulement attention à moi ; mais de ce côté-là il n'y a pas de chance, et se faire tuer, voyez-vous, est encore le meilleur moyen de se consoler !

SIMONNE.

Il y en a un autre.

MARCEL.

Vraiment ?... Contez-moi donc ça.

SIMONNE.

Tenez, monsieur Marcel, moi, je suis franche. Lisez cette lettre, elle vous dira tout !

MARCEL.

Une lettre !

SIMONNE.

De Trim Trumbell, un oncle que j'ai en Angleterre ; il a été autrefois dans les Têtes-Rondes, dans les soldats de Cromwell, mais maintenant il est honnête homme et tient une taverne à Brighton... Lisez ce qu'il m'écrit... une lettre bien singulière, qui vous étonnera d'abord...

MARCEL, tenant la lettre à la main, regarde du côté de la maison à droite, et voit Francine qui ouvre un volet. Il pousse un cri.

Ah ! mon Dieu !

SIMONNE, le regardant.

Eh bien ! ça commence déjà ?... et vous n'avez lu que 'adresse ?... Achevez, achevez ; je reviendrai tout à l'heure savoir votre réponse... (A part, le regardant.) Pauvre garçon ! il faut qu'il se doute de quelque chose, car il a déjà un air tout ému et tout bouleversé... (Haut.) Adieu, monsieur Marcel ; je vous laisse le temps... Lisez, et réfléchissez !

(Elle entre dans le cabaret.)

SCÈNE VIII.

MARCEL, seul, puis FRANCINE.

MARCEL, serrant la lettre dans sa poche sans la lire.

Ce n'est pas possible !... c'est une vision qui m'est apparue à cette fenêtre !... Allons !... allons ! je perds la tête... (Voyant sortir Francine de la maison.) Non !... non !

DUO.

MARCEL.

Je ne m'abuse pas... C'est elle, je la vois,
   Cette infidèle !...

FRANCINE, surprise.

    Infidèle !... qui ?... moi ?...

MARCEL.

J'avais juré de la maudire,
De l'accabler à son retour.
Je la vois... ma colère expire...
Et tout s'oublie, hors mon amour !
Dis-moi, pourquoi donc cette absence ?...

FRANCINE.

Pour assurer notre bonheur
On m'offrait de quitter la France...

MARCEL.

Ah ! c'était quelque séducteur !...

FRANCINE.

Une dame... une grande dame !...

MARCEL.

Ce n'était pas un amoureux ?...

FRANCINE.

Non vraiment! foi d'honnête femme!...

MARCEL.

J'en crois ton cœur, j'en crois tes yeux!
Nos cœurs pensent toujours de même,
Nous pouvons nous unir tous deux!

FRANCINE.

Un instant... car j'ai mon système
Qui fait les ménages heureux!
Avant de parler mariage,
Dis-moi, ton sort a-t-il changé?...

MARCEL.

Je n'ai rien!...

FRANCINE.

Moi, pas davantage!

MARCEL.

Qu'importe avec l'amour que j'ai!...
Pour moi, le luxe et la parure
Ne valent pas franche amitié...
Souvent l'ennui roule en voiture
Et les amours s'en vont à pié!

FRANCINE.

Crois-moi, le luxe et la parure
Ne nuisent pas à l'amitié;
On peut bien s'aimer en voiture.
Souvent l'on se dispute à pié!

MARCEL.

Eh! quoi, l'amour et son ivresse...

FRANCINE.

Ne durent, dit-on, qu'un matin.

MARCEL.

Et lorsque l'on vit de tendresse...

FRANCINE.

On peut souvent mourir de faim!

Ensemble.

FRANCINE.

L'amour et la richesse
Donnent seuls de beaux jours !
Quand paraît la détresse
S'envolent les amours !

MARCEL.

C'est la seule tendresse
Qui donne les beaux jours !
Pour braver la détresse
Il suffit des amours !

FRANCINE.

Toujours fidèle et vertueuse,
Je n'aime et n'aimerai que toi !...
Mais ici-bas, pour être heureuse...

MARCEL.

Que te faut-il ?...

FRANCINE.

Écoute-moi.

CAVATINE.

Premier couplet.

Il me faut les chevaux,
Les jockeys les plus beaux !
Des bijoux, des dentelles
Et des robes nouvelles !
C'est l'éclat, c'est le bruit,
Qui me plaît, me séduit.
« Faites-donc approcher
Mes laquais, mon cocher ! »
Oui, voilà pour mon cœur,
Voilà le vrai bonheur !

Deuxième couplet.

La gêne et la détresse
D'effroi me font pâlir !
Il faut vivre en duchesse

Ou bien il faut mourir!...
J'ai l'âme ambitieuse
Pour toi, mon seul amant!
Car, si j'étais heureuse,
Ah! je t'aimerais tant!
Oui, l'éclat, l'opulence
Redoublent ma constance...
Mais sans ça, vois-tu bien,
Je ne réponds de rien!...

Il me faut les chevaux, etc.

MARCEL, tristement.

Mais moi qui n'ai ni chevaux ni cocher,
Cela me dit assez...

FRANCINE.

Qu'il faut te dépêcher.
Le premier de nous deux qui fera sa fortune
Préviendra l'autre, et puis l'épousera.

MARCEL.

Non pas.
Je vois la vérité; dites plutôt, hélas!
Que mon amour vous importune.

FRANCINE.

Qui? moi!

MARCEL.

Vous préférez quelque grand seigneur.

FRANCINE.

Moi?

MARCEL.

Vous l'aimez...

FRANCINE.

Quelle horreur!

MARCEL.

Vous l'aimez, je le voi.

FRANCINE.

Vous le mériteriez, vous.

MARCEL.
Moi!

FRANCINE.
Vous.

MARCEL.
Moi?

Ensemble.

MARCEL, avec colère.
J'apprends à connaître
Ce cœur faux et traître
Qui rêve peut-être
A d'autres amours.
Parjure! traîtresse!
C'est trop de faiblesse;
Non, plus de tendresse,
Adieu, pour toujours!

FRANCINE, avec dépit.
Vous êtes le maître!
Et pour moi, peut-être,
Bientôt vont renaître
De plus heureux jours.
C'est trop de faiblesse;
Non, plus de tendresse!
Puisqu'il me délaisse,
Adieu, pour toujours!

Qu'ai-je dit?... Vous le voyez bien,
Ni vous ni moi nous n'avons rien,
Et déjà, dans notre ménage,
Voyez quel bruit et quel tapage!
Des richards ne feraient pas mieux.

MARCEL.
J'ai le droit d'être furieux!

Ensemble.

MARCEL.
J'apprends à connaître, etc.

FRANCINE.

Vous êtes le maître, etc.

SCÈNE IX.

LES MÊMES; SIMONNE, sortant du cabaret.

SIMONNE, s'approchant de Marcel.

Eh bien!... (Apercevant Francine.) Êtes-vous installée? êtes-vous contente?

MARCEL, bas à Simonne.

Vous la connaissez?

SIMONNE, de même.

Beaucoup!... une marchande de modes... ici en face... arrivée avec un officier de marine qui ne la quitte pas!

MARCEL, à part, avec dépit.

La!... quand je le disais!

SIMONNE, de même.

Un officier étranger, écharpe blanche et verte. (Haut à Marcel.) Avez-vous lu?

MARCEL.

Quoi donc?

SIMONNE.

Cette lettre!

MARCEL.

La lettre de votre oncle?

SIMONNE.

Et qu'est-ce que vous en dites?

MARCEL.

Que c'est très-bien!... très-bien, à votre oncle!

SIMONNE.

J'étais sûre que ça vous conviendrait... et je cours l'en

prévenir; car, ainsi qu'il l'annonçait dans sa lettre, il vient d'arriver par le paquebot d'aujourd'hui!

MARCEL.

Votre oncle ?

SIMONNE.

Oui | vient nous chercher, et je vais au-devant de lui.
(Elle sort en courant.)

SCÈNE X.

FRANCINE, MARCEL.

MARCEL, stupéfait.

Comment! il vient nous chercher ! Qu'est-ce que ça veut dire ?

FRANCINE.

Je vois que monsieur est admis dans les secrets de cette jeune fille !

MARCEL.

J'ai là une lettre que son oncle lui écrit.

FRANCINE.

Monsieur connaît la famille ?

MARCEL.

Certainement !... (A part.) Je vais me dépêcher de faire connaissance... (Il lit.) « Ma chère Simonne, j'ai l'agrément « d'être veuf et le chagrin de ne pas avoir d'enfants... J'ai « la plus belle taverne de Brighton, et personne pour la « tenir, ce qui me cause un notable dommage. Et alors, « dans ma tendresse, j'ai pensé à toi... »

FRANCINE, d'un ton railleur.

C'est d'un bon oncle !

MARCEL, continuant.

« Quoique ta mère, Brigitte Trumbell, ait épousé un Fran-

« çais, tu n'en es pas moins de mon sang, et mon intention
« est de te donner ma fortune après moi, et un mari sur-
« le-champ... vu que ça me sera très-utile dans mon com-
« merce... »

FRANCINE, de même.

C'est touchant !

MARCEL, continuant.

« Je vais donc t'en chercher de mon côté, mais je ne
« t'empêche pas d'en choisir un du tien... Fût-ce même en
« France, si tu crois que dans ce pays-là ils soient d'une
« meilleure qualité qu'en Angleterre... Tu me parles dans
« ta dernière d'un marin nommé Marcel... » (A part, regardant
Francine qui affecte d'être tranquille.) Ça ne lui fait rien !... (Continuant.) « Si ça te convient et à lui aussi, j'ai un petit voyage
« à faire à Calais... J'y serai par le paquebot de samedi... »
(Regardant Francine.) Aujourd'hui ! (A part.) Elle ne dit mot !...
(Lisant.) « J'irai vous chercher, toi et ton prétendu... »

FRANCINE, vivement et à part.

Ton prétendu !

MARCEL, continuant.

« Et vous ramènerai avec moi à Brighton, avec le pa-
« quebot de retour... » (A Francine, lui montrant la lettre.) Vous
voyez, mamzelle, que si on voulait...

FRANCINE, avec dépit.

On ne vous en empêche pas !

MARCEL.

Ah ! vous m'y engagez ?

FRANCINE, avec ironie.

Certainement !... Neveu d'un cabaretier à Brighton...
c'est beau, c'est enivrant !... et je vais tâcher de mon côté
de trouver quelque parti aussi élevé !

MARCEL.

Ça n'est pas ça qui vous embarrasse ! et votre choix est
déjà fait !

FRANCINE.

Pas encore!... mais, ne fût-ce que par vengeance...

MARCEL, apercevant d'Elvas, à part.

C'est lui!... le voilà... Un officier... un seigneur portugais !

SCÈNE XI.

Les mêmes; D'ELVAS.

D'ELVAS, à Francine.

Me voici exact au rendez-vous !

MARCEL, à part, avec colère.

Au rendez-vous!... Et j'hésiterais encore!... (Haut.) Adieu, mamzelle... mon parti est pris... je vais où l'on m'attend !

FRANCINE, vivement.

Si vous vous en avisez... si vous sortez...

MARCEL.

A l'instant même, car je ne veux pas vous gêner... Adieu, mamzelle !

(Il sort.)

SCÈNE XII.

D'ELVAS, FRANCINE.

D'ELVAS, étonné.

Eh! mais, qu'y a-t-il donc?

FRANCINE.

Ce qu'il y a, monsieur?... celui dont je vous parlais ce matin, que j'ai retrouvé ici à Calais !

D'ELVAS.

Cet amoureux que vous ne vouliez pas épouser par excès d'amour et par manque de fortune?

FRANCINE.

Lui-même! Et je ne vous cache pas qu'il est furieux, qu'il a des idées contre vous!...

D'ELVAS, froidement.

Contre moi?... Il a grand tort.

FRANCINE.

Comment! il a grand tort?...

D'ELVAS.

Et la preuve, c'est que je suis enchanté qu'il vous aime et que vous l'aimiez... Cela ne s'oppose nullement à me vues.

FRANCINE, vivement.

Vous aviez donc des vues?...

D'ELVAS, froidement.

Oui, mademoiselle, j'en ai.

FRANCINE.

Et lesquelles?...

D'ELVAS.

De vous marier avec lui... J'ignore son nom... mais il n'est pas nécessaire... du moins pour moi...

FRANCINE.

Et comment cela, s'il vous plaît?

D'ELVAS.

En vous donnant une dot de soixante mille livres tournois.

FRANCINE, avec étonnement.

A moi?... Francine Camusat!...

D'ELVAS.

Même plus... c'est possible!...

FRANCINE.

O ciel!... Achevez, monsieur... expliquez-vous... car je

crains de vous entendre... et les vues dont vous parliez tout à l'heure...

D'ELVAS.

Sont les plus innocentes du monde.

FRANCINE.

Mais cette dot?

D'ELVAS.

Sera le prix de la discrétion et de la vertu.

FRANCINE.

Est-il possible!... Il s'agit donc?...

D'ELVAS.

De vous embarquer aujourd'hui avec moi sans en rien dire à personne.

FRANCINE, vivement.

Eh bien! par exemple... et mes principes?...

D'ELVAS.

Vos principes?... Je les embarque avec vous! Je suis le comte d'Elvas, seigneur portugais commandant le vaisseau de guerre *le San-Carlos*, que d'ici vous voyez en rade.

FRANCINE, avec frayeur.

Un grand seigneur! Raison de plus, monsieur; cela ressemble tout à fait à un enlèvement.

D'ELVAS, gravement.

Un enlèvement de confiance, et vous pouvez en avoir en moi!

COUPLETS.

Premier couplet.

Que d'autres, vous rendant les armes,
Brûlent pour vous de mille feux,
Moi je promets à tant de charmes
De fermer mon cœur et mes yeux.
Oui, d'une âme décente et pure,
Contemplant vos chastes appas,

(Avec une expression très-tendre.)
Par l'amour, par vos yeux je jure
Que... je ne vous aime pas !

Deuxième couplet.

En sentinelle, la sagesse
Sur mon bord viendra vous garder ;
S'il le faut, je fais la promesse
De ne jamais vous regarder.
Oui, quand je devrais faire injure
Aux amours qui suivent vos pas...
(La regardant avec tendresse.)
Même en ce moment je vous jure
Que je ne vous aime pas !

Et il en sera de même pendant les cinq ou six heures que durera notre voyage... c'est-à-dire jusqu'à ce soir, où nous toucherons la côte d'Angleterre.

FRANCINE.

Ah ! nous allons en Angleterre ?

D'ELVAS.

Oui, mademoiselle.

FRANCINE.

Et dans quel endroit débarquons-nous ? C'est important...

D'ELVAS.

Où vous voudrez...

FRANCINE, étonnée.

Comment !... où je voudrai ?

D'ELVAS.

Cela m'est tout à fait indifférent... Douvres, Brighton, Portsmouth...

FRANCINE, vivement.

Brighton, justement !... (A part.) C'est ce nom-là !... (Haut.) Je préfère Brighton.

D'ELVAS.

A vos ordres !... Vous voyez qu'il est impossible...

16.

FRANCINE.

D'être plus galant... et je ne vous adresserai plus qu'une demande : qu'allons-nous faire, vous et moi, en Angleterre?

D'ELVAS.

Je ne puis vous le dire en France.

FRANCINE.

Et pourquoi?

D'ELVAS.

Je croyais vous avoir confié qu'il y avait dans cette affaire deux points indispensables.

FRANCINE, vivement.

La vertu?...

D'ELVAS.

Et la discrétion.

FRANCINE, finement.

C'est par là que je brille!... et la mienne...

D'ELVAS, froidement.

Pourrait s'estimer, à un florin près... ou à un demi-florin... (En tirant un de sa poche et le lui montrant.) Et cette confidence que vous m'avez faite ici, ce matin, à moi que vous voyiez pour la première fois !

FRANCINE, avec embarras.

Il y a comme ça des jours... c'est dans le temps... c'est dans l'air.

D'ELVAS.

Oui... l'air de France est mauvais pour les secrets... Il est trop vif, trop léger... voilà pourquoi je préfère celui d'Angleterre, qui est plus épais, plus sombre... Ainsi, mademoiselle, voyez et réfléchissez!... Confiance et silence absolus jusqu'à demain, si cela est possible... Si vous acceptez, je reviens vous prendre dans ma chaloupe et vous mener au *San-Carlos*, qui va mettre à la voile... Dans une demi-heure le départ, ce soir en Angleterre... demain les soixante mille livres tournois !

FRANCINE.

Et le respect ?

D'ELVAS.

Toujours... cela va sans dire.

(Il salue et sort. Francine le suit quelque temps des yeux, puis revient au bord du théâtre, pouvant à peine contenir sa joie.)

SCÈNE XIII.

FRANCINE, seule ; puis de JEUNES OUVRIÈRES et des JEUNES GENS.

FRANCINE, avec joie.

FINALE.

Il l'a dit ! il l'a dit ! soixante mille livres !
   A chaque instant ma surprise s'accroît.
  De tes faveurs, fortune, tu m'enivres,
    Et tu fais bien, c'est à bon droit ;
Car la fortune est femme ; entre femmes l'on doit
S'entr'aider, et je puis, écoutant ma tendresse,
De Marcel à présent récompenser l'amour ;
Je prétends l'épouser aussitôt mon retour,
Et je veux qu'ici même il en ait la promesse
    Avant que je m'éloigne...

(Écoutant.)

Car

J'entends les matelots et le chant du départ.

(Francine va prendre chez madame Benjamin tout ce qu'il faut pour écrire, et vient faire sa lettre sur la table qui est près du cabaret, pendant qu'on entend en dehors, et venant du port, des chants lointains.)

LES MATELOTS, en dehors.

La voile est préparée ;
La brise désirée
Vient sillonner les flots.

O la belle soirée !
Sur la plaine azurée
Voguons, bons matelots !

(Francine pendant ce temps a écrit sa lettre ; elle se lève au moment où entrent en dansant des grisettes et des jeunes ouvrières, puis après entrent des jeunes gens leurs cavaliers.)

LES JEUNES FILLES.

Que la soirée est belle !
Le plaisir nous appelle ;
Ouvrière fidèle,
Voici la fin du jour.
Là-bas, sous le feuillage,
Le soir après l'ouvrage,
Nous attendent l'ombrage,
Et la danse et l'amour.

UNE JEUNE FILLE, s'avançant vers Francine.

Venez-vous, la belle étrangère ?
Nous avons, si ça peut vous plaire,
Non loin du port un bal charmant
De très-bon ton et très-décent.

FRANCINE.

Je ne puis, mes chères amies.

LA JEUNE FILLE.

Madame est faite, apparemment,
A de plus hautes compagnies.

FRANCINE.

Non pas ; mais je pars à l'instant.
Daignez remettre, je vous prie,
Ce billet...

LA JEUNE FILLE.

A qui donc, s'il vous plaît ?

FRANCINE.

A Marcel.

LA JEUNE FILLE.

Celui qui se marie
A l'hôtesse du cabaret ?

TOUTES.

C'est très-bien, c'est charmant !
Comptez sur notre dévoûment.

Ensemble.

LES JEUNES FILLES, à part.

L'aventure est nouvelle,
L'occasion est belle,
(Montrant le cabaret de Simonne.)
Et l'on pourra sur elle
S'égayer en ce jour !
(Haut.)
Le plaisir nous engage ;
Là-bas, après l'ouvrage,
On trouve sous l'ombrage
Et la danse et l'amour.

FRANCINE, à part.

Hélas ! l'heure m'appelle ;
Au rendez-vous fidèle,
Il faut montrer du zèle,
Voici la fin du jour.
Mais, vertueuse et sage,
A rien je ne m'engage !
Et pour ce mariage
Je serai de retour.

(A la fin de ce chœur Francine dit adieu à ses compagnes, et sort par la droite, au moment où Marcel paraît de l'autre côté.)

SCÈNE XIV.

LES MÊMES ; MARCEL, entrant en rêvant.

TOUTES, à demi-voix.

Silence ! c'est Marcel. Ah ! pour un fiancé
Quel air mélancolique et quel maintien glacé !

MARCEL, à part et sans voir personne.

Ah ! la coquette ! ah ! l'infidèle !
Malgré moi j'y pense toujours ;

Et je soupire encor pour elle,
Même en formant d'autres amours.

LA JEUNE FILLE, s'approchant.

Monsieur Marcel!

MARCEL, brusquement.

Ah! laissez-moi.

LA JEUNE FILLE.

Une lettre...

MARCEL, avec humeur.

C'est bien.

LA JEUNE FILLE, la lui montrant.

Une lettre...

MARCEL, la prenant vivement.

Ah! c'est d'elle!
Et ma main tremble et d'amour et d'effroi.

(Il lit la lettre tout bas, et pendant ce temps les jeunes filles le montrent du doigt, et causent entre elles à demi-voix, en l'observant.)

PLUSIEURS JEUNES FILLES.

Regarde donc! Vois-tu?... Vois-tu?...

D'AUTRES JEUNES FILLES.

Comme il a l'air troublé!

LES PREMIÈRES.

Joyeux!

LES AUTRES.

Ému!

TOUTES, entre elles.

Vois-tu? vois-tu?

Ensemble.

MARCEL, après avoir lu.

Ah! quelle ivresse!
De sa tendresse
J'ai la promesse!
Plus de frayeur!

De sa constance
J'ai l'assurance,
Et l'espérance
Rentre en mon cœur.

LES JEUNES FILLES.

Son chagrin cesse !
Oui, de maîtresse
Et de tendresse
Change son cœur.
Plus de souffrance !
Par l'inconstance,
Pour lui commence
Le vrai bonheur.

(Marcel, dans son transport, relit encore la lettre à demi-voix, et toutes les jeunes filles s'approchent pour écouter par derrière lui.)

MARCEL, lisant.

« J'ai dit que je t'épouserais
« Dès que j'aurais de la fortune :
« Je suis sur le point d'en faire une ;
« Romps l'hymen que tu projetais.
« Attends-moi ; fidèle et sensible,
« Je reviens le plus tôt possible
« Avec mon amour, mes vertus,
  « Et, de plus,
« Une dot de vingt mille écus. »

Son amour !

TOUTES.

Et vingt mille écus !

Ensemble.

MARCEL, avec transport.

Ah ! quelle ivresse, etc.

LES JEUNES FILLES.

Son chagrin cesse, etc.

SCÈNE XV.

Les mêmes; SIMONNE.

SIMONNE.

Ah! quelle horreur! quelle infamie!
Pour elle j'en rougis, hélas!

LES JEUNES FILLES.

Qui donc?

SIMONNE.

Votre nouvelle amie;
Je l'ai vu, mais je n'y crois pas...

MARCEL, à Simonne avec émotion.

Cette étrangère si jolie?

SIMONNE.

A l'instant, le comte d'Elvas
L'enlève.

MARCEL, vivement.

De force?

SIMONNE.

Non pas!
Tous deux, gaîment, le vent en poupe,
S'éloignent dans une chaloupe
Vers un brick portugais... D'ici voyez plutôt!
De loin entendez-vous le chant du matelot?

(Tous rangés sur une seule ligne regardent vers la gauche. On entend dans le lointain le chœur des matelots, accompagné par les chœurs qui sont en scène.)

Ensemble.

MARCEL, à demi-voix.

Ah! mon âme à sa vue
De fureur est émue!
Renfermons en mon cœur
Mon dépit, ma douleur.

(Avec force.)
Plus de tendresse,
Mon amour cesse!
Ame traîtresse,
Cœur imposteur,
L'indifférence
Venge d'avance
Ton inconstance,
Et mon malheur!

LES MATELOTS, dans le lointain.

La voile est préparée ;
La brise désirée
A sillonné les flots.
O la belle soirée !
Sur la plaine azurée,
Voguons, bons matelots !

LES JEUNES FILLES, à demi-voix, regardant Marcel.

Pour la belle inconnue,
Oui, son âme est émue;
Il renferme en son cœur
Son dépit, sa fureur.

Ah ! quelle ivresse!
D'une maîtresse
Fausse et traîtresse
Il perd le cœur !
Plus de souffrance!
Vivent d'avance
Et l'inconstance
Et le bonheur !

SIMONNE, à Marcel.

Que vous fait ce départ ?

MARCEL, prenant un air indifférent.

Moi? rien.

(A part.)
Que rien à ses yeux ne m'accuse!

SIMONNE, à Marcel.

C'est amusant !

MARCEL, s'efforçant de rire.
Sans doute ; ça m'amuse.

SIMONNE.
Allons au bal !...

MARCEL, de même.
Je le veux bien !

SIMONNE.
Et demain...

MARCEL.
Volontiers !

SIMONNE.
Dès demain nous partons
Avec mon oncle en Angleterre !...

MARCEL.
Très-volontiers !

SIMONNE, gaîment.
Nous nous y marirons !

MARCEL.
Sur-le-champ !

SIMONNE.
Quel sort prospère !

MARCEL, répétant.
Quel sort prospère !

SIMONNE, riant.
Lorsque nous serons mariés...

MARCEL, froidement.
Lorsque nous serons mariés...

SIMONNE.
Mais vous ne riez pas !...

MARCEL, s'efforçant de rire.
Si vraiment !... voyez !... voyez !...

LES JEUNES FILLES.

Le plaisir nous appelle !
Que la soirée est belle !
A la danse fidèle,
Guettons la fin du jour !
Là-bas, sous le feuillage,
Quoique discrète et sage,
On trouve sous l'ombrage
Et la danse et l'amour !

MARCEL., à part, pleurant.

O contrainte cruelle !
Francine ! ah ! l'infidèle !
Ah ! je n'aimerai qu'elle !
Je l'aimerai toujours !
Oui, dans ce mariage,
Il le faut, je m'engage ;
Mais, après cet outrage
Je renonce aux amours !

(Ils sortent tous en dansant, et entraînent malgré lui Marcel.)

ACTE DEUXIÈME

La taverne de Trim Trumbell. — Portes à droite et à gauche; trois portes au fond donnant dans une grande salle.

SCÈNE PREMIÈRE.

MARINS ANGLAIS, buvant et entourant MARCEL qui les salue; SIMONNE leur verse à boire.

INTRODUCTION.

LES MARINS.
Honneur au tavernier fameux
Qui nous apporte de la France
Gaîté, plaisirs, fête, bombance,
Bon visage et vin savoureux !

SIMONNE, aux marins.
Mon oncle Trim nous cède sa taverne.

LES MARINS.
Il n'a jamais rien fait de mieux !
Notre hôtesse a de si beaux yeux !

SIMONNE, à Marcel.
Mais soyez donc gentil !...

MARCEL.
C'est toi que ça concerne !
Chez un futur mari, c'est du luxe !

SIMONNE.
C'est bon !
L'on usera, monsieur, de la leçon !

LES MARINS.

Voyons, Marcel, dis-nous, chacun t'en prie,
Quelque chanson de ta patrie?

MARCEL, à part.

Chanter! quand j'ai la mort au cœur!

SIMONNE, à Marcel.

Chantez donc! cela fait trouver le vin meilleur!
C'est tout profit!...

LES MARINS.

Buvons, et répétons en chœur.

MARCEL.

RONDEAU.

Premier couplet.

Tra, la, tra, la, tra, la, la, la.
Tra, la, tra, la, tra, la, la, la.
  Pour chercher la richesse
  Antonin s'embarquait,
  Et Mina, sa maîtresse,
  Au matelot disait :
  Que le flot qui t'entraîne
  Veille bien sur ton sort,
  Et que Dieu me ramène
  Mes amours à bon port!
  Puis, sa voix au lointain
  Confiait son refrain...
Tra, la, tra, la, tra, la, la, la.
Tra, la, tra, la, tra, la, la, la.

Deuxième couplet.

  Mais un jour se balance,
  Au milieu des flots bleus,
  Un vaisseau qui s'élance
  Comme venant des cieux!
  Pour Mina plus de peine,
  Car, veillant sur son sort,
  Le bon Dieu lui ramène

Ses amours à bon port!
Et sa voix au lointain
Répétait son refrain...
Tra, la, tra, la, tra, la, la, la.
Tra, la, tra, la, tra, la, la, la.

LES MARINS.

Bravo! bravo!... C'est ravissant!...
Vraiment, Marcel est un garçon charmant!
Grâce à son chant, grâce à son vin,
Auprès de lui point de chagrin!...

(Marcel sort avec les marins.)

SCÈNE II.

SIMONNE, TRUMBELL, entrant mystérieusement par la porte de côté.

TRUMBELL, à part.

Grâce au ciel!... les voilà partis!... (A Simonne.) Viens ici, mon enfant, m'aider à avoir une idée.

SIMONNE.

Ah! mon Dieu! comme vous êtes pâle!

TRUMBELL.

C'est ce qui m'arrive assez volontiers quand j'ai peur.

SIMONNE.

Vous, un ancien cromwelliste, une Tête-Ronde, un enragé puritain!...

TRUMBELL.

C'est pour cela.

SIMONNE.

Qui autrefois, dit-on, ne respiriez que la guerre et le pillage...

TRUMBELL.

Parce qu'alors je n'avais rien; mais aujourd'hui que j'ai du vin dans ma cave et des guinées dans ma poche, je suis pour l'ordre établi... Et voilà ce dont il s'agit : Hier, dans la nuit, deux voyageurs sont arrivés dans cette taverne avec une suite nombreuse... tu étais déjà endormie... c'est moi qui les ai reçus. Ils ont demandé deux chambres séparées, les meilleures, qu'ils ont payées d'avance...

SIMONNE.

Jusqu'ici, je ne vois rien d'effrayant.

TRUMBELL.

Attends donc!... Ce matin, je buvais avec un de leurs domestiques, parce que, moi, je ne suis pas fier, je bois avec tout le monde; et ce garçon, qui n'est pas habitué à notre porter, s'est mis à jaser... à jaser sur ses maîtres, comme de juste, et m'a avoué à l'oreille que la personne, la jeune dame logée là, était la femme du prétendant, du roi Charles II.

SIMONNE.

Une reine!

TRUMBELL.

Une reine... si on veut... mais nous ne voulons pas!... Il n'y a plus de Stuarts... J'ai juré fidélité à Cromwell, mon général, et à son fils Richard, qui lui succède; et Trim Trumbell n'a jamais manqué à ses serments ni à ses principes!

SIMONNE.

Eh bien! alors, que voulez-vous faire?

TRUMBELL.

Ce que je veux faire? Par la mordieu! c'est déjà fait!... Il y a un ancien bill qui condamne à mort les Stuarts et tous ceux qui leur donneraient asile...

SIMONNE.

Eh bien! cet asile, vous ne le donnez pas... vous le faites payer.

TRUMBELL.

Je le sais bien... et c'est ce qui me sauve... Mais c'est

égal; j'ai voulu, malgré cela, me mettre en règle, et s'il est vrai que j'aie chez moi quelque personne de la famille royale...

SIMONNE.

Ici, dans une taverne ! Ce n'est guère probable.

TRUMBELL.

Tu crois ?

SIMONNE.

Et, sur le rapport d'un domestique ivre, vous allez vous effrayer !...

TRUMBELL, à part.

C'est vrai ! j'ai peut-être eu tort.

SCÈNE III.

Les mêmes; LADY PEKINBROOK.

TRUMBELL, allant au-devant d'elle.

Que vois-je ?... Lady Pekinbrook, la plus grande dame du comté... le plus beau château du pays, dans mon auberge !

LADY PEKINBROOK.

Tu dis vrai; cette obscure taverne ne devait pas s'attendre à un pareil honneur ni à un autre plus grand encore.

TRUMBELL.

Que dites-vous ?

LADY PEKINBROOK.

Silence ! Trim Trumbell... Il y va de l'illustration de ta maison, de son anoblissement peut-être, et à coup sûr de ta fortune...

TRUMBELL.

Serait-ce possible ?

LADY PEKINBROOK.

C'est moi qui te le garantis... moi, Arabelle Pekinbrook,

ancienne dame d'atours de la feue reine... moi qui, depuis onze ans privée de mes honneurs et prérogatives, suis obligée, au fond de cette province, de dévorer en silence mes humiliations et les vingt mille livres sterling de rente qui me sont restées. Mais l'heure approche où le malheur et la fidélité vont enfin recevoir leur juste récompense!... N'est-il pas arrivé cette nuit, mystérieusement, dans ton auberge une jeune dame et sa suite?

TRUMBELL.

Oui, milady!

LADY PEKINBROOK, à Trumbell et à Simonne.

Ah! soutenez-moi!... (Vivement.) Non! ne me soutenez pas! conduisez-moi à ses pieds.

TRUMBELL.

Elle n'est pas levée.

LADY PEKINBROOK.

C'est différent... je ne puis, je n'oserais... l'étiquette avant tout... et ce n'est pas moi qui voudrais y manquer... s'agit-il du salut de la monarchie!... Mais dès qu'on aura paru, dès qu'on aura sonné, que quelqu'un vienne me prévenir, m'avertir, dans mon château ici près.

TRUMBELL, montrant Simonne.

Ma nièce.

LADY PEKINBROOK.

Ah! cette jeune fille, c'est ta nièce?... Bien... que cela ne sorte pas de la famille... Et toi, Trim, tu remettras cette lettre à Sa Majes... non, au chambellan, au maréchal, à la première dame d'honneur.

TRUMBELL.

Comment! Est-ce que vraiment ce serait?...

LADY PEKINBROOK.

Tais-toi, tais-toi! Puisqu'elle a choisi ta maison, je ne doute pas de la pureté de tes sentiments... malgré ta mauvaise réputation de cromwelliste.

17.

TRUMBELL.

Moi!

LADY PEKINBROOK, vivement.

Tant mieux... c'est ce qu'il faut... On dit d'une manière et l'on pense d'une autre; c'est le seul moyen à présent d'être fidèle... Je n'ai pas besoin de vous recommander les soins, le dévouement, le respect... Voici d'abord une centaine de guinées, sans compter le reste.

SIMONNE et TRUMBELL.

C'est donc vrai? c'est donc la reine?

LADY PEKINBROOK, à demi-voix.

Oui, mes amis... oui, la princesse de Portugal, la jeune épouse de Charles II, qui vient à travers les périls rejoindre son royal époux.

TRUMBELL, avec embarras et hésitation.

Ah çà! vous croyez donc que tout ça réussira?

LADY PEKINBROOK.

Il n'y a pas de doute... L'Angleterre est lasse du protectorat... il lui faut une cour, une famille royale, des levers, des réceptions, des plaques et des cordons... c'est indispensable à son bonheur!... La mort de Cromwell laisse le pouvoir aux mains de Richard, son fils, dont on ne se soucie guère... et l'on dit de plus que le chef de l'armée, que Monk est pour nous et qu'il trahit par dévouement.

TRUMBELL, avec hésitation.

Ça se peut donc? Et il ne lui arrivera rien, il ne lui sera rien fait?

LADY PEKINBROOK.

Il sera fait duc et pair!

TRUMBELL, à part.

Ah! mon Dieu!

LADY PEKINBROOK.

Ce que je vous recommande, c'est de ne laisser parler

la reine, avant moi, à aucun noble du pays... Ils ont tous des prétentions si exagérées, si ridicules... Ce n'est pas comme moi... le cœur, le dévouement, le royalisme purs.

COUPLETS.

Premier couplet.

Nos destins vont changer, et sous ce règne auguste
Nous serons tous placés, nous serons tous heureux ;
Je fais d'abord nommer mon époux, c'est trop juste,
Mes trois fils, mes cousins, mes oncles, mes neveux.
On rétablit pour nous et la glèbe et la dîme,...
Quel profit nos malheurs nous auront rapporté !
  Ah ! qu'il est doux d'être victime
   De la fidélité !...

Deuxième couplet.

Oui, la loi qui punit la révolte illégale,
De ceux qui n'ont rien fait doit payer les travaux !
Hélas ! sur les Stuarts et la race royale
Nous avons tant pleuré... cachés dans nos châteaux !
Sans avoir rien perdu, ce dévoûment sublime
Doit nous rendre richesse, honneurs et dignité !...
  Ah ! qu'il est doux d'être victime
   De la fidélité !

(A Simonne et Trumbell.)

Silence, dévouement, et votre fortune est faite !

(Elle sort par la droite.)

SCÈNE IV.

TRUMBELL, SIMONNE, puis MARCEL.

TRUMBELL, se frottant le front.

Diable ! diable ! il paraît que c'est la reine, et que son parti va réussir.

SIMONNE.

Tant mieux, mon oncle, parce qu'alors, comme disait cette grande dame, notre fortune est assurée.

TRUMBELL.

J'entends bien... Mais alors par fidélité à mes principes, à mes anciens principes... je crains bien d'avoir fait une fameuse bêtise.

SIMONNE.

Comment! Qu'avez-vous donc? quel air soucieux!

TRUMBELL.

Rien! rien! (Appelant.) Marcel! Marcel!

MARCEL, accourant.

Eh bien! quoi que vous me voulez?

TRUMBELL.

Écoute, mon garçon. Tu vas courir chez le shérif, qui demeure à deux milles d'ici... Tu entends?

MARCEL.

Très-bien!

TRUMBELL.

Magistrat du pays et médecin de campagne, il est possible qu'il ne soit pas rentré et qu'on ne lui ait pas remis une lettre apportée par maître Trim Trumbell... Alors tu la redemanderas... Tu comprends?

MARCEL.

Très-bien!

TRUMBELL.

Peut-être même est-elle encore sur la table où je l'ai mise... Rapporte-la-moi sur-le-champ, et nous sommes sauvés.

MARCEL, étonné.

Comment cela?

TRUMBELL.

Cours, et ne réfléchis pas. Allons! allons! de la vivacité... (Marcel sort.) Toi, ma nièce... (Voyant la première porte à droite s'ouvrir.) La porte s'ouvre! Sa Majesté est levée... la reine va paraître.

SIMONNE, avec joie.

Quel plaisir!

TRUMBELL.

Ah bien! oui, il ne s'agit pas de s'amuser... mais d'aller avertir lady Pekinbrook... Dis-lui que sa seigneurie peut se présenter.

SIMONNE.

Oui, mon oncle.

TRUMBELL, la mettant à la porte.

Eh! va donc!... On ne dirait jamais que ces gens-là arrivent de France... ils ne savent pas se remuer... tandis que moi... Dieu! voici déjà le maréchal, le chambellan, le chevalier d'honneur et la reine... la reine elle-même... Moi qui sous Cromwell n'avais pas l'habitude d'en voir...

(Il se tient courbé respectueusement.)

SCÈNE V.

D'ELVAS, FRANCINE, TRUMBELL.

D'ELVAS, s'avançant en donnant la main à Francine et apercevant Trumbell à moitié prosterné.

Qu'est-ce donc, maître Trumbell? et que veut dire cette posture?

TRUMBELL.

C'est la seule qui me convienne... Je sais, monseigneur, je sais tout.

D'ELVAS.

Alors, du silence!

TRUMBELL.

Aussi, je me tais... Mais ma maison, ma famille, mes gens, je viens tout offrir à madame.

FRANCINE, étonnée.

A moi?

D'ELVAS, bas à Francine.

Acceptez sans parler!... (Francine fait un geste.) C'est bien!

TRUMBELL.

De plus, une lettre de la comtesse Pekinbrook, la plus noble dame du pays, qui est déjà venue attendre le lever de...

D'ELVAS.

Il suffit; remettez cette lettre.

(Trumbell passe près de Francine, met un genou en terre et lui présente la lettre.)

D'ELVAS, bas à Francine qui reste stupéfaite.

Prenez et lisez.

FRANCINE, lisant.

« On ne paraît pas de peur de vous compromettre, mais « vous êtes reconnue; un signe, et l'on est à vos pieds; un « mot, et vingt mille, trente mille guinées sont à votre dis- « position; on sollicite l'honneur de vous les apporter... » (Bas à d'Elvas.) Je déclare que si j'y comprends quelque chose...

D'ELVAS, bas.

Ce n'est pas nécessaire... (Haut à Trumbell.) Madame recevra milady,... Laissez-nous.

TRUMBELL.

Encore une faveur!... la plus grande de toutes, la permission de baiser le bas de votre robe.

D'ELVAS.

Mieux que cela!... la main que madame vous offre... (Bas à Francine.) Offrez-la donc!... (Francine la présente à Trumbell qui l'embrasse.) Quiconque a touché cette main est anobli... Relève-toi, premier maître-d'hôtel du palais, baron de Béri-Gool!

TRUMBELL, à part.

Moi!... baron!... O Cromwell!... si tu me voyais! (A haute voix.) Vive la reine!

D'ELVAS.

Tais-toi, tais-toi! et laisse-nous.

(Trumbell sort après avoir salué respectueusement.)

SCÈNE VI.

FRANCINE, D'ELVAS.

FRANCINE, regardant avec étonnement autour d'elle.

Qu'est-ce que tout ça signifie?

D'ELVAS.

J'ai tenu mes promesses, et depuis le moment où nous nous sommes embarqués, j'espère que mon respect...

FRANCINE.

C'est juste!... deux chambres séparées, et pas un mot d'amour ou de galanterie. Je ne le croyais pas... Mais vous m'avez promis de tout me dire en Angleterre, et nous y sommes.

D'ELVAS.

Tu as raison; écoute-moi donc et tâche de ne rien oublier... (Voyant qu'elle est debout près de lui.) Ah! assoeis-toi; c'est plus convenable, si quelqu'un venait... (Francine va s'asseoir.) Sais-tu d'abord, qu'il y a quelques années, l'Angleterre avait un roi qu'on appelait Charles Ier?

FRANCINE.

Ma foi, non! mais il avait là un beau pays, et il devait être bien heureux!

D'ELVAS.

Au contraire; il fut condamné à mort, et sa famille est exilée depuis onze ans.

FRANCINE, étonnée.

Ah bah! vous en êtes bien sûr?

D'ELVAS.

Tellement sûr que son fils, qu'on nomme Charles II, est

débarqué depuis un mois en Angleterre, pour reconquérir son royaume.

FRANCINE, naïvement.

Je ne demande pas mieux... Mais qu'est-ce que ça peut me faire, à moi?

D'ELVAS.

Tu vas le savoir... Il a une jeune femme, une princesse de Portugal, ma souveraine, à moi!...

FRANCINE.

C'est vrai!... vous m'avez dit que vous étiez un seigneur portugais.

D'ELVAS.

Cette reine ne veut pas rester plus longtemps séparée de son mari... Malgré nos conseils, qui lui prescrivaient d'attendre en France ou en Hollande, elle a voulu absolument rejoindre le roi et partager son sort et ses dangers.

FRANCINE.

C'est bien à elle... c'est une brave femme!... Mais moi, en quoi ça me regarde-t-il?

D'ELVAS.

Nous y voici... Il fallait tromper la surveillance des croisières anglaises, et, une fois débarqués, donner le change aux espions de Richard et du parlement... Alors, et sur un bâtiment français, un modeste bateau pêcheur, la reine aborde en Écosse, pendant que toi, sur un superbe vaisseau portugais, tu descends sur les côtes d'Angleterre avec assez d'adresse pour que la ville de Brighton et tous les environs sachent déjà que la princesse de Portugal, la femme de Charles II, est cachée dans une taverne de cette ville.

FRANCINE, après un moment de silence.

Eh bien?...

D'ELVAS.

Eh bien!... toutes les forces, tous les constables, toute

la police du royaume se concentrent de ce côté... ce qui assure le voyage de la vraie reine et lui permet de rejoindre son époux!

FRANCINE.

Et si pendant ce temps on nous arrête?

D'ELVAS.

Je l'espère bien... et je m'arrange pour cela!

FRANCINE, d'un air inquiet.

Oui, mais moi, ça ne m'arrange pas, et je voudrais savoir ce qui m'arrivera.

D'ELVAS.

Il t'arrivera d'être conduite à Londres, à petites journées... avec les plus grands égards... dans une belle voiture à quatre chevaux; toi qui aimes à aller en voiture...

FRANCINE, avec joie.

Quatre chevaux!...

D'ELVAS.

Peut-être huit... avec de belles glaces et de beaux cavaliers à chaque portière...

FRANCINE.

Et puis?...

D'ELVAS.

Et puis, quand nous aurons gagné par là le temps nécessaire, ou même plus tôt, si les événements le permettent... je dirai la vérité... La reine d'Angleterre redeviendra Francine Camusat... Et comme on n'a jamais été au pouvoir sans qu'il en reste quelque chose... sa royauté lui vaudra, ainsi que je le lui ai promis, une soixantaine de mille livres pour sa cassette!

FRANCINE, avec joie.

Vraiment?

D'ELVAS.

Toutes les reines ont une cassette.

FRANCINE.

C'est gentil !... Et qu'est-ce que j'aurai à faire ?

D'ELVAS.

Tu l'as déjà vu... être encensée, adorée, recevoir des hommages... et prodiguer en échange des éloges et des remerciments, donner libéralement sa main à baiser, distribuer, sans les compter, les sourires à ceux qui regardent, les promesses à ceux qui demandent, et les cordons à tout le monde !... Dans les restaurations ça ne coûte rien et ça rapporte... Surtout, silence absolu, même avec nos plus zélés partisans... ces nobles familles, dont les prétentions, l'indiscrétion et les exigences ont toujours compromis la cause qu'elles voulaient servir... (Voyant entrer lady Pekinbrook.) On vient !... ça commence déjà !... (Haut.) Milady, comtesse de Pekinbrook, que j'ai l'honneur de présenter à Sa Majesté. (A demi-voix, à Francine.) Un sourire gracieux !...

(Francine fait un sourire à lady Pekinbrook.)

SCÈNE VII.

Les mêmes ; LADY PEKINBROOK.

LADY PEKINBROOK, très-émue.

Ah ! madame ! ah ! Votre Majesté !... La surprise, la joie, l'attendrissement... J'avais là-dessus trois ou quatre phrases qu'il m'est impossible d'achever... L'émotion m'a rendue muette !...

D'ELVAS.

C'est un genre d'éloquence qui a bien son prix... et que Sa Majesté préfère... (A lady Pekinbrook, qui est prête à se trouver mal.) Eh bien ! que faites-vous donc, milady ?... Vous trouver mal devant la reine !...

LADY PEKINBROOK, avec une transition brusque.

C'est juste !... l'étiquette !... C'est, je crois, monsieur le comte d'Elvas que j'ai l'honneur de revoir... marquis de Villareal et parent de la nouvelle reine ?

D'ELVAS.

Moi-même, qui l'année dernière, ai vu à Breda, près du roi Charles II, monsieur le comte et madame la comtesse de Pekinbrook !...

LADY PEKINBROOK, à Francine.

Sa Majesté n'avait pas encore quitté le Portugal...

D'ELVAS.

A peine mariée... c'est la première fois qu'elle daigne se montrer à ses fidèles sujets d'Angleterre !...

LADY PEKINBROOK.

Aussi je tenais ardemment à lui jurer la première serment de fidélité... car tous les nobles des environs étaient aux aguets pour me ravir cet honneur, et ils sécheraient de jalousie s'ils savaient seulement toutes les choses aimables et gracieuses que Sa Majesté a daigné m'adresser !...

FRANCINE, bas à d'Elvas.

Je n'ai encore rien dit !

D'ELVAS, bas.

C'est ce qu'il faut... Continuez de même !

LADY PEKINBROOK.

Ah ! j'en garderai un éternel souvenir !... Nous le méritons, j'ose le dire, par l'inébranlable attachement que nous avons montré à la dynastie déchue... Lord Pekinbrook, mon époux, a toujours gardé sous l'usurpateur un silence obstiné et séditieux... Il est toujours resté dans ses terres et ne s'est jamais montré. Aussi, j'ose espérer que ces onze ans de dévouement et de services ne seront pas stériles, et que Sa Majesté daignera se le rappeler pour le premier gouvernement vacant !... Moi, autrefois dame d'atours, je ne demande rien pour moi... rien que mon rang, avec les droits attachés à l'ancienneté...

D'ELVAS, avec un signe approbatif.

Comment donc !...

LADY PEKINBROOK, continuant.

Mais je demanderai, en revanche, un régiment pour mon fils aîné, l'ordre de Saint-André pour les deux autres... Et quant à mes trois derniers, dont je garantis le jeune dévouement, je les présente avec confiance comme pages de Votre Majesté !

FRANCINE, à lady Pekinbrook.

Vous n'avez pas d'autres parents ?

LADY PEKINBROOK, avec effusion.

Ah ! madame !... je sens tout ce que cette demande a de gracieux, de généreux, de vraiment royal !...

SCÈNE VIII.

Les mêmes ; TRUMBELL, puis SIMONNE.

TRUMBELL, accourant.

Madame !... madame !...

LADY PEKINBROOK.

Qu'est-ce donc ?

D'ELVAS, à part, avec joie.

Viendrait-on nous arrêter !

TRUMBELL.

Tous les nobles du pays qui arrivent !...

D'ELVAS, tristement, à part.

Ah ! que cela...

TRUMBELL.

Je les ai tous reconnus !... ils sont là dans le salon de cent couverts à attendre Sa Majesté.

LADY PEKINBROOK, bas à Trumbell.

Maladroit !... Vous les avez donc prévenus ?

TRUMBELL, de même.

Eh! non... ils sont venus tout seuls!...

LADY PEKINBROOK.

Preuve, comme je le disais, que nos affaires vont à merveille!... Aussi Sa Majesté va être accablée de harangues et de demandes auxquelles je voudrais la soustraire.

D'ELVAS.

Impossible!... Il faut que la reine reçoive.

FRANCINE, à demi-voix.

Vous croyez?... Et que leur dire?

D'ELVAS, de même.

Toujours la même chose.

FRANCINE, de même.

Ça n'est pas difficile... (Haut.) Mais recevoir ainsi, en costume de voyage... l'on dirait plutôt d'une grisette que d'une majesté, tant la mienne est chiffonnée... (D'Elvas lui fait un signe, elle lui dit à demi-voix:) Chiffonnée... ça se dit!...

LADY PEKINBROOK.

N'est-ce que cela?... J'ai tout prévu... j'avais chargé la jeune fille qui est venue m'annoncer votre arrivée...

TRUMBELL, avec fierté.

Ma nièce!

LADY PEKINBROOK, continuant.

D'apporter à Votre Majesté quelque robe de cour... (A Simonne, qui vient de la droite portant plusieurs cartons.) Déposez cela dans l'appartement de la reine... (A Francine.) J'y ai joint quelques coiffures à moi...

FRANCINE, à part.

Qui ne m'iront jamais!

LADY PEKINBROOK, à Simonne qui est au fond du théâtre.

Laissez ce carton... (Simonne laisse un carton, porte les autres dans l'appartement à droite, et rentre un instant après.) C'est ce qu'il y a de plus nouveau... cela vient de France.

FRANCINE, vivement.

Ah ! voyons !... Je vous dirai tout de suite si c'est d'un bon genre... s'il y a du style... Il faudrait d'abord savoir de quel magasin... (Un regard de d'Elvas l'arrête.) De quel magasin ça vient ?

(Pendant ce temps Simonne est rentrée, a ouvert le carton et présente une toque à lady Pekinbrook.)

QUINTETTE.

LADY PEKINBROOK, à Francine, lui montrant sa coiffure.
Cette toque plait-elle à Votre Majesté ?

FRANCINE, l'examinant.
Mais oui, c'est fort gentil...

(A part, regardant lady Pekinbrook.)
Pour une tête anglaise
Ce n'est pas trop mal ajusté.

LADY PEKINBROOK, à Simonne.
Approchez, mon enfant !... Cette jeune Française
Va m'aider à vous la poser !

FRANCINE.
Je la mettrai mieux seule...

D'ELVAS, arrêtant Francine.
On ne peut refuser
Des services offerts avec autant de grâce.

FRANCINE, bas à d'Elvas.
Elles vont me coiffer de travers !

D'ELVAS, bas.
Dans ta place
On est toujours fort bien !

LADY PEKINBROOK, plaçant la toque sur la tête de Francine.
C'est cela, m'y voici...

(A Simonne.)
Mets des épingles par ici !...

SIMONNE, s'approchant.
Quel honneur ! coiffer une reine !

FRANCINE, sans la regarder.

Tâchez au moins que cela tienne !
(Jetant un cri.)
Maladroite!... vous me piquez !...

SIMONNE, confuse.

C'est le trouble...

LADY PEKINBROOK.

Vous répliquez !...

TRUMBELL, à Simonne.

Vous osez répliquer à votre souveraine !

SIMONNE, levant les yeux et reconnaissant Francine.

Pardon!... Dieu! qu'ai-je vu ?... Non! non!... j'y crois à peine!
C'est vous, qui... c'est vous, que...

D'ELVAS et FRANCINE, à part, la reconnaissant.

Simonne !... quel malheur !

FRANCINE à part.

Elle va renverser mon trône et ma grandeur !

Ensemble.

SIMONNE.

Étrange surprise !
Et que croire ici ?
C'est une méprise,
Qui m'abuse ainsi.
Je la quitte à peine
Dans son magasin !
Et la voici reine !
Dieu ! quel beau chemin !

LADY PEKINBROOK et TRUMBELL.

D'où vient ta surprise ?
Qui t'agite ici ?
C'est quelque méprise,
Qui la trouble ainsi.
Je respire à peine,
Cela peut enfin

Offenser la reine !
Pour nous quel chagrin !

FRANCINE et D'ELVAS, à part.

Fatale surprise !
Elle peut ainsi,
D'un mot, à sa guise,
Tout changer ici !...
Et, quoi qu'il advienne,
Renvoyer soudain,
Une noble reine
Dans son magasin !

TRUMBELL, à Simonne.

Allons, qu'as-tu ?... réponds !

LADY PEKINBROOK.

Connais-tu la princesse ?...

SIMONNE, troublée.

Moi ? non !... oui !... non !...

LADY PEKINBROOK.

Où l'as-tu vue, enfin ?
A sa cour ?...

SIMONNE.

Ah ! bien, oui !...

LADY PEKINBROOK.

Voyez quelle hardiesse !

SIMONNE.

Je la vis !...

LADY PEKINBROOK.

Où cela ?...

SIMONNE.

Mais dans un magasin
De modes...

LADY PEKINBROOK.

Quelle fable !...
Une reine modiste !

TRUMBELL.

Ah ! c'est invraisemblable !...

LADY PEKINBROOK.

Pis que cela !... c'est une indignité !...

D'ELVAS.

Vous vous trompez... car c'est la vérité !

TOUS.

Que dit-il ?... quel mystère !
Est-ce la vérité ?

FRANCINE, à part.

Ciel ! que dire ?... et que faire ?...
Adieu ma majesté !...

D'ELVAS.

Sachez ici tout le mystère !

TOUS.

Voyons, écoutons le mystère !

D'ELVAS.

Dans les murs de Calais, cachant son noble rang
Sous le modeste habit d'une simple ouvrière,
Ma noble souveraine attendait le moment
De s'embarquer pour l'Angleterre !

FRANCINE, à part.

Le comte ment fort gentiment !

LADY PEKINBROOK.

J'en étais sûre... Une simple ouvrière
N'aurait pas cet air imposant !...

FRANCINE, à part.

La vieille s'y connaît, vraiment !...

TRUMBELL, à Francine.

Daignez lui pardonner ce tort !

FRANCINE, avec dignité.

Je lui pardonne... Et d'ailleurs j'aime fort
Les modistes... Aussi, je veux en souveraine

Encourager cet art, où brillent de tous temps
La constance, les mœurs, les vertus, les talents !

Ensemble.

FRANCINE, à part.

Je l'échappe belle
Pour ma dignité !
Le sort est fidèle
A ma majesté !
Mais de la grisette,
Avec vérité,
Combien je regrette
La franche gaîté !

D'ELVAS, à part.

Nous l'échappons belle
Pour sa dignité !
Le sort m'est fidèle ;
Mais, en vérité,
De notre grisette
La vive gaîté
Perce sous l'aigrette
De Sa Majesté.

LADY PEKINBROOK, SIMONNE et TRUMBELL.

Mon Dieu ! qu'elle est belle !
Quel air de fierté !
Ah ! quel cœur rebelle
Aurait résisté ?
Quelle erreur complète,
D'avoir hésité
Entre une grisette
Et Sa Majesté !

D'ELVAS, à Simonne, après avoir parlé bas à Francine.

Pour vous prouver sa royale indulgence,
Sa Majesté vous fait une faveur !

SIMONNE et TRUMBELL.

Une faveur !... Quelle douce espérance !

D'ELVAS.

On daigne vous nommer demoiselle d'honneur !

LADY PEKINBROOK, stupéfaite.

Demoiselle d'honneur !...

SIMONNE.
Cet état-là, je pense,
N'est pas aisé !...

TRUMBELL.
Quelle reconnaissance !

FRANCINE, bas à d'Elvas.
Mais ça ne lui va pas du tout !

TRUMBELL.
Vous verrez son futur... c'est un garçon de goût !
Nous vous l'amènerons...

FRANCINE.
Qui ? son futur !...
(A part.)
Je n'ose
Lui demander son nom... Si c'était...

SIMONNE, à Francine.
C'est Marcel
Que vous connaissez bien !...

FRANCINE, vivement.
Marcel !... Ah ! je m'oppose
A cet hymen !... je le défends !...

TRUMBELL et SIMONNE.
O ciel !

D'ELVAS, surpris.
Pourquoi cela ?...

FRANCINE, bas à d'Elvas.
Mais c'est celui que j'aime...
Et, je vous le déclare ici,
Trône, faveurs, richesse, honneur suprême,
Je vous rends tout... je ne garde que lui !

D'ELVAS, bas à Francine.
Mais tais-toi donc !

(Haut à Trumbell.)
La reine pense,
Qu'il faut à votre nièce une noble alliance,
Un duc, un comte, un grand seigneur !

TRUMBELL.
Cela me semble juste, avec notre grandeur !
(A Simonne.)
Qu'en dis-tu ?...

SIMONNE.
S'il faut être sincère,
Je dis qu'un grand seigneur serait assez l'affaire
D'une demoiselle d'honneur !

FRANCINE, à part.
Pauvre Marcel !... va ! l'on ne t'aime guère !

D'ELVAS, bas à Francine.
Tu vois que, grâce à moi, tu gardes en ce jour
Et ta couronne et ton amour !...
(Haut, et montrant la porte du fond.)
Mais la noblesse attend...

LADY PEKINBROOK.
La royale toilette
De Sa Majesté n'est pas faite !

FRANCINE.
Simonne, suivez-moi... car dès ce moment-ci
Je vous attache à moi...
(A part.)
Pour l'éloigner de lui !...

Ensemble.

FRANCINE, à part.
Je l'échappe belle, etc.

D'ELVAS.
Nous l'échappons belle, etc.

LADY PEKINBROOK, SIMONNE et TRUMBELLE.
Mon Dieu! qu'elle est belle, etc.

(D'Elvas, comme chevalier d'honneur, présente l'avant-bras à Francine qui sort en s'appuyant sur lui et en faisant de l'autre main un salut de protection à Trumbell. Elle donne quelques ordres à lady Pekinbrook, qui répond par une révérence ; puis elle entre avec d'Elvas dans les appartements à droite. Simonne les suit.)

SCÈNE IX.

TRUMBELL, LADY PEKINBROOK.

TRUMBELL, avec enthousiasme.

Sa Majesté est charmante !... nommer ma nièce demoiselle d'honneur !

LADY PEKINBROOK, à part.

Nomination que nous rectifierons !... (Haut.) Je vais, de la part de la reine, près de la noblesse qui est là, dis-tu...

TRUMBELL, montrant la porte du fond.

Dans le salon de cent couverts.

LADY PEKINBROOK.

Les prévenir que Sa Majesté va recevoir leurs hommages... Mais pendant qu'ils sont tous à attendre la réussite, sans rien oser, sans rien hasarder... si à nous deux nous devancions les événements...

TRUMBELL.

Comment cela ?

LADY PEKINBROOK.

Dans cette petite ville, qui est toute royaliste et où il n'y a pas un soldat presbytérien, nous pouvons, sans rien craindre, risquer une manifestation courageuse qui nous fera un honneur infini... Fais sonner les cloches de la paroisse.

TRUMBELL.

Moi !

LADY PEKINBROOK.

Et, par ordre du comte d'Elvas, je vais faire tirer l'artillerie du vaisseau *le San-Carlos*.

TRUMBELL.

Prenez garde !... prenez garde !... Ne nous pressons pas ! Il peut y avoir du danger.

LADY PEKINBROOK.

Aucun !... un seul shérif à deux milles d'ici... Comme médecin, il est toujours en route... Il faudrait donc que quelqu'un se fût chargé exprès de l'avertir chez lui...

TRUMBELL, à part.

Ah ! mon Dieu !

LADY PEKINBROOK.

Pour qu'il allât lui-même au cantonnement voisin requérir des soldats... Et qui nous aurait dénoncés ?

TRUMBELL, tremblant.

Qui ?

LADY PEKINBROOK.

Ce n'est pas moi !

TRUMBELL, de même.

Ni moi non plus !... (A part.) Mais cette maudite lettre... si je pouvais la ravoir !

SCÈNE X.

Les mêmes, MARCEL, accourant.

MARCEL.

Mon oncle, mon oncle ! me v'là !... J'ai joliment couru... Votre lettre que je vous rapporte !

TRUMBELL, la saisissant vivement et la cachant dans sa poche.

Vive le roi !... ou plutôt, vive la reine !... (A Marcel qui veut parler.) Tais-toi !

LADY PEKINBROOK.

Qu'est-ce donc ?

TRUMBELL.

Rien !... c'est-à-dire rien... d'excellentes nouvelles... Le ciel se déclare pour la bonne cause... Faisons tirer le canon ! faisons sonner les cloches ! rendons à notre souveraine tous les honneurs dus à son rang... De plus, je veux et j'entends qu'ici, dans ma maison, tout mon monde soit sous les armes !

LADY PEKINBROOK.

C'est juste !... c'est juste ! il faut à Sa Majesté une garde d'honneur !

TRUMBELL, à Marcel, lui donnant une carabine.

Prends ma carabine !

MARCEL, étonné.

Moi !

TRUMBELL.

N'aie pas peur... Elle n'est pas chargée... elle ne l'est jamais.

LADY PEKINBROOK, à Marcel.

Toi... en faction à cette porte !... Ta consigne est de rester ici... de présenter les armes à Sa Majesté... de ne laisser entrer personne sans son ordre ou le mien... et surtout de ne pas quitter ton poste... ou sinon, passé au conseil de guerre... Présentez armes !... c'est bien !

(Marcel porte les armes à lady Pekinbrook, qui sort par le fond.)

SCÈNE XI.

MARCEL, en faction, TRUMBELL, causant avec lui.

TRUMBELL.

Eh bien ! mon garçon !... voilà de fameux événements !

MARCEL, s'avançant vers lui.

Bien vrai ?

TRUMBELL.

Reste donc à ton poste !... (Marcel se remet en faction.) Oui, mon enfant; je l'ai vue cette grande reine qui s'asseyait elle-même ici, sur cette chaise !

MARCEL.

Diable ! je voudrais bien la voir aussi !

TRUMBELL.

Ça ne tardera pas ! car elle est là, dans cet appartement, à sa toilette, avec ma nièce qu'elle a nommée demoiselle d'honneur.

MARCEL, s'avançant.

Pas possible !...

TRUMBELL.

Reste donc à ton poste ! (Même jeu.) et moi, maître d'hôtel du palais, baron de Beri-Gool !

MARCEL, étonné.

Vous ?

TRUMBELL.

Comme tu vois ! et je n'en suis pas plus fier !... A propos de ça, mon pauvre garçon, j'ai une mauvaise nouvelle à t'annoncer; tu ne peux plus épouser ma nièce !

MARCEL.

Pour quelles raisons ?

TRUMBELL.

La reine ne le veut pas, ni nous non plus.

MARCEL.

A cause ?...

TRUMBELL.

A cause de l'élévation de notre rang et de la bassesse du tien !...

MARCEL.

Vous!... un partisan de Cromwell... un puritain qui voulez l'égalité!

TRUMBELL.

C'est vrai!... je veux que tout le monde soit riche et grand seigneur!... voilà comme j'entends l'égalité, et comme tu n'es ni grand seigneur ni riche...

MARCEL, avec colère.

Eh bien! par exemple!... (Se reprenant.) Ce n'est pas tant pour la chose... car ça m'est égal d'être marié ou garçon... mais dire qu'en France et en Angleterre personne ne veut de moi à cause de ma fortune... il y a de quoi la prendre en haine!...

TRUMBELL.

Et elle est capable de te le rendre... Mais console-toi; la reine est excellente, et si tu lui demandes quelque chose, la moindre chose... d'être chevalier ou marquis, je suis sûr qu'elle te l'accordera!

MARCEL.

Je verrai.

TRUMBELL.

Et alors, sur-le-champ nous consentirons.

MARCEL.

Vous êtes bien bon... je vous remercie.

TRUMBELL.

C'est moi qui te remercie de ta course de tout à l'heure, et de la lettre que tu m'as apportée.

MARCEL.

Il n'y a pas de quoi... La vieille gouvernante du shérif ne voulait pas me la rendre... mais moi j'ai dit : « Il me la faut! mon oncle Trim Trumbell veut la ravoir... ou sinon! »

TRUMBELL.

C'est bien!

MARCEL.

« Ne vous fâchez pas, qu'elle m'a alors répondu... j'ai vu monsieur le shérif la mettre là, dans son tiroir... » Elle l'en a retirée et me l'a donnée!

TRUMBELL, avec effroi.

Comment!... le shérif était donc rentré?...

MARCEL.

Oui, sans doute!

TRUMBELL.

Il l'aura lue?...

MARCEL.

Apparemment!...

TRUMBELL, fouillant dans sa poche, et en retirant la lettre.

En effet!... elle a été décachetée!... elle a été ouverte...

MARCEL.

Que vous importe?... puisque vous l'avez?

TRUMBELL.

Ce qu'il m'importe!... Ah! mon Dieu!... que devenir?... Dis-moi, mon garçon...

MARCEL.

Je ne peux pas.. Je vais à mon poste... N'entendez-vous pas?...

TRUMBELL, avec frayeur.

Miséricorde!... Qu'est-ce qu'il va arriver?

(On entend sonner les cloches. On tire le canon. On bat le tambour. Les portes de l'appartement de droite s'ouvrent, ainsi que celles du fond. Marcel, qui s'est remis en faction, présente les armes à Francine, qui paraît en grande toilette de cour, se dirigeant vers la salle du fond en donnant la main à d'Elvas. Lady Pekinbrook paraît en tête de la noblesse. Tout cela sur une ritournelle très-brillante.)

SCÈNE XII.

Les mêmes; LADY PEKINBROOK, FRANCINE, D'ELVAS,
Dames et Seigneurs du comté.

LADY PEKINBROOK, annonçant.

La reine, mesdames!...
(Au moment où Francine passe devant Marcel, il jette un cri, et son arme lui tombe des mains. Il fait un mouvement pour courir vers elle, mais d'Elvas, qui s'en aperçoit, entraîne Francine, et les portes du fond se referment vivement sur eux et sur leur suite.)

SCÈNE XIII.

MARCEL, seul, vivement ému.

Ah! qu'ai-je vu, grands dieux!...
En croirai-je mon cœur! en croirai-je mes yeux!

ROMANCE.

Premier couplet.

Est-ce elle?... est-ce un songe, un prodige
Qui vient de m'apparaître ici?...
Elle! en ces lieux, ô doux prestige!
Ah! pourquoi si vite as-tu fui!...
Mais cette parure si belle,
Cette pompe, cette grandeur,
Et puis cet air plein de froideur...
   (Avec tristesse.)
Je me trompais, ce n'est pas elle!
C'était un rêve de mon cœur!

Deuxième couplet.

Est-ce elle qui, superbe et fière,
Passerait devant son ami,
Lorsque mon âme tout entière

Rien qu'à son approche a frémi !
Pourtant, j'ai vu sous la dentelle
Son trouble, et, je crois, sa rougeur...
Et puis son regard enchanteur !
(Avec passion.)
Ah ! jamais pour une autre qu'elle
N'aurait ainsi battu mon cœur !...
(Voyant les portes du fond s'ouvrir.)
On approche... la porte s'ouvre... Ah ! mon Dieu !...

(Il se remet vivement à son poste.)

SCÈNE XIV.

MARCEL, en faction; FRANCINE, parlant au fond aux DAMES NOBLES qui sont entrées avec elle.

FRANCINE.

Je demande quelques instants de repos... Lady Pekinbrook voudra bien me remplacer... (Les dames sortent. — A part et redescendant en scène.) Enfin, j'ai pu me soustraire à la surveillance de monsieur le comte qui ne me quittait pas des yeux... et pendant qu'il allait donner des ordres pour le banquet... c'est très-fatigant, mon état... surtout quand on n'en a pas l'habitude !... Ils sont tous à me demander des audiences particulières... (Apercevant Marcel qui lui présente les armes.) En voilà un qui n'en demande pas et qui en a peut-être grande envie !...

DUO.

MARCEL, en faction.

Si j'osais !

FRANCINE, à part.

Il hésite !...

MARCEL.

Ah ! je tremble !

FRANCINE, de même.

Il a peur !

MARCEL.

Quel tourment!

FRANCINE.

Le voici!

MARCEL, inquiet, s'arrêtant.

Halte-là!

FRANCINE.

Quel malheur!

Ensemble.

FRANCINE, à part.

Comme mon cœur palpite!
Serait-ce la frayeur?
Non... non... ce qui l'agite
Est plutôt du bonheur!

MARCEL, de même.

Quitter le poste que l'on garde,
Je le sais, est fort dangereux!

FRANCINE, de même.

Il ne vient pas...

(Se détournant.)

Mais il regarde...

MARCEL, courant à elle.

O ciel! voilà ses jolis yeux!

FRANCINE, d'un ton de princesse.

Que me veut cette sentinelle?...

MARCEL, stupéfait.

Je me trompais... ce n'est pas elle!
Francine m'aurait reconnu!

FRANCINE, à part.

Pauvre Marcel! qu'il est ému!
Eh bien! il retourne à sa place!

(Avec dignité.)

Approchez, mon garçon... Peut-être voulez-vous
Obtenir de moi quelque grâce?

MARCEL, à part, avec joie.

Ah ! voilà ses accents si doux !

FRANCINE, avec coquetterie.

Vous ferais-je peur ?...

MARCEL, venant à elle.

Au contraire...
C'est que... c'est que... malgré votre air sévère...

FRANCINE.

Eh bien !...

MARCEL.

Je crois voir !...

FRANCINE.

Quoi donc ?...

MARCEL, vivement.

Une coquette !... une ingrate !...

(S'arrêtant.)
Ah ! pardon !
Mais Votre Majesté possède sa figure !

FRANCINE, feignant la surprise.

Moi !...

MARCEL.

Ses regards et sa tournure !

FRANCINE.

Vraiment ?...

MARCEL.

Sa taille et ses attraits !

FRANCINE.

Vous riez !

MARCEL.

Enfin, dans vos traits
Chacun reconnaîtrait l'image...

FRANCINE.

De quoi !...

MARCEL.

De son doux et charmant visage!

FRANCINE, avec coquetterie.

Ah! vous croyez?...

MARCEL, avec passion.

Eh! tenez, maintenant,
Je trouve qu'en vous regardant...
C'est toi!... c'est vous!...

FRANCINE, sévèrement.

Arrêtez, insolent!...

Ensemble.

MARCEL, à part.

Ah! je respire à peine!
Est-on plus fou que moi?
Aller prendre une reine
Pour l'objet de sa foi!

FRANCINE, à part.

Je gémis de sa peine!
Qu'il a d'amour pour moi!
Ah! que l'état de reine
Est un pénible emploi!

MARCEL, avec expression.

Pardonnez-moi, pardonnez-moi, madame!
J'ai grand tort... mais à votre aspect
Malgré moi j'éprouve en mon âme
Bien plus d'amour que de respect!
A vos genoux chacun implore
Votre rang, votre dignité!
Moi, c'est une autre que j'adore
Aux pieds de Votre Majesté.

Ensemble.

MARCEL.

Ah! je respire à peine, etc.

FRANCINE.

Je gémis de sa peine, etc.

FRANCINE, s'oubliant peu à peu.
Vous l'aimez donc bien?

MARCEL, avec chaleur.

Si je l'aime!...
Ah! comme l'on n'aima jamais!

FRANCINE.

Mais qui sait... peut-être elle-même
Partage-t-elle vos regrets?

MARCEL.

Oh! non, non, c'est une volage!

FRANCINE.

Qui vous l'a dit?

MARCEL.

Hélas! mon cœur.

FRANCINE, vivement.
Vous vous trompez!

MARCEL.

Elle a, je gage,
D'autres amants!...

FRANCINE.

C'est une horreur!...

Ensemble.

MARCEL, surpris, à part.
Mon Dieu! quel délire
Agite son cœur!
Le mien y croit lire
Son ancien bonheur!
Chaque mot m'enflamme;
Quel doux souvenir!
Et je sens mon âme
Renaître et mourir.

FRANCINE, à part.
Que viens-je de dire?
Quel trouble en son cœur!

Le mien y croit lire
Notre ancien bonheur!
Chaque mot m'enflamme;
Quel doux souvenir!
Ah! je sens mon âme
Renaître et mourir.

FRANCINE, à part, avec agitation.

Je n'y tiens plus!... Quand il m'accuse,
Adieu le trône et la grandeur!

MARCEL, de même.

Est-ce mon amour qui m'abuse?
Est-ce encore une triste erreur?

FRANCINE, s'oubliant.

Marcel! pauvre Marcel!...

(S'arrêtant.)

Ciel! que viens-je de faire?

MARCEL, hors de lui.

Ah! voilà sa voix d'autrefois.

FRANCINE, à part.

Ici, tout est perdu!... ma dot et le mystère!

MARCEL, avec agitation.

Vous m'avez appelé?

FRANCINE, hésitant.

Tout à l'heure, je crois,
Le maître de ces lieux te nomma.

MARCEL, avec transport, tombant à genoux.

Cette fois,
Non, je ne rêve plus! c'est toi que je revois!

Ensemble.

MARCEL.

Mon Dieu! quel délire, etc.

FRANCINE.

Que viens-je de dire? etc.

(Au moment où Marcel tombe aux pieds de Francine et lui prend la main, les portes du fond s'ouvrent, et d'Elvas, lady Pekinbrook, Simonne, Trumbell, les seigneurs et les dames de Brighton, les gens de la taverne, entrent à la fois, et tous s'arrêtent stupéfaits à cette vue.)

SCÈNE XV.

Les mêmes; D'ELVAS, LADY PEKINBROOK, SIMONNE, TRUMBELL, Seigneurs, Dames, Valets, et Gens de la taverne.

FINALE.

TOUS, avec surprise.
Ciel! un homme aux pieds de la reine!

SIMONNE et TRUMBELL.
C'est Marcel!

D'ELVAS, courant à Francine, et bas.
Qu'as-tu fait?...

(Haut.)
Je devine sans peine
Cet homme, de quelque faveur
Rendait grâce à sa souveraine.

FRANCINE, souriant.
Oui, sans doute...

(A part.)
D'une faveur
Que j'allais faire de bon cœur.

D'ELVAS, bas à Francine.
Songe à la dot... sois plus fière.

TRUMBELL.
Attendez! attendez! j'y suis...
Peut-être on le nommait marquis?

D'ELVAS.
C'est cela!

FRANCINE.

Laissez donc... marquis ! la belle affaire !
Je veux le nommer duc !

TOUS.

Ah ! pour lui quel honneur !

MARCEL, tristement, et la regardant.

Mon Dieu ! c'était donc une erreur !

TRUMBELL, à Marcel.

Ah ! puisqu'ainsi que nous te voilà grand seigneur,
Plus d'obstacle à ton mariage.

FRANCINE, à d'Elvas.

Comment ! que dit-il donc ?

TRUMBELL, à Marcel.

Ma nièce est à toi.

FRANCINE, avec un dépit concentré.

Mais du tout !

TRUMBELL.

Leur bonheur est ici votre ouvrage.

FRANCINE, à part.

Qu'entends-je ?...

(A d'Elvas.)

De dépit j'enrage.
A moi seule il promit sa foi !...

TOUS, montrant Francine.

Ah ! qu'elle est bonne ! ah ! qu'elle est belle !
A chaque instant un doux bienfait
Récompense un ami fidèle
Et lui gagne un nouveau sujet !

SCÈNE XVI.

LES MÊMES; UN SHÉRIF, suivi DE SOLDATS.

LE SHÉRIF, aux soldats.

Emparez-vous de cette porte !

Au nom du parlement,
Que personne ne sorte!

TOUS, avec effroi.

Ah! grand Dieu! quel événement!

D'ELVAS, à part, avec joie.

A la bonne heure donc!... il s'est bien fait attendre!
Mais il vient à propos.

LE SHÉRIF, à Francine.

Que Votre Majesté
Ici daigne m'entendre...

D'ELVAS, avec dignité.

Non, monsieur!... pas un mot!... à votre autorité
Il faut malgré nous satisfaire!
Qu'exigez-vous de nous?

LE SHÉRIF.

Au château de Brighton
Vous nous suivrez tous deux.

TOUS, consternés.

Notre reine en prison!...

FRANCINE, avec fermeté.

Je n'obéirai pas à cet ordre sévère!

TOUS, avec chaleur.

Comptez sur nous!... nous vous protégerons!
Pour vous défendre nous mourrons!
Justice! vengeance,
Contre nos tyrans!
C'est trop de souffrance!
C'est trop de tourmens!
Pour notre princesse,
Fidèles sujets,
Tous nos bras sans cesse
Ici seront prêts!

FRANCINE, d'un mouvement spontané.

C'en est trop!... calmez votre peine;
Apprenez tout... Je ne suis pas la reine!...

TOUS, avec étonnement.

Que dit-elle?...

FRANCINE, montrant d'Elvas.

Monsieur le comte d'Elvas
Vous le certifiera!...

D'ELVAS, avec hypocrisie.

Certes! je n'ose pas
Vous démentir, madame... Ordonnez!... je vais dire
Tout ce que vous voudrez!...

FRANCINE, à d'Elvas avec colère.

Mais c'est mille fois pire!...

TOUS, montrant d'Elvas.

Le maladroit!...

LE SHÉRIF, à Francine.

Pour cacher votre rang
Il est trop tard!...

FRANCINE, à part.

Dieu! que faire à présent!
(Regardant Marcel et Simonne.)
En prison!... et l'on va les marier peut-être!

LE SHÉRIF, à Francine.

Daignez me suivre!...

(Aux seigneurs.)
Et pas de violence!...

D'ELVAS, de même.

La reine vous défend de faire résistance!
Mais vous la vengerez plus tard!...

TOUS.

Nous le jurons!

D'ELVAS, à Francine.

Allons, madame... obéissons!...

TOUS.

Ah! quel désespoir!... notre reine
Est ainsi ravie à nos yeux!...

19.

Mais pour vous, noble souveraine,
Nos cœurs feront plus que des vœux !

FRANCINE, à d'Elvas, à part, avec colère.

En prison !... c'est une infamie !
Me laisser reine malgré moi !

D'ELVAS, bas à Francine.

Tu dois avoir, ma chère amie,
Toutes les charges de l'emploi !

Ensemble.

TOUS.

Ah ! quel désespoir ! notre reine
Est ainsi ravie à nos yeux !
Mais pour vous, noble souveraine,
Nos cœurs feront plus que des vœux !

FRANCINE, à part, regardant Marcel.

Que je suis lasse d'être reine !
Et que je voudrais, à ses yeux,
Quitter l'état de souveraine,
Et combler ici tous ses vœux !

MARCEL, à part.

Je doute encor si c'est la reine !
Car, hélas ! mon cœur amoureux
Ne sait plus, dans sa vive peine,
A qui son cœur offre ses vœux !

(D'Elvas donne la main à Francine, que précède le shérif, et qu'entourent les soldats. Lady Pekinbrook se précipite vers Francine, et baise avec transport le bas de sa robe. Francine jette un regard d'adieu à Marcel.)

TOUS, agitant leurs chapeaux en l'air.

Vive la reine !

ACTE TROISIÈME

Un appartement royal. — Alcôve au fond, avec rideaux de velours ; porte à droite et fenêtre à gauche, avec des rideaux pareils ; portes à droite et à gauche de l'alcôve.

SCÈNE PREMIÈRE.

FRANCINE, seule.

AIR.

Captive en ce palais !
Ah ! quels ennuis ! ah ! quels regrets !...
Mon doux pays, ma belle France !
Toujours vers toi vole mon cœur !
Je t'ai laissé mon espérance,
Et mon repos et mon bonheur !
Pauvre reine de circonstance,
Je n'ai ni grandeur ni puissance,
Et ne connais que la douleur !

Mais quand ici tout m'abandonne,
Quand je gémis du poids d'une couronne
Dont le fardeau pèse sur moi,
Un seul ami me reste encore,
Et dans ton tendre cœur qui pour toujours m'adore,
Mon bon Marcel, le mien a foi !

Ami doux et tendre,
Qui fus tout pour moi,
Si tu peux m'entendre,
Et jusques à toi
Si ma voix s'élance,

Elle te dira
Que ta souvenance
Reste toujours là !

SCÈNE II.

FRANCINE, D'ELVAS.

D'ELVAS, entrant par la gauche.

Eh bien ! tu dois être contente !... Te voilà traitée avec tous les égards dus à ton rang... te voilà installée dans le château royal de Brighton...

FRANCINE.

D'où nous ne pouvons pas sortir...

D'ELVAS.

Qu'importe ?... Tu as de beaux meubles et des appartements dorés.

FRANCINE.

La belle avance, quand on est en prison !

D'ELVAS.

Plus ou moins toutes les reines en sont là... et tu as comme elles un entourage, une cour, des gens pour te servir... Tu vas t'asseoir à une table royale qui ne te déplait pas... car tu es gourmande... j'ai vu ça !...

FRANCINE.

La première fois, je ne dis pas !... mais dîner seule... c'est ennuyeux... ça ôterait l'appétit...

D'ELVAS.

Ta dignité royale le veut.

FRANCINE, avec impatience.

Est-ce que cette dignité-là ne va pas bientôt finir ?

D'ELVAS.

Je l'ignore... Enfermé comme toi, je n'ai pas de nouvelles... Tout ce que je sais... c'est que les autorités de

Brighton sont plus embarrassées que nous... elles ne savent que faire de nos personnes et attendent des ordres supérieurs qui n'arrivent pas.

FRANCINE, d'un ton décidé.

Qu'ils s'arrangent... je n'attends pas davantage... et aujourd'hui même j'abdique !...

D'ELVAS.

Tu crois ça ?... Tu aurais beau dire maintenant, tu ne persuaderais personne... et que tu le veuilles ou non, il faut que tu sois reine.

FRANCINE, avec colère.

C'est une indignité !... c'est une trahison !... car enfin, si pendant ce temps-là Marcel se marie... qu'est-ce que je ferai de ma fortune ?

D'ELVAS.

Silence !... Voici peut-être des nouvelles qui nous arrivent.

SCÈNE III.

Les mêmes ; TRUMBELL.

D'ELVAS, voyant entrer Trumbell.

Eh ! c'est notre fidèle serviteur !... notre ami, notre allié, le baron Trumbell de Beri-Gool !

TRUMBELL.

Taisez-vous donc !... je ne suis plus noble !...

D'ELVAS, riant.

Déjà ?

TRUMBELL.

Je suis presbytérien, puritain, Tête-Ronde, tout ce qu'on voudra, pour vous sauver et moi aussi.

D'ELVAS.

Comment cela ?

TRUMBELL.

Vu mon dévouement reconnu, ils m'ont nommé président du conseil qui se tient tous les jours...

D'ELVAS.

Et qu'avez-vous décidé ?

TRUMBELL.

Rien encore... Ils font tous des motions... c'est à ne s'y pas reconnaître... Ces gaillards-là, mes anciens compagnons, tous soldats de Cromwell, ont si mauvais ton, de si mauvaises manières !... pour moi surtout, qui suis fait maintenant à celles de la cour... Ils ne parlent que de piller et de tuer !...

FRANCINE, effrayée.

Ah ! mon Dieu !

TRUMBELL.

Comme autrefois... mais ils ont beau crier : « Mort aux tyrans! et vivent nous!... » personne ne leur dit le contraire... personne ne répond... et ça leur fait peur... Aussi, en attendant qu'il leur arrive de Londres un parti à prendre, ils ont décidé que nous vous ferions subir un interrogatoire.

D'ELVAS.

Ça ne peut pas faire de mal !

TRUMBELL.

Oui, mais comme président du conseil, c'est moi qui dois vous interroger... et, je vous le demande, qu'est-ce que je vais vous demander ?... et qu'est-ce que vous allez me répondre !...

D'ELVAS.

Nous verrons, quand nous y serons, à faire de notre mieux.

TRUMBELL.

On va venir vous chercher pour vous traîner devant le grand conseil, et je suis accouru vous prévenir...

D'ELVAS.

Je te remercie.

TRUMBELL.

Pour que vous ne disiez rien qui puisse me compromettre.

D'ELVAS.

Et que peux-tu craindre... toi qui as toujours été dans les puritains et les Têtes-Rondes ?

TRUMBELL, tremblant.

J'ai été dans les Têtes-Rondes, c'est vrai... mais je n'ai jamais été dans les têtes fortes !... (A voix basse, lui montrant les soldats qui paraissent.) Les voici... prenez garde !... (Haut aux soldats.) Qu'on emmène ce traître !... (Bas à d'Elvas.) Je vous demande bien pardon !...

D'ELVAS, riant.

Il n'y a pas de quoi !... (Aux soldats.) Je suis à vous.

(Il sort par le fond à gauche avec les soldats.)

SCÈNE IV.

TRUMBELL, FRANCINE.

TRUMBELL, respectueusement.

En attendant, et comme mes fonctions de magistrat n'empêchent point celles de maître-d'hôtel, je viens savoir si Votre Majesté veut dîner.

FRANCINE.

Moi ?

TRUMBELL.

Ça occupe toujours quelques instants de la royauté, et je vais...

FRANCINE.

Un moment.

TRUMBELL.

Comme Votre Majesté voudra; mais le pudding sera froid, et cela fait du tort à un cuisinier.

FRANCINE, avec impatience.

Eh! qu'importe!... (Avec embarras.) Dites-moi, depuis que je suis dans cette belle prison, Marcel, ce Français, a-t-il épousé votre nièce?

TRUMBELL.

Pas encore!... (Francine fait un geste de joie.) Les événements politiques ont suspendu ce mariage, dont le prétendu ne veut plus entendre parler en ce moment.

FRANCINE.

C'est bien!... Et votre nièce?

TRUMBELL.

Est décidée à se marier avec lui ou avec d'autres : car les partis ne manquent pas, par ma position dans les deux opinions... il m'en arrive de toutes les couleurs.

FRANCINE.

Et Simonne, pourrais-je au moins la voir?

TRUMBELL.

Je le voudrais de grand cœur; mais ça n'est pas permis.

FRANCINE.

Je ne peux donc voir personne?

TRUMBELL.

Si vraiment!... Le conseil a décidé que les premières dames de la ville feraient le service auprès de Votre Majesté : les comtesses d'Ethel et de Winchester, et lady Pekinbrook.

FRANCINE.

Dieu! que celle-là m'ennuie!

TRUMBELL.

On a décidé aussi que jusqu'à votre départ pour Londres ..

FRANCINE, vivement.

Nous partons donc?... Et quel jour?

TRUMBELL.

On l'ignore; mais jusque-là, Votre Majesté ne sortira pas de cet appartement.

FRANCINE, à part.

Mais c'est pire que la mort!... et au prix de ma fortune je renonce à la royauté.

TRUMBELL, à voix haute, à la cantonade.

Le dîner de Sa Majesté !

FRANCINE.

Eh! non; ce n'est pas cela dont il s'agit! Trumbell, vous êtes un dévoué et fidèle serviteur?

TRUMBELL.

Tout le monde vous le dira.

FRANCINE.

Eh bien!... allez déclarer au conseil la vérité tout entière...

TRUMBELL.

Parlez!... Quelle est-elle?

FRANCINE.

Je vous jure, je vous atteste que je ne suis pas la reine.

TRUMBELL, secouant la tête.

Mauvais moyen, madame... que je n'oserais même consciller à Votre Majesté.

FRANCINE.

Quand je vous répète...

TRUMBELL.

Je le dirai si vous le voulez; mais ça ne réussira pas... Le comte d'Elvas a tout avoué; la ville entière vous a reconnue... D'ailleurs, tout vous trahit : ces airs de noblesse et de grandeur... (Voyant les portes s'ouvrir.) Voici le dîner de Sa Majesté.

SCÈNE V.

Les mêmes ; LADY PEKINBROOK, plusieurs Dames nobles
de Brighton, Valets, apportant une grande table au milieu de laquelle
est placé un seul couvert.

(Lady Pekinbrook et les dames sont debout près de Francine. Des soldats puritains ont escorté le dîner et restent au fond. Trumbell prend les plats des mains des valets qui les apportent, et comme maître-d'hôtel les met sur la table.)

FRANCINE, à elle-même, sur le devant du théâtre.

Quel ennui ! seule à cette grande table, et tout le monde qui vous regarde. Moi, d'abord, je ne peux rien faire quand on me regarde... (La symphonie qu'on exécute à l'orchestre depuis le commencement de cette scène se termine quelques instants après que Francine a été s'asseoir à la table.) Et la musique maintenant !... Toujours des dîners en musique !

(Francine va prendre place à table.)

LADY PEKINBROOK, s'apprêtant à servir Francine.

Servirai-je à Votre Majesté de cette gelée ?

FRANCINE.

Non.

LADY PEKINBROOK.

De ce faisan doré ?

FRANCINE.

Non.

TRUMBELL.

Ou de ces puddings ? car je me flatte que rien n'y manque !

FRANCINE.

Rien que l'appétit !... (A part.) Ah ! quand j'étais grisette, que je n'avais pas de quoi déjeuner... pas même pour un... et que nous étions deux... Quel plaisir !... c'était là le bon temps!... Et ce pauvre Marcel... (Elle l'aperçoit qui apporte un plat qu'il pose sur la table.) Dieu! c'est lui!

(Elle se lève vivement.)

TRUMBELL.

Votre Majesté a fini?

FRANCINE, avec humeur.

Eh! non; je n'ai pas commencé... (Elle se rasseoit et regarde Marcel, à part.) Comme ils l'ont affublé! Le voilà en écuyer tranchant, et c'est lui qui met sur la table... (A Trumbell, lui désignant quelques plats qu'on vient d'apporter.) Qu'est-ce que c'est que ça?...

TRUMBELL.

Le second service.

FRANCINE.

Faites-moi le plaisir de me laisser tranquille! (Trumbell s'incline; à part.) Qu'il a l'air malheureux!... et ne pouvoir seulement ouvrir la bouche pour lui parler.

(Elle se met à manger vivement et avec dépit.)

MARCEL, bas, à lady Pekinbrook.

Un homme déguisé vient d'arriver, apportant pour le comte d'Elvas un message important qui concerne sans doute la reine... Il ne savait comment le lui faire parvenir; je m'en suis chargé... et le voici.

(Il le lui glisse dans la main.)

LADY PEKINBROOK, bas, à Marcel.

C'est bon!... va-t-en.

FRANCINE, se levant vivement, à part.

Il s'en va!

TRUMBELL.

Qu'est-ce donc?

FRANCINE.

Je n'ai plus faim.

TRUMBELL, faisant signe aux valets de desservir.

Sa Majesté n'a plus faim.

FRANCINE, vivement.

Je veux dîner seule.

LADY PEKINBROOK.

Que tout le monde se retire !...

(Tout le monde s'éloigne et l'on referme les portes.)

FRANCINE, à part, regardant lady Pekinbrook qui lui fait des signes d'intelligence.

Qu'est-ce qu'elle me veut donc avec ses signes ?

SCÈNE VI.

FRANCINE, LADY PEKINBROOK.

LADY PEKINBROOK, avec mystère.

Madame !... madame !

FRANCINE.

Qu'est-ce donc ?...

LADY PEKINBROOK.

Une lettre de Marcel !

FRANCINE, vivement.

De Marcel !... donnez vite.

LADY PEKINBROOK.

Une lettre pour le comte d'Elvas et Votre Majesté, un message des plus importants !

FRANCINE, froidement.

Ah ! c'est bien !... Lisez !... lisez !... Que me disiez-vous donc de Marcel ?

LADY PEKINBROOK.

Qu'il s'est exposé pour vous la faire parvenir.

FRANCINE, à part.

Ce pauvre garçon !... Ah ! si j'étais reine pour de vrai !... (Haut.) Eh bien ! milady... avez-vous lu ?...

LADY PEKINBROOK.

Je n'oserais... une lettre particulière et secrète qui ne regarde sans doute que Votre Majesté...

FRANCINE.

N'importe!... lisez !

LADY PEKINBROOK.

Confiance honorable dont je sens tout le prix; mais je voudrais en profiter que je ne le pourrais pas.

FRANCINE.

Et pourquoi?

LADY PEKINBROOK, avec embarras.

Votre Majesté doit le deviner.

FRANCINE, à part.

Non, ma foi!... et à moins que ce ne soit une duchesse qui ne sache pas lire... ça serait drôle!... (Haut.) Donnez donc, milady.

SCÈNE VII.

Les mêmes; LE SHÉRIF, TRUMBELL, et plusieurs Soldats
PURITAINS qui sont entrés pendant la fin de la scène précédente.

(Le shérif s'est avancé doucement entre les deux femmes qui ne l'ont pas vu, malgré les gestes que faisait Trumbell pour les prévenir.)

LE SHÉRIF, s'avançant et prenant la lettre.

Non, madame.

LADY PEKINBROOK et FRANCINE, stupéfaites.

O ciel!...

LE SHÉRIF.

J'en demande pardon à Votre Majesté... mais je dois avant tout prendre connaissance des complots qui se trament contre nous.

LADY PEKINBROOK, à part.

Il va tout savoir !...

TRUMBELL, à part.

Tout est perdu !

LE SHÉRIF, jetant les yeux sur la lettre.

O ciel !... Impossible d'y rien reconnaître... c'est en espagnol ou en portugais.

LADY PEKINBROOK.

C'est ce que je me disais !

FRANCINE, à part.

C'est donc cela !

LE SHÉRIF.

Nous espérons, madame, que Votre Majesté daignera nous expliquer elle-même ce que contient cette lettre.

FRANCINE, avec dignité.

Moi ! monsieur? vous ne me connaissez pas... je n'en dirai pas un mot, pas un seul.

LADY PEKINBROOK, avec enthousiasme.

Noble fermeté, noble courage !

LE SHÉRIF.

C'est nous avouer alors que ce complot menace la sûreté de la nation... qu'ici peut-être l'on va tout mettre à feu et à sang !... que c'est sans doute contre nous tous un arrêt de proscription !... Songez-y bien, madame ; votre obstination à vous taire peut compromettre votre sûreté et celle de tous les vôtres.

LADY PEKINBROOK, avec instance à Francine.

Parlez, madame, parlez ! De pareilles brutes sont capables de tout.

FRANCINE, avec fermeté.

J'ai dit que je ne lirais pas cette lettre pour des raisons qui subsistent toujours... mais je permets au comte d'Elvas de vous en donner connaissance... (A part.) Par ce moyen, du moins, il saura ce qu'elle renferme, et moi aussi... (D'un ton d'autorité.) Allez !

LE SHÉRIF.

J'y vais moi-même... (Montrant lady Pekinbrook aux soldats.) Qu'on éloigne cette femme... (Mouvement d'effroi de lady Pekinbrook ; à Francine.) Et vous, madame, veuillez rentrer dans votre appartement.

FRANCINE, bas et vivement à Trumbell.

Je serai là... l'oreille au guet...

(Francine rentre dans son appartement à droite.)

LE SHÉRIF, à Trumbell.

Trumbell !... veillez sur elle !... (Aux soldats.) Vous autres, attendez-moi... je reviens.

(Le shérif sort emportant la lettre. On emmène lady Pekinbrook par le fond à gauche.)

SCÈNE VIII.

TRUMBELL et LES SOLDATS, se regardant entre eux et se consultant à demi-voix.

LES SOLDATS.

Attendre en ces lieux, nous !
Amis, qu'en dites-vous ?

(Apercevant la table qui est restée dressée et s'y précipitant avec explosion.)

LES SOLDATS.

Ma foi ! le verre en main,
Asseyons-nous soudain
A ce royal festin ;
Amis, c'est notre vin !
Nos sabres sont nos lois !
Moi, je connais mes droits ;
Sans façon je m'assois
A la table des rois.

C'est à Richard qu'il nous faut boire...

TRUMBELL.

Je n'ai pas soif.

LES SOLDATS.

Au protecteur !

TRUMBELL, voulant les calmer.

Messieurs, messieurs !

LES SOLDATS.

A sa victoire,
A sa grandeur !

TRUMBELL, de même.

Messieurs, messieurs !

(A part.)

Je meurs de peur !

LES SOLDATS, à Trumbell.

Tu ne bois pas ?

TRUMBELL.

Je n'ai pas soif.

(A part.)

Je tremble, hélas !
Que Sa Majesté ne m'entende !

LES SOLDATS.

Alors, pour toi nous boirons tous.

TRUMBELL.

Grand merci !

LES SOLDATS.

Chante alors pour nous.

TRUMBELL, tremblant.

Qui ? moi ! messieurs ?

LES SOLDATS.

L'on te demande
Une chanson... ce chant qui courut le pays,
Quand Cromwell eut chassé tous ces Stuarts maudits.

TRUMBELL, hésitant.

Le vaillant puritain ?

LES SOLDATS.

Chante, c'est cela même.

TRUMBELL, tremblant.

Avec plaisir.

(A part.)

O trouble extrême !
La république et le trône en ces lieux...
Comment rester l'ami de tous les deux ?

CHANT NATIONAL.

Premier couplet.

Le vaillant puritain,
Défenseur de l'Église,
Ne connaît qu'un refrain,
Quand son fer il aiguise,
Pour combattre soudain :

(Baissant la voix.)

Enfants de l'Angleterre,
Chassons les grands et les puissants !
Le peuple est roi sur terre...
Vivent les saints ! mort aux tyrans !

LES SOLDATS, à Trumbell, avec colère.

Chanter si mal un chant si beau !
Ah ! certes, voilà du nouveau !

Ensemble.

LES SOLDATS, avec force.

Enfants de l'Angleterre,
Chassons les grands et les puissants !
Le peuple est roi sur terre !
Vivent les saints ! mort aux tyrans !

TRUMBELL, à part.

Je tremble... Leur colère
Me compromet... Quels maudits chants !
Je voudrais à cent pieds sous terre
Me cacher à ces mécréants.

UN SOLDAT, à Trumbell.

Voyons l'autre couplet... Mais surtout celui-là,
Qu'on l'entende de loin !

TRUMBELL, à part.

C'est justement cela
Que je veux éviter.

LES SOLDATS, remplissant leurs verres.

Chante donc !

TRUMBELL.

M'y voilà.

Deuxième couplet.

Le vaillant puritain
Peut pécher à son aise ;
Car du bon Dieu soudain
Tout le courroux s'apaise
Au chant de son refrain :
(Baissant la voix.)
Enfants de l'Angleterre...

LES SOLDATS.

Plus fort !

TRUMBELL, de même.

Chassons les grands et les puissants...

LES SOLDATS.

Plus fort !

TRUMBELL, un peu plus haut.

Le peuple est roi sur terre...

LES SOLDATS, avec colère.

Plus fort ! plus fort !

TRUMBELL, à tue-tête, en tremblant.

Vivent les saints !

(Baissant la voix.)
Mort aux tyrans !

Ensemble.

LES SOLDATS.

Enfants de l'Angleterre, etc.

TRUMBELL, à part.

Je tremble! Leur colère, etc.

LES SOLDATS.

Chanter si mal un chant si beau!
Ah! certes, voilà du nouveau!

Ensemble.

LES SOLDATS, avec force.

Enfants de l'Angleterre, etc.

TRUMBELL, à part.

Je tremble! Leur colère, etc.

UN SOLDAT, aux autres.

A Londres, et sous bonne escorte,
Nous conduirons la reine, et voilà le danger;
Si sa cause triomphe et devient la plus forte,
Elle pourra de nous tous se venger...
Il vaudrait mieux...

LES SOLDATS.

Quoi donc?

LE SOLDAT.

Qu'elle fût morte!

LES SOLDATS, avec force, et TRUMBELL, à part, tremblant.

Morte!

(Les soldats boivent.)

LE SOLDAT, à demi-voix.

Ce soir, à la nuit,
Sans bruit...

LES SOLDATS, répétant.

Ce soir, à la nuit,
Sans bruit...

LE SOLDAT.

Lorsque viendra l'ombre
Sombre...

LES SOLDATS.

Lorsque viendra l'ombre
Sombre...

LE SOLDAT.

Et l'heure du couvre-feu,
Morbleu !...

LES SOLDATS.

Et l'heure du couvre-feu,
Morbleu !...

LE SOLDAT.

Nous introduisant sans peine
Ici !...

LES SOLDATS.

Nous introduisant sans peine
Ici !...

LE SOLDAT, avec force.

Saisissons la reine !
Et pas de merci !...

LES SOLDATS, de même.

Saisissons la reine !
Et pas de merci !

TRUMBELL, à part, pendant qu'ils boivent.

Je tremble, je tremble !
Je suis mort de peur !
Tout cela me semble
Un rêve d'horreur !

LES SOLDATS, trinquant.

A Richard, à tous nos projets !
A la patrie ! aux vrais Anglais !

Ensemble.

LES SOLDATS, reprenant le chant national.

Enfants de l'Angleterre,
Chassons les grands et les puissants, etc.

TRUMBELL, à part.

Grand Dieu ! quel projet sanguinaire !
Les scélérats ! quels maudits chants ? etc.

(Un peu avant la fin de cette scène, des valets sont entrés et ont emporté la table par le fond à gauche ; les soldats sortent tous emmenant Trumbell et en adressant des gestes de menaces vers l'appartement occupé par Francine. La nuit commence à venir.)

SCÈNE IX.

FRANCINE, seule, sortant de sa chambre, pâle et tremblante.

Je suis morte de peur !... A peine si j'ai eu la force de les écouter jusqu'au bout... Quelle horreur et quel affreux complot !... C'est qu'il ne s'agit pas moins que de me tuer ! Me tuer ! Régner pour une autre, passe encore !... quoique ça ne soit guère amusant... mais mourir pour elle... Il faut me sauver !... mais par où ?... Ce vilain château dont je connais à peine les êtres !... (On entend fermer les verrous des portes. Francine, avec un cri d'effroi.) Ah ! mon Dieu !... ils m'enferment à présent... C'en est fait !... ils ne veulent pas que j'en réchappe !... Bientôt ils vont revenir à l'heure du couvre-feu. C'est leur signal... Ils l'ont dit... (Avec un trouble croissant.) Et je suis seule !... Personne pour me défendre !... Et cette affreuse obscurité qui augmente encore ma terreur !... Je crois à chaque instant les voir paraître. (On entend frapper aux carreaux de la croisée.) O ciel !... les voilà... je suis perdue !

SCÈNE X.

FRANCINE, MARCEL.

MARCEL, en dehors.

C'est moi, Marcel !...

FRANCINE, avec agitation, courant ouvrir la fenêtre.

Marcel ! lui !... mon seul ami... qui vient à mon secours !

20.

MARCEL, avec chaleur et jetant par terre un paquet qu'il tient à la main.
Oui... oui... je viens pour te sauver!...

DUO.

FRANCINE, avec une vive expression.
Ah! mon ami! que je te remercie!

MARCEL, avec âme.
Quand je devrais donner ma vie,
Je saurai t'arracher à cet horrible sort!

FRANCINE.
Sais-tu qu'il s'agit de la mort?

MARCEL.
Raison de plus... Allons! courage!

FRANCINE.
Je n'en ai plus!...

MARCEL.
Moi, guère davantage!
Mais voilà les moyens de fuir!
(Montrant le paquet qu'il a jeté près de la croisée.)
Je vous apporte une toilette!

FRANCINE, vivement.
Une toilette!

MARCEL.
De grisette...
Avec ces beaux atours, impossible de fuir!

FRANCINE.
Puisse le ciel en ce jour te bénir!

Ensemble.

MARCEL.
Écoute, ô ma reine chérie!
Ce que me dicte mon effroi...
Dépêchons-nous, je t'en supplie!
Si tu m'aimes, viens avec moi!

FRANCINE.

Ah! combien je te remercie!
Je sens se calmer mon effroi...
Lui seul songeait à son amie!
Lui seul est fidèle à sa foi!

FRANCINE.

Il faut donc, pour cacher ma fuite...

MARCEL.

Quitter d'abord ces beaux habits!

FRANCINE, avec embarras.

Mais devant toi, je ne le puis...
Je n'ose pas...

MARCEL, avec anxiété.

Ciel!... elle hésite!
Quand il s'agit de son trépas!

FRANCINE, vivement.

Non... non... mais ne regardez pas!
(Elle va prendre le paquet contre la croisée et s'élance vers l'alcôve, dont elle ferme les rideaux.)
Bien sûr! vous ne regardez pas!...

(Elle disparait.)

MARCEL, avec impatience.

Eh! non... je ne regarde pas!
(S'avançant au bord du théâtre.)
Pour sauver ma gentille amie
Je voudrais donner mes jours!
Ou reine, ou grisette jolie,
A toi seule mes amours!
La couronne
Qu'on te donne,
Est pour moi
Bien moins que toi!
Pour sauver ma gentille amie
Je voudrais donner mes jours!
Ou reine, ou grisette jolie,
A toi seule mes amours!

(S'avançant près de l'alcôve.)
Eh bien ! enfin... cette toilette ?

FRANCINE, derrière les rideaux.

Ah ! monsieur, ne regardez pas...
Dans un instant je serai prête !

MARCEL, écoutant près de la porte.

Je croyais entendre leurs pas !

FRANCINE, sortant de l'alcôve habillée en grisette.

Eh bien ! me voici !...

MARCEL, étonné.

C'est bien elle...
Comme autrefois... ah ! qu'elle est belle !...

FRANCINE, à Marcel qui l'admire.

Eh ! monsieur, ne regardez pas !...
Et partons !

MARCEL.

Partons !... oui, sans doute...
Par ce balcon...

(Montrant la fenêtre par laquelle il est venu.)

FRANCINE, avec crainte.

Par cette route ?...

MARCEL.

Il le faut bien !

FRANCINE.

Je ne pourrai jamais !
Trente pieds, pour le moins !

MARCEL.

Oui, mais cet arbre, auprès...
(Montrant l'arbre qui étend ses branches sur le balcon.)
En se laissant glisser...

FRANCINE.

Vous... un marin... peut-être !
Mais moi, mais une femme !...

MARCEL.

Ah! de cette fenêtre...
En ôtant les rideaux!...

FRANCINE, effrayée.

Oh! non pas!
J'aurais trop peur...

MARCEL, écoutant.

Tais-toi!... silence!
Sur l'escalier j'entends leurs pas!
(On entend sonner le couvre-feu.)
Le couvre-feu... plus d'espérance!

FRANCINE, au comble de la frayeur.

Ils nous apportent le trépas!...

Ensemble.

MARCEL, avec expression.

Viens sur mon cœur, ô mon amie!
Malgré leurs sinistres desseins,
Mon bras saura sauver ta vie
Et t'arracher aux assassins!

FRANCINE, avec abandon.

De ton amour dépend ma vie!
Toi seul peux braver leurs desseins!
Préserve-moi de leur furie
Et sauve-moi des assassins!

(Marcel et Francine, dans le dernier trouble, cherchent à se sauver par la porte à droite, des soldats puritains leur barrent le passage avec des gestes menaçants; ils vont pour se réfugier vers la croisée à gauche, quand paraissent également de ce côté des soldats dans la même attitude. Au même instant les portes du fond s'ouvrent tout à coup; des flots de lumière éclairent le théâtre devenu sombre pendant la scène précédente, et l'on voit paraître d'Elvas entouré de puritains chapeaux bas, et suivi de lady Pekinbrook, des seigneurs et dames nobles de Brighton, de Trumbell, du shérif et des valets.)

SCÈNE XI.

Les mêmes ; D'ELVAS, LADY PEKINBROOK, Seigneurs et Dames nobles de Brighton, TRUMBELL, LE SHÉRIF, Valets et Soldats puritains.

FINALE.

D'ELVAS, aux soldats puritains.

Arrêtez... arrêtez !

(Au shérif.)
La dépêche importante
Que vous m'avez forcé de vous lire à l'instant,
M'annonce que du roi la cause est triomphante !
Ses droits sont reconnus par votre parlement !
Charles Deux, entouré de sa cour souveraine,
Entre à Londre à l'instant avec la jeune reine
Son épouse !

TOUS, stupéfaits, montrant Francine.
Comment, la reine ?... la voici !...

D'ELVAS, riant.
Chacun reprend son rang, et cette reine-ci,
Francine Camusat, la reine des modistes !...

TOUS, avec étonnement.
Est-il vrai ?...

FRANCINE, riant.
J'abdique ! Dieu merci !

MARCEL, la pressant sur son cœur.
Et nous n'en sommes pas plus tristes !...

LADY PEKINBROOK, furieuse.
Quel affront pour ma dignité !

D'ELVAS, à lady Pekinbrook.
Vous n'en avez pas moins servi Sa Majesté
Sans le savoir... et je vais le lui dire...

FRANCINE.

Je ne suis plus rien... je respire !...

D'ELVAS, lui remettant un portefeuille.

Si fait !... tu seras riche... et ta dot, la voilà !

FRANCINE, avec transport, montrant sa dot.

Ah ! quel plaisir !... Avec cela,
Pour jamais consacrant un règne
A qui je dois le bonheur et l'amour,
J'achète un magasin... et je prends pour enseigne :
A la reine d'un jour !

TOUS.

Vive à jamais ce joli règne
Qui finit par un doux amour !
Puisse chacun, attiré par l'enseigne,
Aller voir la reine d'un jour !

TABLE

	Pages.
Les Treize.	1
Polichinelle.	91
Le Shérif.	151
La Reine d'un jour.	253

Paris-Imp. PAUL DUPONT, 41, rue Jean-Jacques-Rousseau. (1495 — 78.)

E. DENTU, LIBRAIRE-ÉDITEUR
PARIS, PALAIS-ROYAL, 15-17-19, GALERIE D'ORLÉANS
ET CHEZ TOUS LES LIBRAIRES

OEUVRES COMPLÈTES
DE
EUGÈNE SCRIBE
DE L'ACADÉMIE FRANÇAISE

NOUVELLE ÉDITION
DIVISÉE EN SIX SÉRIES

Formant soixante-dix-huit volumes grand in-18 jésus.
Ces volumes paraissent successivement de mois en mois.

CHAQUE VOLUME EST VENDU SÉPARÉMENT :
Broché, 2 francs.
Relié, avec fers spéciaux, 2^{fr} 75^c, 3^{fr} », 3^{fr} 25^c ou 3^{fr} 50^c.

Cette nouvelle édition des OEuvres d'**Eugène Scribe**, édition définitive et seule complète, la première publiée depuis la mort de l'auteur, comprend, de plus que les éditions antérieures, tous les ouvrages qui n'ont jamais figuré dans aucune de ces précédentes éditions, ainsi que des œuvres diverses et inédites.

Elle est divisée en six séries, ornée d'un *portrait de l'auteur* et d'un *fac-similé de son écriture*, et elle sera complétée par différentes tables générales, présentant le classement de tous les ouvrages qui composent l'œuvre entière d'Eugène Scribe, soit par ordre chronologique ou alphabétique, soit par genre ou par théâtre, avec l'indication de tous les collaborateurs et compositeurs dont les noms sont associés à l'œuvre de l'auteur.

Les éditeurs ont pensé que des vignettes spéciales, accompagnant chacune des œuvres, donneraient à cette édition un caractère plus élégant. Ils ont été heureusement secondés par le talent de dessinateur de M. *E. Reybert*, architecte, qui a composé, à cet effet, pour chaque série, une suite de motifs gracieux d'ornements et d'attributs, formant tête de pages et culs-de-lampe, et rappelant ingénieusement les différents genres traités par Eugène Scribe.

L'*Avertissement* que les éditeurs ont placé en tête de cette nouvelle édition indiquant suffisamment le but de l'importante publication qu'ils ont entreprise, nous nous bornerons à le reproduire ici, en le faisant suivre d'un catalogue détaillé indiquant, par série, les ouvrages qui sont compris dans chaque volume.

AVERTISSEMENT DES ÉDITEURS

EUGÈNE SCRIBE, né à Paris, le 24 décembre 1791, et mort le 20 février 1861, a composé, seul ou en société, et fait représenter sur les divers théâtres de Paris, pendant une période de cinquante ans (de 1811 à 1861), plus de *quatre cents pièces*, dont trois cent cinquante au moins ont été imprimées isolément et dans différents recueils. Il a, en outre, publié, dans plusieurs journaux ou revues périodiques, des *Proverbes*, des *Nouvelles*, des *Romans*, etc.

Les principales éditions de ses Œuvres parues jusqu'en 1859, (il n'en a pas été publié depuis cette époque), bien que portant quelquefois le titre d'*Œuvres complètes*, n'étaient, en réalité, que des recueils d'*Œuvres choisies*; elles ne comprenaient d'ailleurs ni les proverbes, nouvelles et romans publiés depuis 1846, ni les pièces de théâtre représentées depuis 1852[*].

Toutes ces éditions sont actuellement épuisées.

[*] Voici la liste de ces diverses éditions :
1° 1827-1842. — AIMÉ ANDRÉ. — *Théâtre complet*. — 24 vol. in-8° : 168 pièces, de 1812 à 1840.
2° 1840-1842. — FURNE et AIMÉ ANDRÉ. — *Œuvres complètes*. — 5 vol gr. in-8°, en 10 tomes, à 2 colonnes : 171 pièces, de 1812 à 1840.
3° 1845. — FIRMIN DIDOT. — *Œuvres choisies*. — 5 vol. in-12 : 54 pièces, de 1815 à 1840.
4° 1852-1854. — LEDIGRE-DUQUESNE. — *Œuvres complètes*. — 17 vol. gr. in-8°, à 2 colonnes : 209 pièces, de 1812 à 1852 ; et Proverbes, Nouvelles et Romans, de 1829 à 1846.
5° 1854-1859. — VIALAT et MARESCQ. — *Œuvres illustrées*. — 12 vol. gr. in-8°, à 2 colonnes : 208 pièces, de 1812 à 1852 ; et Proverbes, Nouvelles et Romans, de 1829 à 1846.
6° 1855-1859. — MICHEL LÉVY. — *Théâtre, Historiettes et Proverbes, Nouvelles et Romans*. — 25 vol. in-18 : 123 pièces, de 1817 à 1852 ; et Proverbes, Nouvelles et Romans, de 1829 à 1846.

Au moment d'entreprendre une nouvelle publication des œuvres d'Eugène Scribe, ses éditeurs ont hésité sur le parti qu'il convenait de prendre pour mieux honorer sa mémoire.

Devaient-ils se contenter de publier des *Œuvres choisies*, composées seulement de ses ouvrages dramatiques ou autres, particulièrement consacrés par un long succès ? Devaient-ils, au contraire, offrir au public des *Œuvres complètes*, c'est-à-dire la collection de toutes les productions da sa plume féconde ?

C'est à ce dernier parti qu'ils ont cru devoir s'arrêter, car, ce qu'ils voulaient, c'était non seulement remettre en lumière des ouvrages si longtemps et si justement applaudis ; c'était aussi, en réunissant l'œuvre entière de cet auteur, qui fut l'une des plus brillantes personnifications du théâtre contemporain, le montrer dans toute la puissance de son travail et sous tous les aspects de son talent ; c'était enfin faire connaître les véritables causes de tant de succès, causes si bien expliquées du reste dans les discours qui ont été prononcés à l'Académie française, lors de la réception de son successeur.

« Il y avait chez Scribe, — a dit M. Vitet*, — une faculté
« puissante et vraiment supérieure qui lui assurait et qui
« m'explique cette suprématie sur le théâtre de son temps.
« C'était un don d'invention dramatique que personne avant
« lui peut-être n'avait ainsi possédé : le don de découvrir à
« chaque pas, presque à propos de rien, des combinaisons
« théâtrales d'un effet neuf et saisissant ; et de les découv-
« vrir, non pas en germe seulement ou à peine ébauchées,
« mais en relief, en action, et déjà sur la scène. Pendant
« le temps qu'il faut à ses confrères pour préparer un plan,
« il en achève plus de quatre ; et jamais il n'achète aux
« dépens de l'originalité cette fécondité prodigieuse. Ce
« n'est pas dans un moule banal que ses fictions sont je-
« tées. S'il a ses secrets, ses méthodes, jamais il ne s'en
« sert de la même façon. Pas un de ses ouvrages qui n'ait

* Réponse de M. Vitet au discours prononcé par M. Octave Feuillet dans la séance du 26 mars 1863.

« au moins son grain de nouveauté... Scribe avait le génie
« de l'invention dramatique. »

« ..... Un des arts les plus difficiles dans le domaine de
« l'invention littéraire, — disait auparavant M. Octave
« Feuillet *, — c'est celui de charmer l'imagination sans
« l'ébranler, de toucher le cœur sans le troubler, d'amuser
« les hommes sans les corrompre : ce fut l'art suprême de
« Scribe. »

Les éditeurs n'ont donc pas craint de publier les œuvres réellement complètes d'Eugène Scribe. En agissant ainsi, ils ont songé à procurer au lecteur des éléments plus nombreux d'observation et d'étude ; ils ont voulu aussi répondre à cette curiosité qui s'attache volontiers aux plus fugitives productions d'un auteur célèbre. Et, quelque jugement que l'on porte sur certaines de ces œuvres dépouillées du prestige de la représentation ou de l'attrait de l'actualité, ils pensent qu'elles intéresseront encore les amateurs de l'art dramatique.

Tous les ouvrages compris dans la présente édition ont été revus et collationnés avec soin sur les manuscrits originaux ou sur les éditions primitives, dans le but de rectifier quelques erreurs et de réparer certaines omissions qui s'étaient successivement glissées dans les éditions postérieures.

Cette publication sera divisée en six séries distinctes, comprenant chacune, par ordre chronologique, les divers ouvrages classés d'après leur genre, savoir : — *Comédies et Drames*. — *Comédies-Vaudevilles*. — *Opéras et Ballets*. — *Opéras-comiques*. — *Proverbes, Nouvelles et Romans*. — *Œuvres diverses et inédites*. Cette dernière série se composera notamment de pièces de théâtre inédites, représentées ou non, de lettres, de discours, de chansons et d'autres opuscules en prose ou en vers.

Eugène Scribe aimait à associer au souvenir des principaux rôles de ses pièces les artistes qui s'étaient distingués

---

* Discours de réception de M. Octave Feuillet.

dans leur interprétation, et qu'il considérait comme lui ayant apporté une part essentielle de collaboration. C'est pour se conformer à ce sentiment que les éditeurs ont rappelé, dans cette nouvelle édition, en regard du nom des personnages, celui des acteurs qui avaient créé les rôles.

La première édition des Œuvres d'Eugène Scribe portait, en tête, une *Dédicace à ses collaborateurs*. C'est également par cette dédicace que commence la présente édition. Elle exprime à la fois des sentiments si modestes de la part de son auteur et si flatteurs pour ceux qui les ont inspirés, que ce serait faire tort à l'un et aux autres que de ne pas la reproduire.

Enfin, on a fait suivre cette dédicace du *Discours de réception à l'Académie française*, prononcé par Eugène Scribe dans la séance du 28 janvier 1836, seule préface qu'il ait voulu mettre en tête des précédentes éditions de ses œuvres.

Les éditeurs pensent que la publication de cette œuvre considérable permettra de mieux apprécier encore cet homme d'esprit, cet homme de bien, qui « crut servir assez « son pays en l'honorant* », et dont on peut dire, à si juste titre, ce qu'il a dit lui-même de son confrère, ami et neveu J.-F. Bayard : — Il était du petit nombre de ceux qui, fiers du titre d'homme de lettres, n'en ont jamais voulu d'autre ; étranger à tous les partis, il n'a spéculé sur aucune révolution, il n'a flatté aucuns pouvoirs, même ceux qu'il aimait ! Il n'a sollicité ni honneurs, ni places, ni pensions ! Il n'a rien demandé qu'à lui-même ! Il a dû à son talent et à son travail son bonheur et son indépendance. — Il en fut de même, en effet, d'Eugène Scribe, qui dut aussi à son *travail* son *bonheur* et son *indépendance*, ce que traduisait fidèlement sa devise : *Inde fortuna et libertas, — Inde liber et felix.*

* Discours de réception de M. Octave Feuillet.

ŒUVRES COMPLÈTES
DE
EUGÈNE SCRIBE
DE L'ACADÉMIE FRANÇAISE.

PREMIÈRE SÉRIE. — COMÉDIES. — DRAMES.

(Vol. 1 à 9.)

TOME I. — *Portrait de l'auteur.* — *Fac-similé de son écriture.* — *Avertissement des éditeurs.* — *Dédicace aux collaborateurs.* — *Discours de réception à l'Académie française.* — Le Valet de son rival. — Les Frères invisibles. — Le Parrain. — Valérie. — Rodolphe. — Le Mauvais Sujet. — Le Mariage d'argent.

TOME II. — La Bohémienne. — Les Inconsolables — Dix ans de la vie d'une femme. — Bertrand et Raton.

TOME III. — La Passion secrète. — L'Ambitieux. — La Camaraderie. — Les Indépendants.

TOME IV. — La Calomnie. — La Grand'Mère. — Japhet. — Le Verre d'eau.

TOME V. — Une Chaîne. — Oscar. — Le Fils de Cromwell. — La Tutrice.

TOME VI. — Le Puff. — Adrienne Lecouvreur. — Les Contes de la Reine de Navarre.

TOME VII. — Bataille de Dames. — Mon étoile. — La Czarine.

TOME VIII — Feu Lionel. — Les Doigts de fée. — Les Trois Maupin.

TOME IX. — Rêves d'amour. — La Fille de trente ans. — La Frileuse.

DEUXIÈME SÉRIE. — COMÉDIES-VAUDEVILLES.

(Vol. 10 à 42.)

TOME I. — Les Dervis. — L'Auberge. — Thibault, comte de Champagne. — Le Bachelier de Salamanque. — La Mort et le Bûcheron. — Une Nuit de la garde nationale. — Encore une nuit de la garde nationale. — Flore et Zéphyre.

TOME II. — Farinelli. — Gusman d'Alfarache. — Les Montagnes russes. — La Jarretière de la mariée. — Le Comte Ory. — Le Nouveau Pourceaugnac. — Le Solliciteur. — Wallace. — Les Deux Précepteurs.

TOME III. — Le Combat des Montagnes. — Le Café des Variétés. — Tous les Vaudevilles. — Le Petit Dragon. — Les Comices d'Athènes. — Les Nouvelles Danaïdes. — La Fête du mari. — Chactas et Atala. — Les Dehors trompeurs.

TOME IV. — Une visite à Bedlam. — Les Vélocipèdes. — La Volière du Frère Philippe. — Le Nouveau Nicaise. — L'Hôtel des Quatre-Nations. — Le Fou de Péronne. — Les Deux Maris. — Le Mystificateur. — Caroline.

TOME V. — Les Bains à la papa. — Les Vêpres siciliennes. — La Somnambule. — L'Ennui. — L'Ours et le Pacha. — Le Spleen. — Le Chat-Botté. — Marie Jobard.

TOME VI. — L'Homme automate. — Le Vampire. — L'Éclipse totale. — Le Témoin. — Le Déluge. — L'Homme noir. — L'Hôtel des Bains. — Le Beau Narcisse. — Le Boulevard Bonne-Nouvelle.

TOME VII. — L'Amour platonique. — Le Secrétaire et le Cuisinier. — Frontin, mari garçon. — Le Colonel. — L'Intérieur de l'étude. — Mon oncle César. — Le Gastronome sans argent. — Le Ménage de garçon.

TOME VIII. — La Campagne. — La Petite sœur. — Le Mariage enfantin. — Les Petites Misères de la vie humaine. — L'Amant bossu. — L'Artiste. — Michel et Christine. — Philibert marié.

TOME IX. — Le Plaisant de société. — Mémoires d'un colonel de hussards. — La Demoiselle et la Dame. — La Petite Folle. — Le Vieux

garçon et la Petite fille. — Les Nouveaux jeux de l'amour et du hasard.
— Les Eaux du mont Dore. — La Veuve du Malabar. — La Nouvelle Clary.

TOME X. — L'Écarté. — Le Bon Papa. — La Loge du Portier. — L'Intérieur d'un Bureau. — Trilby. — Le Plan de campagne. — Le Menteur véridique. — La Pension bourgeoise.

TOME XI. — La Maîtresse au Logis. — Partie et Revanche. — L'Avare en goguettes. — Les Grisettes. — La Vérité dans le vin. — Le Retour. — Un Dernier jour de fortune. — Rossini à Paris.

TOME XII. — L'Héritière. — Le Coiffeur et le Perruquier. — Le Fondé de pouvoirs. — La Mansarde des artistes. — Les Trois genres. — Le Leicester du faubourg. — Le Baiser au porteur. — Le Dîner sur l'herbe.

TOME XIII. — Les Adieux au comptoir. — Le Château de la Poularde. — Le Bal champêtre. — Le Parlementaire. — Coraly. — Monsieur Tardif. — La Haine d'une femme. — Vatel.

TOME XIV. — La Quarantaine. — Le Plus beau jour de la vie. — La Charge à payer. — Les Inséparables. — Le Charlatanisme. — Les Empiriques d'autrefois. — Les Premières Amours. — Le Médecin de dames.

TOME XV. — Le Confident. — La Demoiselle à marier. — Le Testament de Polichinelle. — Les Manteaux. — La Belle-Mère. — L'Oncle d'Amérique. — La Lune de miel.

TOME XVI. — Simple histoire. — L'Ambassadeur. — Le Mariage de raison. — La Chatte métamorphosée en femme. — Les Élèves du Conservatoire. — Le Diplomate.

TOME XVII. — La Marraine. — Le Mal du Pays. — Le prince Charmant. Yelva. — Le Vieux Mari. — La Manie des places.

TOME XVIII. — Avant, Pendant et Après. — Le Baron de Trenck. — Les Moralistes. — Malvina. — Théobald.

TOME XIX. — Madame de Sainte-Agnès. — Aventures et Voyages du petit Jonas. — Les Héritiers de Crac. — La famille du baron. — Les Actionnaires.

TOME XX. — Louise. — La Cour d'Assises. — La Seconde Année. — Zoé. — Philippe.

TOME XXI. — Le Foyer du Gymnase. — Une Faute. — La Protectrice. — Jeune et Vieille. — La famille Riquebourg. — Les Trois Maîtresses.

TOME XXII. — Le Budget d'un jeune ménage. — Le Quaker et la Danseuse. — La Favorite. — Le Comte de Saint-Ronan — Le Suisse de l'hôtel. — Le Soprano.

TOME XXIII. — Le Luthier de Lisbonne. — La Vengeance Italienne. — Le Chaperon. — Le Savant. — Schahabaham II. — L'Apollon du réverbère.

TOME XXIV. — Le Premier Président. — Une Monomanie. — Le Paysan amoureux. — La grande Aventure. — Toujours.

TOME XXV. — Camilla. — Le Voyage dans l'appartement. — Les Malheurs d'un amant heureux. — Le Gardien. — Le Moulin de Javelle.

TOME XXVI. — Jean de Vert. — Un trait de Paul Ier. — La Dugazon. — Le Lorgnon. — La Chanoinesse. — Salvoisy.

TOME XXVII. — La Frontière de Savoie. — Estelle. — Être aimé ou mourir.— Une Chaumière et son cœur. — La Pensionnaire mariée. — Valentine.

TOME XXVIII. — Chut ! — Sir Hugues de Guilfort. — Avis aux coquettes. — Le Fils d'un Agent de change. — Les Dames patronnesses. — César.

TOME XXIX. — L'Étudiant et la grande Dame. — Le Bout de l'An. — Clermont. — Cicily. — Le Veau d'Or.

TOME XXX. — Les Surprises. — Babiole et Joblot. — Rebecca. — L'Image. — Jeanne et Jeanneton.

TOME XXXI. — La loi Salique. — Geneviève. — La Protégée sans le savoir. — Maître Jean. — Irène.

TOME XXXII. — D'Aranda. — Une femme qui se jette par la fenêtre. — Didier, l'honnête homme. — La Déesse.

TOME XXXIII. — O Amitié. — Les filles du docteur. — Héloïse et Abailard. — Madame Schlick.

TROISIÈME SÉRIE. — OPÉRAS. — BALLETS.

(Vol. **43** à **48**.)

TOME I. — La Somnambule. — La Muette de Portici. — Le Comte Ory. — La Belle au bois dormant. — Alcibiade. — Manon Lescaut. — Le Dieu et la Bayadère. — Le Philtre. — L'Orgie.

TOME II. — Robert le Diable. — Le Serment. — Gustave III. — Ali-Baba.

TOME III. — La Juive. — Les Huguenots. — Guido et Ginevra. — La Volière. — Le Lac des fées. — La Tarentule.

TOME IV. — La Xacarilla. — Le Drapier. — Les Martyrs. — La Favorite. — Carmagnola. — Dom Sébastien, roi de Portugal. — Jeanne la Folle.

TOME V. — Le Prophète. — La Tempête. — L'Enfant prodigue. — Zerline. — Florinde. — Le Juif errant.

TOME VI. — La Nonne sanglante. — Les Vêpres siciliennes. — Marco Spada. — Le Cheval de bronze. — L'Africaine.

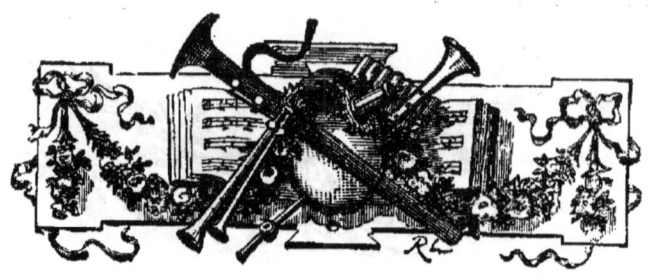

QUATRIÈME SÉRIE. — OPÉRAS-COMIQUES.
(Vol. 49 à 68.)

TOME I. — La Chambre à coucher. — La Meunière. — Le Paradis de Mahomet. — La Petite lampe merveilleuse. — Leicester. — Le Valet de chambre.

TOME II. — La Neige. — Concert à la cour. — Léocadie. — Le Maçon — La Dame Blanche.

TOME III. — La Vieille. — Le Timide. — Fiorella. — Le Loup-Garou. — La Fiancée. — Les Deux Nuits.

TOME IV. — Fra-Diavolo. — La Marquise de Brinvilliers. — La Médecine sans médecin. — La Prison d'Édimbourg. — Lestocq.

TOME V. — Le Fils du Prince. — Le Chalet. — Le Cheval de bronze. — Le Portefaix. — Actéon.

TOME VI. — Les Chaperons blancs. — Le Mauvais œil. — L'Ambassadrice. — Le Domino noir.

TOME VII. — Le Fidèle Berger. — Marguerite. — La Figurante. — Régine.

TOME VIII. — Les Treize. — Polichinelle. — Le Shérif. — La Reine d'un jour.

TOME IX. — Zanetta. — L'Opéra à la Cour. — Le Guitarrero. — Les Diamants de la Couronne.

TOME X. — La Main de fer. — Le Diable à l'École. — Le Duc d'Olonne. — Le Code noir.

TOME XI. — Le Kiosque. — La Part du Diable. — Le Puits d'amour. — Lambert Simnel.

TOME XII. — Cagliostro. — Oreste et Pylade. — La Sirène. — La Barcarolle.

TOME XIII. — Le Ménétrier. — La Charbonnière. — Ne touchez-pas à la Reine. — Le Sultan Saladin.

TOME XIV. — Haydée. — La Nuit de Noël. — La Fée aux roses. — Giralda.

TOME XV. — La Chanteuse voilée. — La Dame de Pique. — Mosquita la Sorcière. — Les Mystères d'Udolphe.

TOME XVI. — Marco Spada. — La Lettre au bon Dieu. — Le Nabab. — L'Étoile du Nord.

TOME XVII. — La Fiancée du Diable. — Jenny Bell. — Manon Lescaut.

TOME XVIII. — La Chatte métamorphosée en femme. — Broskovano. — Les trois Nicolas. — Les petits violons du Roi.

TOME XIX. — Yvonne. — Le nouveau Pourceaugnac. — Barkouf. — La Circassienne.

TOME XX. — Madame Grégoire. — La Beauté du Diable. — La Fiancée du roi de Garbe. — L'Ours et le Pacha.

CINQUIÈME SÉRIE.

PROVERBES. — NOUVELLES. — ROMANS.

(Vol. 69 à 76.)

TOME I. — Un Ministre sous Louis XV. — Le Jeune Docteur. — Le Tête-à-tête. — La Conversion. — Potemkin. — Le Prix de la vie. — Judith. — Le Roi de carreau. — Les Malheurs heureux.

TOME II. — La Maîtresse anonyme. — Carlo Broschi. — Maurice

TOMES III, IV et V. — Piquillo Alliaga.

TOME VI. — Le Filleul d'Amadis. — Noélie.

TOME VII. — La Jeune Allemagne.

TOME VIII. — Fleurette (histoire d'une bouquetière).

SIXIÈME SÉRIE.
ŒUVRES DIVERSES ET INÉDITES.

(En préparation.)

Paris. — Imp. PAUL DUPONT, rue du Bouloi 24, (Cl.).